U0885591

中国金融改革之温州解法

孙芙蓉　高　翔　著

中国金融出版社

责任编辑：刘　钊
责任校对：孙　蕊
责任印制：程　颖

图书在版编目（CIP）数据

中国金融改革之温州解法（Zhongguo Jinrong Gaige zhi Wenzhou Jiefa）/孙芙蓉，高翔著.—北京：中国金融出版社，2015.3

ISBN 978－7－5049－7849－3

Ⅰ.①中…　Ⅱ.①孙…②高　Ⅲ.①地方金融—金融改革—研究—温州市　Ⅳ.①F832.755.3

中国版本图书馆CIP数据核字（2015）第034155号

出版发行　中国金融出版社
社址　北京市丰台区益泽路2号
市场开发部　（010）63266347，63805472，63439533（传真）
网上书店　http://www.chinafph.com
　　　　（010）63286832，63365686（传真）
读者服务部　（010）66070833，62568380
邮编　100071
经销　新华书店
印刷　北京市松源印刷有限公司
装订　平阳装订厂
尺寸　170毫米×228毫米
印张　19.25
字数　255千
版次　2015年3月第1版
印次　2015年3月第1次印刷
定价　45.00元
ISBN 978－7－5049－7849－3/F.7409
如出现印装错误本社负责调换　联系电话（010）63263947

序一

PREFACE

党的十八届三中全会确立了全面深化改革的总目标和战略部署。金融改革面临新机遇、新挑战和新任务，改革进入了攻坚期和深水区，难度和风险不断增大。改革路径上既要加强顶层设计和系统推进，也需要通过局部试点积累经验，避免走大的弯路。未来一个时期我国金融改革一个很重要的维度，仍是深化区域金融改革。

近年来，在国务院领导下，人民银行联合相关部门选择我国若干具备条件的地区有针对性地开展了区域金融改革试点，探索形式丰富多样，改革成效逐步显现。在温州探索以规范引导民间金融、改进中小企业金融服务为核心的金融综合改革，是其中的一项重要内容。

美国次贷危机以来，以外向型经济为主要特征的温州经济首先受到严重冲击。同时也由于自身产业结构转型升级滞后，温州经济在宏观经济周期调整过程中下滑明显。2011年秋季，温州部分企业资金链紧张乃至断裂，爆发了局部民间借贷风波。2012年3月28日，国务院决定在温州试点金融综合改革。改革的初衷和出发点在于立足温州实际，有效提升民间资金向产业资本转化的能力，完善专注于小微企业和“三农”的金融产品创新体系，增强防范和化解金融风险的能力，充分体现金融服务实体经济。

正如周小川行长指出的那样，温州金融综合改革应立足温州实际，解决温州经济金融运行中存在的“两多两难”（民间资金多、投资难；中小企业多、融资难）突出问题，充分发挥温州民营经济发达、民间资金充裕、民间金融活跃的优势，探索民间融资规范化和阳光化途径，趋利避害；规范金融秩序，防范金融风险，优化金融生态环境，坚定温州市乃至浙江省金融业的改革发展信念，提振市场信心；健全与市场经济相适应的金融体制和运行机制，进一步提升金融服务实体经济发展的能力，推动经济转型升级。

经过3年多的努力，温州金融综合改革取得了积极进展：出台了全国首部规范民间融资活动的地方性法规，建立民间借贷服务中心，建立民间融资备案登记制度和信息系统，积极推进民营银行试点工作，探索民间资本进入金融领域的各种渠道，积极推动民间资本与各类项目有效对接，创新私募资本工具，引导民间资金以债权、股权等方式投入中小微企业和公共服务领域，探索完善地方金融管理体制，促进“政银企法”多方协作化解风险。

值得称道的是，浙江省和温州市各级政府和相关市场主体充分用足用好现有政策工具，深入挖掘，积极探索，不断提升地方金融运行效率，努力推动温州经济走出低谷。例如，国家并未禁止民间金融地方立法，温州通过地方人大立法的方式，确立了大额民间融资强制备案制，并明确了管理主体，对民间融资进行规范和引导，为民间金融从“熟人借贷”走向陌生人之间的“契约式交易”作出了积极探索。再如，针对温州家族企业较多，财务不透明，公司治理不规范的问题，开展了“个转企、小升规、规改股、股上市”等企业改制规范工作。此外，相关司法、征信、金融综合统计等基础设施建设也取得了明显进展。这些工作，短期内效果未必直接明显，但能对经济金融素质整体提升打好基础，以收长久之效。

展望未来，温州金融改革的成效将在很大程度上取决于温州经济转型升级。加快产业结构转型升级不仅是温州转变经济发展方式的基本途径，也是实现温州经济可持续发展的重要举措。政府重振经济的战略规划和战略决策是关键，金融服务是有效的辅助。温州应当抓住金融综合改革先行先试的有利时机，积极探索引导民间资本进入实体经济的有效途径，创新金融产品和金融服务模式，更好地引“金融之水”灌溉“实体经济之田”。

孙芙蓉和高翔两位记者深入温州金融改革一线调研，以实地采访所得的素材为基础，对温州金融改革进行了深度的审视和思考，提炼出规范民间金融和探索地方金融监管的有益做法和经验。民间金融历史悠久，如何规避潜在风险，发挥积极作用，仍有很强的现实意义，希望此书能对人们思索有所启示。

中国人民银行副行长

潘功胜

2015年3月

序二

PREFACE

温州人敢为天下先，温州也从来不缺改革的精神和创新的环境，温州的金融亦是如此。早在1980年，温州苍南县金乡农村信用社就开全国之先河，试行浮动利率改革，温州的金融改革由此发端，走过了30多年的改革探索之路。2012年3月，经国务院批准，温州成为国家层面的金融综合改革试验区，温州金融再次踏上改革新征程。

温州金改的核心是规范民间金融，解决好小微企业融资难问题，这对于完善我国金融体系建设具有非常重要的现实意义。三年过去了，温州金改取得了许多首创性突破，诸如出台了《温州市民间融资管理条例》，这是全国首部地方金融法规，是规范民间金融、完善地方金融制度的突破性进展；编制了反映民间融资价格变化动态信息的“温州指数”，并扩展到全国45个城市；成立了全国首个地市级征信分中心，并将小贷公司等类金融机构接入了人民银行征信系统；设立了地方金融监管局，使地方金融监管走上了制度化道路，并与中央的金融监管形成了互补；筹建设立全国首批民营银行；等等。这为浙江省乃至全国的民间金融规范化发展提供了很好的借鉴。

当然，温州金改是一个很大的课题，也是一项复杂的系统工程，既涉及宏观、微观层面，又涉及体制机制创新、组织形式创新、产品和服务创新等诸多方面，需要有足够的耐心和智慧加以推进。温州金改需要适时递进展开，有必要在三年探索实践的基础上作一次全面梳理和总结，尤其是对顶层设计、改革重点、创新方向、具体实践等方面作一次深入完整的检视，以期更好地领会和把握中央的决策精神，更好地处理金融改革与服务实体经济、风险防范等方面的关系，进一步提升改革的效率和效益。

《中国金融改革之温州解法》真实地再现了温州金改三年来的探索实践，不回避争议，也不逃避问题，希望能为继续深化温州金改、为浙江省乃至全国的金融改革创新提供更多的借鉴。

浙江省副省长

朱从玖

2015年3月

目录 CONTENTS

第一章

金改源起

历史上，温州的民间金融和银行体系曾有力地支撑了民营经济的发展。可到了后期，金融体系与民营经济发展不匹配的问题开始暴露出来，温州市人民政府副秘书长、温州市金融办主任张震宇将此问题概括为“三个不协调和一个缺陷”，即地方金融发展与国家在温金融机构发展不协调、非银行金融机构发展与银行业金融机构发展不协调、直接融资与间接融资发展不协调、地方金融监管体系有缺陷。

温州金融改革是“问题解决型”的，希望以金融作为突破口，提振民营经济，支持中小企业转型。了解改革开放后温州的金融发展史以及民间金融风波爆发的原因，有助于更好地理解温州金融改革的目标和使命。

不同于“轻装上阵”的其他区域金融改革试点，温州金融改革可谓“生于忧患”，一直是负重前行。2011年9月，温州部分企业资金链断裂爆发局部金融风波。债务危机、金融风波只是表象，背后的原因既有周期性的外需不振，也有传统产业面临转型升级的结构性阵痛。

第一节　温州：民营经济发祥地

温州，位于浙江省东南部，东面东海，南临福建。据《浙江通志》引《图经》记载："温州其地自温峤山西，民多火耕，虽隆冬恒燠。"意即温州地处温峤岭以南，冬无严寒，夏无酷暑，气候温润，故得名温州。

温州古代称为瓯地或东瓯，唐代得名为温州。温州是著名数学家苏步青的故乡，也是国学大师南怀瑾的出生地。但温州人头顶上最闪耀的还是"东方犹太人"这一光环。温州是中国民营经济的发源地之一和改革开放的前沿阵地。温州商人遍布全球。

永嘉学派的"功利之学"

温州的重商主义传统其来有自，并非偶然。南宋时期，永嘉学派兴盛，与朱熹的道学、陆九渊的心学并列为南宋的三大学派。永嘉学派最早提出了"事功"的思想，主张利和义的一致性，"义利并举"、"以利和义，不以义抑利"，对某些道学家空谈礼义提出了异议。

永嘉学派的集大成者叶适是温州瑞安人，讲究"功利之学"，认为"既无功利，则道义者乃无用之虚语"。他主张"通商惠工"，重视商业，主张提高商人的地位，这与朱熹和陆九渊的观点形成了鲜明对立。他将“事功”之学同现实政治结合起来，力主抗金，反对议和。

永嘉学派批判理学和心学，提出了“道在物中”的思想，主张发展商业，某种程度上可称为今日“温州模式”的思想渊源。

“温州模式”声名鹊起

温州人多地少，人均耕地不足半亩，仅靠农业很难养活自己，且多年不通火车，交通极其不便，因此温州人自古便有外出经商甚至出海经商的传统。

1937年夏天，费孝通由伦敦去柏林与他的哥哥一起度假。一天，有人敲门，他开门一看，是一位拎着手提箱的中国人。这人很礼貌地鞠躬，然后向他展示手提箱中的日用小百货。尽管费孝通对温州方言一知半解，但还是瞬间明白这人是上门推销的。

之后，费孝通的哥哥告诉他，在柏林、巴黎等欧洲大陆城市，这样的小生意人数以万计，大多来自温州、青田一带。这些小商人靠“挨家挨户地送货上门和彬彬有礼的优良服务态度”，经商赚钱。[①]

50年后，费孝通将这段回忆写入第一次温州之行的调查报告《小商品，大市场》，发表于《瞭望》周刊。他是带着困惑前往温州的：一方面，温州的人均可耕地面积远低于苏南地区，但农村人均年收入却从1978年的55元蹿升至1985年

① 费孝通：《小商品，大市场》，载《瞭望》，1986（20—22）。

的417元，反观种植业占总产值的比重，则从1978年的64%降低到1985年的25%；可另一方面，同样是脱贫致富，人们对苏南肯定得较多，但对温州的看法却有较大的分歧，甚至有人直接给它扣上了“资本主义”的帽子。

1982年，温州乐清柳市发生“八大王事件”。八位稍具规模的工商户被冠以“投机倒把”、“严重扰乱经济秩序”罪名。该事件轰动全国，一度压得温州民营经济抬不起头来。1984年，时任温州市委书记袁芳烈感慨道：“八大王案不翻，温州经济搞活无望。”[①]20世纪80年代的温州虽然在中国声名鹊起，但却跌入了“香三年臭三年，香香臭臭又三年”的奇怪循环之中。

1985年5月12日，上海《解放日报》在头版刊发了题为《乡镇工业看苏南，家庭工业看浙南，温州33万人从事家庭工业》的报道，并附发一篇评论，当中首次提出“温州模式”这一名词。从此，“温州模式”便成了私营经济的代名词，与集体经济的代名词“苏南模式”一道，成为中国改革开放的两大样板。

费孝通正是抱着来浙南看一看“温州模式”的心情，于1986年2月底从杭州出发，经丽水、青田，来到温州。他参观了永嘉县桥头区的纽扣市场、金山乡的徽章市场、柳市镇的小电器市场。他总结道，数十万在全国各地的温州供销员，是“温州模式”的骨干，他们在前端开拓销路，指挥后方的家庭工业生产，并在本地形成许多专业市场。

费孝通的文章为温州正了名，但有意思的是，对“温州模式”的评判早已超越了经济范畴，成了中国改革开放政策的“温度计”，对它的评判也成了改革立场的“选边战”。由于不断有人将温州“已经成为资本主义”的材料上呈，仅1989年到1991年，国务院就四派调查组调查取证。

---

① 吴晓波：《激荡三十年：中国企业1978—2008》，中信出版社、浙江人民出版社，2007。

1991年夏天，甚至出现“要从反和平演变的高度来看待温州问题”的声音。直到1992年邓小平视察南方谈话后，温州才被确立为改革开放的排头兵。

第二节　金融改革的快与慢

温州是民营经济的发祥地之一，而经济的发展离不开金融的支持。1980年温州率全国之先开展利率浮动改革试点，从此开启了温州作为中国金融改革实验区的先河，从那之后，人民银行六次将利率改革试点放在了温州。

虽然温州具有先发优势，但后期金融与实体经济不协调、不匹配的矛盾却越来越明显。

原先对民营经济起到重要支撑作用的民间金融也开始出现营利化、中介化和网络化等新特点，一批职业的“资金掮客”开始出现，影响了金融秩序。民间金融缺乏规范引导和外部监管的弊端开始显现出来。

正规金融改革的先发优势

在2012年金融综合改革试验区获批之前，温州正规金融体系的改革大体分为以下三个阶段：

第一阶段为起步探索阶段（1980年10月到20世纪90年代初）。1980年10月，改革起步，标志性的举措是：在苍南县金乡农村信用社试行浮动利率改革。此举的意义在于，提高了农村信用社吸收存款的能力，把农村的资金留在了农信社，一定程度上遏制了农村资金流入城市的趋势。这一改革的成效比较明显，金乡农村信用社一举摘掉了连续26年亏损的“帽子”。[①]

迈出浮动利率改革试点的第一步以后，这一做法在1983年4月开始在农村经济比较发达的农村信用社推广开来，缓解了私营企业在农村资金需求大但农村信用社组织资金能力弱、贷款业务发展缓慢的问题。到1986年6月底，温州农村信用社全面实行了利率改革。

1986年5月，农业银行苍南县钱库营业所开办了“存贷结合，以存定贷，利率浮动”业务。10月，工商银行平阳县支行推出了特种定期储蓄存款和特约贷款业务，规定“以贷定存，自求平衡，利率上浮”的原则，适当上调存款利率，拉开了国有商业银行利率改革的序幕。

1987年9月中旬，经中国人民银行批准，温州被正式确定为全国第一个利率改革试点城市，实行以“区别对待、期限管理、适当上浮”为原则的《温州市利率改革试行方案》，使利率改革走向全方位、制度化、合法化和规范化。

第二阶段为整顿规范阶段（20世纪90年代初到21世纪初）。其间体制深刻转型也带动了温州市场经济的蓬勃发展。这一阶段的标志性事件是整顿城市信用社，清理农村基金会。1991年和2001年，相关部门对典当行业也进行了两次比较大的清理整顿工作。

---

① 吴国联：《温州金融改革发展三十年经验与启示》，载《浙江金融》，2008（12）。

正规金融都力求在增加中小企业融资量上下工夫。但是，城乡金融二元分化问题突出，农村经济发展与正规金融服务之间存在较大矛盾。

第三阶段为重点突破阶段（21世纪初到2012年）。2002年，时任中国人民银行行长戴相龙来温州考察后，将温州确定为金融综合改革试验区。温州也启动了金融港发展战略。经中国人民银行总行批准，温州率先在瑞安、苍南两县(市)除城关外的131个农村信用社网点开始试行改革。中国人民银行上海分行批准了《温州市人民币利率改革试点方案》，规定农村信用社存款利率最高可以上浮50%，贷款利率最高可以上浮100%。2003年10月开始，试点范围扩大到全辖除县(市)政府所在地以外的105个法人社357个网点。截至2003年底，全市农信社存款余额达到224亿元，比年初增加了52亿元。

2004年，温州开始推进农村合作金融体制试点改革，实施“5-5-1”改革方案，即组建5家农村合作银行，成立5家县级统一法人联社，规范1家两级法人联社。

虽然中国人民银行于2005年初取消了温州农信社的利率改革试点，但是农信社体制改革以及利率试点所激发的经营活力、所带来的机制转换、所推动的管理水平升级，促进了农村信用社业务的持续发展。到2007年末，全市农信社存款余额为472.08亿元，贷款余额为346.24亿元，市场份额占有率分别为14.01%和12.43%。

总结起来，温州正规金融体系改革的大致路径是：从农村开始，逐步延伸到城镇；从信用社逐步发展到商业银行；从个体私营企业存贷款利率的高幅度上浮，扩展到国有、大集体企业贷款利率的适度上浮；从小范围试点，扩大到全市范围内的市场化探索试验。

二元金融结构

二元金融结构是改革开放后温州金融体系发展的突出特点。所谓“二元”，既指体制内和体制外两个金融市场并存，也指城乡金融的二元分化。

事实证明，一个完善的资金融通体系，不但要有国家、集体等正规金融服务体系，还要有社区性的民营金融服务组织和民间直接借贷行为，否则市场的活跃与发展就是有局限的。国家金融和集体金融，不可能将中小企业的生产经营资金全部包下来。在社区性的民营金融服务组织缺位的情况下，民间借贷的客观存在弥补了正规金融服务的不足。可以说，民间金融在温州的兴起，是金融约束政策下市场自发的金融深化。

说起民间借贷的作用，长期在中国人民银行温州市中心支行工作并曾担任过行长的吴国联认为，民间借贷市场发挥了集中结余资金进行社会化配置、延续消费与再生产链条的职能。从这个意义上说，民间借贷在我国转型发展经济中的存在，不仅是不可或缺的，在一定程度上也是不可替代的。具体而言，他总结了民间借贷的四大作用：

第一，民间借贷有力支持民营经济投资。民间借贷与市场经济、民营经济相适应。温州民营经济的快速发展离不开温州活跃的民间投资，而大部分自发的民间投资创业计划往往没有经过严密的可行性论证，金融机构从防范信贷风险的角度考虑，一般不愿意对计划创业者给予信贷支持。此时，民间借贷自发地成为支持民营经济创业投资的重要力量。

第二，民间借贷是弥补银行信贷不足的重要途径。金融机构的信贷投放对温州市经济发展起着主要的资金支持作用，但有其一定的局限性，而民间借贷利用其灵活高效的运作特点，从满足“三农”经济发展、中小企业流动资金、产业集群的发展融资需求等诸多方面弥补了银行信贷服务的空白，对温州民营经济的快速发展起到了强有力的推动作用。

第三，民间借贷有利于推进利率市场化。民间借贷利率因地而异、因人而异、随行就市。利率作为资金借贷价格，能够反映资金的机会成本和稀缺程度。通过价格杠杆，将寻找增值途径的富余资金引入营利性行业，民间借贷的利率比较真实地反映出一定时间、一定空间内的资金成本和稀缺程度，对商业银行合理确定利率价格具有重要的参考价值。

第四，民间借贷有助于金融机构服务提升。民间借贷虽然是传统的民间金融活动，但对市场需求具有很强的适应性，从而为不断改善正规金融服务提供了借鉴和促动力。一是促使金融机构转变服务理念、增强服务意识、改进服务态度、提高服务质量。二是促使金融机构尽可能简化贷款手续，加快业务创新。如各种理财服务、上门收款服务、营销员制度等，改变了传统上坐等客户上门的情况。①

除了个人之间的民间借贷活动，非金融机构也在20世纪80年代开始代为办理存贷款业务，表现在农村地区开始出现“挂户公司”和农村基金会组织，甚至连新中国成立后一度绝迹的私人钱庄也复出了。

1984年9月29日，“方兴钱庄”在温州市苍南县钱库镇挂牌营业，第二天，就有银行的领导找上门来，说钱庄不合法，必须关。挂在方家老宅门口的“方兴钱庄”招牌被拿了下来，但存钱和借钱的人依旧进进出出。这多少隐喻了温州民间金融的发展路径：不挂牌，没名分，但生意照样做。②

此后，温州市先后公开挂牌经营的钱庄有4家，金融监管部门对此一直持否定态度。1989年9月，鉴于当时的大环境，方兴钱庄的掌舵人方培林关闭了方兴钱庄。

---

① 吴国联：《对当前温州民间借贷市场的调查》，载《浙江金融》，2011（8）。

② 本节关于“方兴钱庄”的描述主要参考《只见过一天“阳光”的钱庄》、《王岐山赴钱库调研“方兴”》、《首家私人钱庄悄然掩上大门》，作者公木，分别载于2014年4月4日、5日、6日的《温州晚报》。

全国金融出版社 样书 赠阅

人物

方培林——中国私人钱庄第一人

方兴钱庄的主人方培林此前是钱库医院的一名职工，深感当时个人经营者难以从银行贷款，而民间自由借贷的利息又过高以致难以负担。

1984年，时年33岁的方培林看到了当年的中央“一号文件”，当中提到了允许农民和集体的资金自由地或有组织地流动，不受地区限制。文件鼓励农民向各种企业投资入股；鼓励集体和农民本着自愿互利的原则，将资金集中起来，联合兴办各种企业，尤其要支持兴办开发性事业。

方培林想，中央文件提出要鼓励农民入股，去进行开发性的实践，入股就意味着可获得股息，既然鼓励，等于承认股息是合法收入。既然股息是合法的，那么利息也就应当是合法的。他通过调查，了解到镇周围5个大队流动资金需要1000万元，大约缺口200万元，而农民手头有大量闲散资金。因此他确信，办金融服务社肯定大有市场。

他将创办金融服务社的报告交到了镇里。镇委书记黄德余说：“现在那么多人放高利贷，上头都没有干涉，你公开搞借贷服务，为什么不行?”黄德余又打电话请示县长刘晓骅，刘县长也觉得可以试试。方培林原本设想成立一家股份制的金融服务社。镇里为此开了一个镇委扩大会议，会后黄德余对方培林说：“还是不要搞股份制，万一股东思想不统一，就容易出问题。就你一个人去办吧，也不要叫什么金融服务社，干脆就叫方兴钱庄。”

开业后，方兴钱庄实行了与银行和信用社不同的存贷款利率：长期存款月利率1.2%，一年结算；临时存款月利率1%，随时存取；贷出款项月利率2%，视情况而定。

钱庄伴随着争议负重前行。有人认为钱庄是改革先锋，有人认为是旧社会的遗物。1985年夏天，时任国务院农村发展研究中心处长的王岐山听说温州有个私人钱庄，就背着一个挎包风尘仆仆来到钱库，只为专门看一看方兴钱庄。

王岐山听完方培林的介绍后说："你是下乡知青，我也是下乡知青，你在黑龙江插队，我在延安插队。革命先辈为了人民的幸福抛头颅洒热血，我们这一代人碰上改革开放，你就大胆去干！把地下的、民间的东西，统统搬到台上来。"临走的时候，王岐山还提醒方培林，当年的"中央一号"文件已经涉及农村金融市场。

王岐山走后，方培林把1985年的中央"一号文件"找出来，关在屋里逐字逐句地学习，最终发现如下字句：放活农村金融政策，提高资金的融通效益。

1986年12月20日，方兴钱庄拿到了工商营业执照，但金融执照一直没有下来。1989年8月，明文规定个人不得经营金融业务。"私人钱庄"被明令禁止了。第二天，方培林就不再办理存贷款业务，之后花了几个月的时间把遗留账目一笔笔地处理完毕。经营5年期间，钱庄没有一笔贷款没有收回，没有一个人的存款没有付清。

在实行浮动利率、改善服务态度、延长营业时间、对私人企业的贷款等方面，方兴钱庄都在中国金融史上留下了一笔。方培林本人事后评价说：只一个浮动利率，钱庄的使命就完成了。

在这一时期，典当行也开始兴起。1988年2月，温州第一家典当行——金城典当商行开业。温州相关部门相继批准了42家典当商行，其中开业34家。典当商行除股本金外，共获得贷款3608万元。截至2007年底，全市共有典当商行28家（其中分公司1家），从业人员253人，资本金为

2.4亿元，资产总额1.64亿元，当金余额2.11亿元，当金额7.2亿元。由于典当商行自身经营管理经验不足，社会相关机构的业务衔接不配套，有关法律制度建设滞后，典当业长期发展不快，有的典当行还发生了超越经营范围的情况。1991年和2001年，相关部门对典当行业进行了两次比较大的清理整顿工作。

1986年，股份制、民营化的东风和鹿城两家城市信用社也出现了。事后广为人知的鹿城城市信用社，是由时任温州市委书记董朝才拍板决定开业的。原先在经营一家机电厂的杨嘉兴联络了8位股东，筹集31.8万元资金，在温州当时最热闹的信河街租下了三间门面三层楼。信用社存款比国有银行利率高出20%左右，开业一周后就实行24小时营业。当年年底，杨嘉兴拿到了经营金融业务的许可证。次年，鹿城城市信用社又经有关单位允许向社会增资扩股，发行了50万元股票。信用社经营到1995年，因全国各市开始在城市信用社的基础上组建城市商业银行，杨嘉兴在当年11月转让了鹿城城市信用社的股份。

再看城乡二元金融的问题。从20世纪90年代开始，温州城乡金融二元分化的问题就比较突出了，这导致农村经济发展与正规金融服务之间产生了较大矛盾。以2001年全市贷款增加额与各地人口、上年GDP相比较，市区每万人贷款增加额为0.39亿元，每亿元GDP贷款增加额为0.22亿元，其他县（市）两项指标均在0.1亿元以下，差别较为明显。

金融约束政策在农村反而产生了金融抑制效应：一是正规金融机构经营机制不适应，在农村形成了大量的逾期贷款和亏损，迫使从农村市场退出，如当时工商银行、中国银行先后撤销了设在欠发达的洞头县的支行机构。二是农村社会资金通过正规金融渠道向城市集中，资金供求结构性矛盾突出。2001年末温州6个县金融机构存贷比为64.82%（2007年这一比例为72.08%）。同时，邮政储蓄成为农村资金净流出的重要渠道，年末各县（市）邮政储蓄余额为20.1亿元，占全市的71%。三是农村企业和个人在外地主要是大中城市的工商业投资活跃。

三个不协调一个缺陷

正规金融改革和底层金融创新曾合力支持了温州的民营经济，也造就了前期较好的金融生态。2005年，中国社科院金融研究所发布了《中国城市金融生态环境评价》，上海、宁波、温州、杭州和深圳的金融生态环境等级被评为最高的Ⅰ级。其中，温州是唯一的地级市。在2006年、2007年的中国市长年会中，温州连续被评为“中国最具魅力的金融城市”。截至2011年6月底，温州地区银行业金融机构的不良率仅为0.37%，为全国地级市最低。

然而，虽然温州在金融改革领域有先发优势，但后劲却显不足，金融领域一些深层次的、与民营经济发展严重不匹配的问题开始暴露出来。体现在地方金融体制上，温州市金融办主任张震宇将问题概括为“三个不协调一个缺陷”。

地方金融发展与国家在温金融机构发展不协调。由于温州地区资产质量好、效益高，国有大型商业银行与股份制银行，乃至一些城商行都争相在温州设立分行。许多分行是总行直属行或总行直接联系分行，享受副省级城市分行待遇。然而，总部在温州的金融机构却屈指可数，“总部经济”效应不明显。总部在温州的银行仅有温州银行一家（不含农村合作银行及农信社），无总部在温州的证券公司、保险公司、信托公司和租赁公司。尽管国家在温金融机构在温州本地投入了很多资源，但存在决策链条偏长、产品同质化的问题，与地方政府的关系有时也难以协调，难以提供足够的适合温州本地经济发展特点的金融产品。

非银行金融机构发展与银行业金融机构发展不协调。不可否认的是，改革开放后温州金融改革、创新和发展，起步于银行业，发展最充分的也是银行业。但过犹不及，银行业已在温州金融界“一家独大”，温州的证券业、保险业、外汇业务等发展就显得比较滞后。信托、租赁等机构不但没有发展，反而退出了温州市场。产权交易所名义上存在，实质上却没有内容。担保公司、典当行的发展不是很规范，潜伏着一定的经营风险。即使是银行业的改革，也阻力重重：利率市场化多年来处于停滞状态，还没有进行深层次的探索；中小企业融资问题没有完全解决好；银行经营存在同质化问题，创新后劲不足。

直接融资与间接融资发展不协调。温州的证券市场，多年来只有参与交易的二级市场，没有发行的一级市场，企业债、政府债等多年没有“踪迹”。尽管温州民营资本比较发达，但私募股权投资基金很少在温州注册。2013年12月，时任中国证监会研究中心主任的祁斌在温州参加《温州市民间融资管理条例》实施工作座谈会时表示，按全国平均水平，温州应该有20家上市公司，但实际上当时只有12家，这与温州发达的民营经济是不匹配的。温州全市的上市公司数量，甚至不如江阴、诸暨等县级市。企业的融资要么集中在银行，就会受制于银根的松紧；要么转向利息高、潜在风险大的民间借贷，就会受困于风险管理能力的局限。曾有一段时间，直接融资占新增社会融资比例不到2%。2011年全年，直接融资占比为8.6%。

地方金融监管体系有缺陷。长期以来，金融监管权集中在中央，但地方政府却需要承担风险处置与救助的责任。特别是在民间融资领域，政府对明知有风险或可能存在恶化趋势的民间融资事件，尽管有信息优势和资源潜力，却无法采取有效的措施。而中央驻地方金融监管机构却需要层层上报，往往贻误了时机，形成了“看得见，管不着；管得着，看不见”的怪状。一些机构虽然经工商管理部门登记，甚至有些还有主管部门（如担保公司由经信委主管，典当行由商务部门主管），但如违规从事民间融资行为，实质上也处于“无人监管”的状态。总体而言，地方在金融监管事项上的权责是不对等的。

潜在的民间金融风险

民间金融在弥补正规金融的不足、缓解中小企业融资难方面有不可磨灭的功劳，但其自身存在着难以克服的弊端，影响金融秩序。由于缺乏规范引导和外部监管，民间融资基本上处于自发和无序状态，极易导致社会投资的盲目性。同时，由于民间融资的趋利性，借贷双方信息不对称，加上一些不法分子以高利为诱饵从事非法集资活动，资金安全得不到保障，极易造成较大的经济风险和社会风险。

自20世纪80年代开始，民间借贷市场就进入了活跃期和风险的爆发期。自由借贷、“呈会”和以营利为目的的间接资金借贷（“钱中”或“银背”），以及发生在企业和各种经济联合体内部的集资活动都十分活跃。

民间借贷市场被一些食利者和金融诈骗分子所利用，偏离正常的运行轨道，风波迭起，险象环生。从1984年的“黄华会案”、1985年的“抬会”风潮、1986年的苍南和平阳“排会”案，到1988年“平会”的倒会和“银背”破产，可以说金融风险在温州农村蔓延，在民间借贷活跃的乐清、平阳、苍南等县（市）尤为严重。

20世纪八九十年代，由于社会商品短缺，温州民营企业从事传统制造业生产经营，一般都具有较高的收益率，足以支撑民间借贷利率。自20世纪90年代后期开始，矿产行业、房地产业成为温州民间资本投资的热点，这些行业的高回报率支持并推高了民间借贷市场的利率水平。2011年前后，由于房地产宏观调控和矿业投资的国进民退，民间资本对这两个领域的投资热情开始减弱，而私募股权投资（PE）成为新的热点。①

进入21世纪后，民间借贷开始呈现出新的特点：营利化、中介化和网络化趋势更加明显。

所谓营利化，是指民间借贷传统的互助互帮功能已退居次要。虽然从前大部分民间借贷也用于以家族企业为主的实体经济，但后来随着企业的创新扩大或出局，民间借贷的营利性更为突出。

所谓中介化，是指传统的民间直接借贷逐渐开始通过各种社会融资中介进行，如担保公司、投资公司、寄售行、典当行、旧货调剂行等。民间借贷的中介化，使得融资链条拉长，融资关系更加复杂。事实上，分散性的直接借贷活动有其较为稳妥的风险防范机制，经济环境较好的情况下，其风险性相对较低。但社会融资中介的风险隐患较大，牵涉面也较广。温州在2011年秋季前后有1000多家社会融资中介，其中部分机构假借经营之名，违规办理垫资业务，收取高额佣金及利息。民间借贷的中介化还引起了社会资金空转的现象。

所谓网络化，是指互联网金融模式逐渐兴盛，民间金融有了新的表现形式。2007年，我国第一家P2P机构拍拍贷在上海诞生。2011年后，P2P模式被媒体广泛报道，社会资本蜂拥而入，一时市面上出现了上千家平台。天使汇、原始会

① 吴国联：《对当前温州民间借贷市场的调查》，载《浙江金融》，2011（8）。

等股权众筹网站也相继上线，使得股权投资也能在网络上达成意愿。就其错综复杂的关系以及面积广、聚合力强等特点，P2P、众筹等互联网金融业态就是民间金融的网络版。

金融风波爆发前，在温州已经形成了一批职业化的“资金掮客”，受国家管制利率与民间市场利率的利差所吸引，从事着“以钱炒钱”的生意，一些银行信贷资金被套出，经资金掮客层层加码，最终到了企业手上已是高息，变相提高了企业的融资成本，恶化了实体经济的发展环境。

第三节 风波来了

“眼镜大王”胡福林出走、龙湾“家电大王”郑珠菊资金链断裂、奥米流体董事长孙福财“金蝉脱壳”等事件都上了报纸财经版的头条。2011年9月，人们确信风波来了。将板子打在温商身上，说他们盲目投资、脱实向虚，不无道理，但也不是十分公允。这场风波，反映了市场经济发展过程中要素改革的不到位，金融体系配置资源的效率与实体的需求并不相称以及地方金融监管缺位等原因。

2011年“十一”长假期间，时任国务院总理温家宝带领众财经高官到温州调研。期间，温州当地官员和企业家都建议，既然金融尚不能很好地满足实体经济需求，能不能先在温州试点金融改革？得到的回答是：可以考虑和研究。

局部金融风波爆发

2011年6月起，一个传言在坊间流传开来：龙湾人王晓东涉嫌非法吸收大量资金并已“跑路”，预计金额有10多亿元。

王晓东何许人也？根据事后龙湾公安分局的通报，王晓东籍贯为龙湾，当时40岁，家住温州市鹿城区。从2007年开始，王晓东以投资办厂为名借款，在公司经营不善的情况下，高息向社会公众大量集资，直至2011年7月因资金链断裂而案发。截至2012年4月，已有30多名受害人报案，初步查证涉案金额2.5亿元左右。[①]但由于王晓东本人在瓯海区国土局工作过，其集资行为还牵涉一些政府部门的干部职工。因担心“前途”及“影响单位声誉”，并非所有受害人都会去公安机关报案。

在当时，温州民间借贷的一个特点是“中介化”。个人有了闲钱想出借获利，无法直投企业，于是社会闲散资金就集中到担保公司、投资公司、寄售行、典当行、旧货调剂行等社会融资中介。这些融资中介会将资金借给企业，并从中收取高额佣金和利息。在普通人眼中，担保公司等中介机构资金实力强，又从事金融业务，总体感觉比较“稳”。王晓东也开过担保公司，关于他“跑路”的传言流传开后，人们渐渐感觉“气候变了”，市面上的资金越来越紧张了，一些投资人也纷纷赶到担保公司“挤兑”。

根据中国人民银行温州市中心支行的监测，2011年6月温州民间借贷综合利率水平为24.4%，折合月息超过2分，比2010年6月上升了3.4个百分点。而社会融资中介的放贷利率一般在40%。[②]

2011年8月下旬，昔日龙湾“家电大王”郑珠菊因资金链断裂出走。郑珠菊原是龙湾地区最大的电器经销商，曾是格力电器在龙湾区的总代理，兼营海尔、松下、TCL等品牌。9月9日，郑珠菊被抓获归案。警方通报的信息显示，自2009年开始到2011年8月20日止，郑珠菊、郑祥刚非法经营承兑汇票总金额达8.09亿元，后因借给他人的巨额借款本金无法收

① 金俊、黄伟、阿丙：《涉嫌集资诈骗，龙湾王晓东被刑拘》，载《温州商报》，2012-04-23。

② 吴国联：《对当前温州民间借贷市场的调查》，载《浙江金融》，2011（8）。

回，造成资金链断裂。

郑珠菊的做法是，在收取票据后，一般在10天至15天左右，将承兑汇票通过其他渠道贴现，其后利用贴现资金放高利贷，利息一般在月息2分左右。待45天到期时，便按票面金额付款。票据在流通转让过程中，并不背书，只有郑珠菊给持票人一张收条，收条通常会注明以下信息：今收到某某人承兑汇票（含票号）、承兑银行和金额大小写、付款时间为45天、落款日期、郑珠菊签名和手机号码，收条不加盖任何印章，票据也不做背书。

根据双方口头约定，承兑汇票不用等时间到期即可兑付，而郑珠菊也不收取手续费，持票人可以收回承兑汇票上的全部金额。一位曾为郑珠菊提供票据的人士在接受《财经》杂志采访时表示，由于郑珠菊信用不错，之后便将越来越多的承兑汇票借给她。通过郑珠菊贴现，可以提前获得资金，且郑珠菊承诺按票面金额付款，这与正规渠道贴现率存在较大价差。①

人们以为风暴来了，没想到这只是风暴的前奏。9月11日上午，温州奥米流体设备科技有限公司安排300多名员工集体去雁荡山游玩，而董事长孙福财却借机“金蝉脱壳”。当时他共欠银行贷款和民间借贷2.6亿元。②

9月21日，身背20亿元巨额债务的温州信泰集团董事长胡福林出走美国，瞬间引爆了舆论。尽管胡福林事后反复强调，自己不是“跑路”，只是“出走”，出国前就已买好了

---

① 王培成、翁仕友：《承兑汇票迷局》，载《财经》，2012（27）。

② 黄深钢、张和平：《温州“跑路潮”主角谈跑路：那时候心里有一颗“苦毒”的结》，见新华网杭州，2014-08-21。

回程的机票[①]，但消息一传开，海内外媒体争相报道，供货商和债权人也把信泰集团总部围得满满当当。

胡福林，1964年出生，从小帮父亲打理眼镜店生意，21岁正式接手父亲的眼镜批发作坊，两年后开了第一家工厂。1993年胡福林成立温州信泰光学有限公司，1994年注册了“海豚”商标，虽然直到2002年才盈利，但事后证明走自主品牌这条道路没错。“海豚”后来成为中国市场上销量最大的太阳镜品牌，同时也是温州第一个获得“中国驰名商标”称号的眼镜品牌。

顶峰时期，信泰集团眼镜年产量平均达到2000万副，并且拥有完整的眼镜生产链，从前期市场信息的收集与调研，到温州和深圳的设计中心，100多人的专业设计团队进行产品研发，再经温州、深圳的生产基地生产、制造，最后销往世界各地。可以说，从1985年接手父亲的作坊直到2006年，胡福林的创业路程一直顺风顺水。

但眼看别人的企业规模都达到上百亿元，而自己整个眼镜产业链也就10个亿，胡福林作出了“进军新能源”的决定。他的目标是：眼镜制造业在A股上市，太阳能产业在香港上市，力争成为百亿元级企业。

自2010年开始，适度宽松的货币政策开始转向，外部经济低迷，欧美国家贸易保护主义抬头。原先审批好的贷款也被告知要暂缓放出。胡福林又“着了魔一样”开始借更高利息的民间借贷投入周转。

事后更令胡福林感到痛心的是，由于被“虚幻的远景迷惑了”，他罔顾妻子的反对，与多年恩爱的妻子在生意上争吵不休。最后，他“宁愿离婚也要完成个人的所谓梦想”。[②]

---

① 马克强、梅雪风：《“归去来兮——“跑路浙商”胡福林重生记》，载《市场导报》，2014-02-25。

② 马克强、梅雪风：《“归去来兮——“跑路浙商”胡福林重生记》，载《市场导报》，2014-02-25。

自2011年6月开始，胡福林开始感觉到温州的民间借贷只收不借了。后来，每天一拨又一拨的债主坐在胡福林的办公室逼债，直到凌晨两三点钟也不肯走。到了9月20日，因银行连续的还贷及下一笔的两千多万元实在无法调剂过来，欠民间一千多万元，债权人也天天上门讨债。与朋友商量之后，胡福林决定去美国暂避一下。但到了美国后，事态的发展超出了胡福林的想象。只带了2000美元现金的他不敢看报纸，也不敢看新闻。

胡福林的"出走"引发了温商的信用危机。奥康集团董事长、温州市工商联主席王振涛致电胡福林："胡总啊，这件事已不是你一个人的事了，这关系到温州这么多企业家的信誉问题了。望你赶紧回来，我们工商联和大家支持你。"①

温州官方将这轮部分企业资金链断裂，企业主出走、跑路甚至跳楼的事件称为"局部金融风波"。之所以称为局部金融风波，是因为全市工商登记在册的个体工商户和私营企业共42万多家，而问题企业仅90多家。②

总结起来，这场风波的产生当然有企业主自己的原因。胡福林事后反思说，从眼镜行业龙头老大到过度投资进入光伏行业，虽有望获取高利润，但也隐藏着投资的高风险，后来相继遭遇海内外市场步步衰落、光伏行业整体低迷等负面影响叠加，投资失败几乎难以避免。自己的跟头主要"栽"在没有把握好资金链，向银行和民间过度融资，结果搞得负债太大，超出了承受力。

---

① 马克强、梅雪风：《"归去来兮——"跑路浙商"胡福林重生记》，载《市场导报》，2014-02-25。

② 陈德荣：《温州金融改革再出发》，载《中国改革》，2012（3）。

但时任温州市委书记陈德荣也认为，不能将所有的账都算在温州人的头上。这场金融风波，固然有温州自身的原因，但这也恰恰反映出中国市场经济体制的改革中还存在着很多不足，特别是在要素市场化改革方面，还有很长的路要走。这场金融风波折射和反映出来的，是中国市场经济体制发展与改革过程中的很多问题，如虚拟经济导致实体经济“失血”、要素市场化改革滞后等。①

温州调研

2011年10月4日长假期间，温家宝一行刚下飞机就来到机场附近的浙江百先得服饰有限公司考察，并主持召开座谈会。小企业发展是整个经济发展的重要方面，温州以中小企业集聚闻名，温州人也有敢闯敢试和创新的精神，这些都有利于改革开放和建设。听了汇报后温家宝指出，小企业发展过程中确实存在工资、原料、环保成本上升和利润减少的问题。一部分资本转移了，有的选择了泡沫性的投资，造成亏损。他说，“跑路”和“跳楼”在温州毕竟是极少数，这种现象值得重视并且要认真加以解决，但不要夸大。他指出，“对温州的发展要充满信心，对解决当前的困难也要充满信心。我们不能忽视遇到的问题，但不可一叶障目，而否定或者看不到温州多年发展的积累，包括物质积累和经验积累。我把它概括成一句话：稳定人心，提振信心。”他认为，对中小企业，一是融资，一是税收。就是金融贷款结构必须调整，重视对小型企业包括微型企业的支持。符合国家产业结构、能广泛吸纳就业人员、推动科技进步的，尤其要给予支持。对企业要继续进行结构性减税，重点或者首要方向是小微企业，包括减税、减收各种费用，给小企业发展创造一个良好的外部环境。

① 见陈德荣：《温州金融改革再出发》，载《中国改革》，2012（3）。

他说，民间借贷之所以阻挡不住，就是因为民营企业有需求，而金融机构又不能满足。正门开得不大，那旁门就要开。民间借贷要规范管理，防范风险，其目的是使它健康发展。如果没有规范，没有防范，不加强监管，它就不能健康发展，会成为社会一大问题。但是我们不能因为需要规范管理、防范风险，就不让它发展。两个关于民营企业的"36条"，应该说有很大的促进意义。但是大家普遍反映，两个文件的落实都存在着"玻璃门"和"弹簧门"的现象，民营企业要么进不去，要么被弹回来。要抓紧制定细则，从根本上保证两个"36条"的实现。

上午的会他总结道，"如果少数企业资金链断裂的问题能够得到妥善处理，情况会很快稳定，这是我们努力的方向。总之，我还是抱着这样的信念，温州一定能够渡过面临的困难，因为这次困难和2008年的国际金融危机不同。要下决心，措施要得当，行动要果断有力，要给温州一个祥和、稳定的环境。"[①]下午，在听取浙江省、温州市关于小企业发展情况汇报之后，他指出，中小企业在扩大就业、推动经济增长等方面具有不可替代的作用，支持中小企业发展具有全局和战略性的重要意义。他重点强调了贷款的差异化金融监管政策、支持专为小微企业提供服务的金融机构、加大财税支持、防范金融风险等四个问题。[①]时任温州市委书记陈德荣汇报了温州金融改革的设想，他恳请国务院能给温州一次金融改革的机会，给温州一些积极的政策，让温州能通过金融的改革，实现自救。

---

① 与座谈会相关的内容摘编自中广网2011年10月5日消息《对民间借贷要规范管理、防范风险，促使健康发展》，记者张华杰、肖志涛。

陈德荣于2010年的7月18日由嘉兴市委书记调任温州，当时，温州的各类“担保公司”、“投资公司”、“寄售行”已充斥街头巷尾，但多数都充当着资金掮客的角色。陈德荣感觉到，温州的民间资金充裕，但到不了实体企业，近些年的经济增长速度也排在全省末位。到杭州兼任浙江省副省长后，他找到了浙江省政府副秘书长陈国平，希望能组织一批专家学者，研究温州的金融问题，并给出解决之道。于是陈国平就找到了浙江大学经济学教授史晋川。史晋川组建了一个团队，由他本人担任组长，浙江省金融办主任丁敏哲、省一行三局的负责人都进入了课题组。在研究团队领导小组的第一次会议上，陈德荣对为何做这个课题做了一个说明：第一，温州的希望在金融，没有金融的支持，产业的转型升级很难。他对温州资金多却到不了中小企业的现状感到担忧。第二，希望温州在金融领域有所创新，能做一些示范性的事情、在全国有影响力的事情，成为全国区域金融改革的样板。[②]

下午座谈会的与会者回忆，听完汇报，温家宝对坐在身旁的中国人民银行行长周小川说：你们研究一下，我觉得可以考虑。随即，又对时任浙江省委书记赵洪祝说：“会议以后，你们要主动与人民银行沟通，尽快拿出试点方案，报国务院审批。”[③]

就这样，温州金融改革的申报与审批程序正式启动了。

---

① 李斌：《认清形势坚定信心，巩固经济发展好势头》，新华社杭州2011年10月5日电。

② 中共温州市委宣传部、温州市人民政府金融工作办公室编著：《选定温州：温州金融改革风云》，红旗出版社，2013。

③ 中共温州市委宣传部、温州市人民政府金融工作办公室编著：《选定温州：温州金融改革风云》，红旗出版社，2013。

第四节 改革的获批与启动

自这次温州调研，到国务院第197次常务会议决定设立温州金融综合改革试验区，仅不到半年时间。在所有区域金融改革试点中，温州是唯一一个经国务院常务会议讨论设立的金改试验区，规格之高，可见一斑。

两周后，人民银行行长周小川到温州调研，并与浙江省共同启动温州金改。他也为温州金改定下了两个重要基调：自下而上为主，允许试错。

改革获批

在温州设立民间金融改革试验区的想法得到温家宝总理认可后，温州市政府就组织相关部门反复讨论，制订和修改方案，多方征询经济金融领域权威专家的建议，初步形成了温州市金融综合改革试验区总体方案。2011年10月31日，方案上报至浙江省政府。

11月上旬，浙江省政府多次召集相关部门和专家学者，对方案进行不断完善，于11月10日将改革方案上报至国务院。

11月15日，国务院要求中国人民银行牵头提出修改意见。在此期间，国务院四位参事经过实地调研，形成书面材料，四次上报国务院，提出应该设立温州市金融综合改革试验区，先行先试。①

12月12日，中国人民银行向7个部委（国家发展改革委、财政部、人力资源和社会保障部、商务部、银监会、证监会、保监会）征求意见。

2012年1月5日，7个部委反馈意见。

2月3日，中国人民银行有关8个司局会签。

2月21日，中国人民银行发文向7个部委会签完成。

3月2日，中国人民银行将方案上报至国务院。

3月14日，在十一届全国人大五次会议闭幕会后的记者招待会上明确，中国人民银行和中国银监会正积极考虑将温州的民间金融作为综合改革试点之一。

3月28日，国务院第197次常务会议，专门讨论在温州设立金融综合改革试验区事宜。会上，中国人民银行行长周小川首先对温州市金融综合改革试验区总体方案作了起草说明和整体介绍。国务院领导对温州金融综合改革试验区总体方案给予了高度认可，并作出了重要指示，为试点工作明确了定位，指明了方向，同时也提出了要求。

会议认为，在温州开展金融改革试验，对温州经济、温州产业转型升级具有积极的推动作用，对全国金融改革和发展都具有重要意义，要通过改革推进金融体制机制创新，构建与经济社会发展相匹配的多元化金融体系，使金融服务明显改善，防范和化解金融风险能力明显增强，金融环境明显优化，为全国金融改革和发展提供经验，起到示范作用。

① 张佳玮：《温州金融综合改革试验区是如何获批的？》，载《温州日报》，2012-03-29。

关于组织领导工作，会议要求浙江省、温州市高度重视，加强领导，深入细致做好工作。浙江省要成立工作组具体负责改革方案的实施。浙江省要负全责。人民银行要会同国家有关部门加强指导、协调和监督，及时总结经验。

会后，浙江省成立了以时任省长夏宝龙为组长，分管省长和温州市委书记为副组长，省金融办、省发展改革委、省财政厅、省级一行三局等近20个省级部门和温州市共同参加的领导小组。中国人民银行行长周小川也于5月24日主持召开温州金融综合改革部际协调会，发展改革委、工信部、财政部、人社部、商务部、银监会、证监会、保监会和外汇局等部门负责人参加。

会议决定设立温州市金融综合改革试验区，并确定了温州市金融综合改革的十二项主要任务：

（一）规范发展民间融资。制定规范民间融资的管理办法，建立民间融资备案管理制度，建立健全民间融资监测体系。

（二）加快发展新型金融组织。鼓励和支持民间资金参与地方金融机构改革，依法发起设立或参股村镇银行、贷款公司、农村资金互助社等新型金融组织。符合条件的小额贷款公司可改制为村镇银行。

（三）发展专业资产管理机构。引导民间资金依法设立创业投资企业、股权投资企业及相关投资管理机构。

（四）研究开展个人境外直接投资试点，探索建立规范便捷的直接投资渠道。

（五）深化地方金融机构改革。鼓励国有银行和股份制银行在符合条件的前提下设立小企业信贷专营机构。支持金融租赁公司等非银行金融机构开展业务。推进农村合作金融机构股份制改造。

（六）创新发展面向小微企业和“三农”的金融产品与服务，探索建立多层次金融服务体系。鼓励温州辖区内各银行机构加大对小微企业的信贷支持。支持发展面向小微企业和“三农”的融资租赁企业。建立小微企业融资综合服务中心。

（七）培育发展地方资本市场。依法合规开展非上市公司股份转让及技术、文化等产权交易。

（八）积极发展各类债券产品。推动更多企业尤其是小微企业通过债券市场融资。建立健全小微企业再担保体系。

（九）拓宽保险服务领域，创新发展服务于专业市场和产业集群的保险产品，鼓励和支持商业保险参与社会保障体系建设。

（十）加强社会信用体系建设。推进政务诚信、商务诚信、社会诚信和司法公信建设，推动小微企业和农村信用体系建设。加强信用市场监管。

（十一）完善地方金融管理体制，防止出现监管真空，防范系统性风险和区域性风险。建立金融业综合统计制度，加强监测预警。

（十二）建立金融综合改革风险防范机制。清晰界定地方金融管理的职责边界，强化和落实地方政府处置金融风险和维护地方金融稳定的责任。

周小川调研温州启动改革

4月9日，人民银行行长周小川率领中国人民银行调研组一行来到温州，下午就与浙江省委书记、省人大常委会主任赵洪祝等座谈。根据中国人民银行网站发布的消息，周小川此行的目的是“落实国务院常务会议精神”、“指导和协调浙江省温州市金融综合改革试验区建设”，并与浙江省方面共同启动“温州金融综合改革试验区有关工作”。[①]

10日上午，赵洪祝主持召开温州市金融综合改革试验区工作座谈会。在座谈会上，周小川除了介绍温州金改的背景和意义外，还作出了金改区建设“允许试错”的表态，会后被媒体广泛报道。

笔者那天也在座谈会现场。周小川在发言中表示，改革的试点就是一种试错，我们要允许试错。总体来说，方向要平稳和稳健。会有错误出现，要总结经验，要纠正，以便于更顺利地发展。要综合全面地评价温州（金融）综合改革的各项措施和进展。[②]

人民银行网站新闻稿对此的表述是：在把握好方向原则的同时，大胆探索。[③]《浙江日报》在次日报道中的表述是周小川“希望温州在金融综合改革过程中增加透明度，依靠人才，加强规范，鼓励竞争和创新，注重挖掘潜力出效率，同时允许试错，但也要防止出现影响改革进程的大错误”。[④]

---

①《周小川行长率中国人民银行调研组赴浙江温州开展金融综合改革试验区建设调研》，见http://www.pbc.gov.cn/publish/goutongjiaoliu/524/2012/20120410161233649226187/20120410161233649226187.html。

② 高翔、裴文斐：《周小川调研温州：金改区建设“允许试错”》，载《每日经济新闻》，2012-04-11。

③《周小川行长率中国人民银行调研组赴浙江温州开展金融综合改革试验区建设调研》，见http://www.pbc.gov.cn/publish/goutongjiaoliu/524/2012/20120410161233649226187/20120410161233649226187.html。

④ 金波：《温州金融综合改革试验区建设启动》，载《浙江日报》，2012-04-11。

会后，周小川在离开会场时边走边回答了在场少数媒体的提问。他表示此次改革是“自下而上为主的改革”，但部分内容也需要事先设计，“设计论证好了再往下推行”。[①]

周小川的表态对温州意味着什么？时任温州市委书记陈德荣后来在接受《人民日报》采访时认为，“允许金融改革试错”的表态对试验区的操作者来说很重要，意味着“给改革留下了足够的施展空间”。他在接受采访时说了一句意味深长的话：不怕改革中有失误，就怕大家失去改革的动力和创造力。

陈德荣还强调，不是说允许“试错”你就可以肆意妄为，就可以盲目冒进，而是需要理性谨慎。金融体制改革跟商品市场改革不一样，它牵一发而动全身，一旦出“错”，破坏力强，影响面大。

“‘试验区’成功了就是‘示范区’，但也不是没有失败的风险。”他对《人民日报》记者如此表述。[②]

---

① 高翔、裴文斐：《周小川调研温州：金改区建设“允许试错”》，载《每日经济新闻》，2012-04-11。

② 吴焰、顾春、周人杰：《陈德荣：最怕金融改革失去动力和创造力——浙江省副省长、温州市委书记陈德荣访谈》，载《人民日报》，2012-05-10。

||||| 延伸阅读 |||||

高利贷下的温州青年[①]

◎孙芙蓉

漫山的椅子坟使温州人望死生畏——死不起。如今，结婚又威胁着这儿的少男少女们。

瑞安县信用联社的一位小伙子不久就要结婚，但他心头充满的不是快乐，而是天天掐指算计何时发工资。他为结婚借了3000元月息3分的高利贷，每月需付利息90元，可他的基本工资只76元。

近几年，温州人结婚大操大办之风超出了常人的想象。小伙子订婚需向女方送金项链、金耳环、金戒指和金手镯，戒指至少要两个，都是“议价”物，起码要15000元，一位小伙子说：“没有三两黄金，休要讨老婆！”还要送皮大衣、羊毛衫、毛线等，也要数千元。结婚时，小伙子还要送给女方至少5000元现金。男儿要结婚，除去准备房子及全套家具外，还得准备上两三万元。

目前，操办之风又有进展，因为住房的装修标准越来越高。在温州，结婚青年要装修一套像样住房，最少要1万元。我曾参观过一座楼房，是小伙子父亲花60万元建成的。在北京造这样的大房子大概要花160万元。楼房共四层，占地400平方米，米黄色的外墙配上全套铝合金和茶色玻璃，

---

① 原载《中国青年报》，1989-04。

每层的家具各具风格，有中式的、西式的、港式的，与此相配的灯具各式各样，使得满堂生辉。据主人说，其中苏州园林风格的两间房装修就用了15000元。但马上有人告诉我，他是打了两个埋伏的。

姑娘在结婚中同样没有轻松和超脱，要负责置办全套的室内设备，如彩电、冰箱、录像机及高级组合音响，全套床上用品、高级化妆品、各种小摆设等，床上要鸭绒被，化妆品要进口货，当前温州姑娘流行法国香水，一瓶要几百元。因此，没有三两万元，姑娘走不出家门。时下，陪送摩托车正成为热门，在乐清县的柳市，一辆本田80型摩托车要8000元至1万元。温州的许多地方，可以看到浩浩荡荡的嫁妆队，叽哩哇啦的送婚人，这也是一笔可观的开销。

新郎新娘五六万元的巨大开支，基本上是由家长负责的。这给温州许多家庭带来了愁苦和烦恼。虽然温州人有点钱，但也经不起如此折腾。一些家庭条件不太好的小伙子，不得不背上高利贷的重负。

我问借高利贷的小伙子为什么要这样做，他愁眉不展地叹曰：世风如此，时尚如此，他不这么干，别人的议论受不了，家庭无脸面，自己难抬头，姑娘还会进了别家门。各中天机，小伙子也向我透露了。最主要的是怕得罪了女方的父母，断了将来的财源。温州年轻的国家干部经济上要依赖老一代人。

结婚攀比之风越演越盛，人人感到身不由己，借高利贷结婚，不是个别现象，至于今后如何还债，怎么生活，借贷的小伙子告诉我，还没细想过。

温州的畸形消费[②]

◎孙芙蓉

近几年，许多现象曾像幽灵一样光顾这块土地，接着便随风飘去。而畸形消费现象却似乎方兴未艾，成为青年人的时髦话题。

在温州饭店里我遇到一对年轻人，他们刚从百里之外的乡下专程赶来看某影星的演出。票早已售完，黑市票价每张高达160元，他们第一天没买上，第二天也落空了。我问他们："没看上影星，可惜吗？"女孩笑眯眯地说："看上看不上都无所谓，只是我没能坐在剧场里，感到很遗憾。"

他们已经超越了影迷追星的具体目的，不管是东南风还是西北风从台上刮过，不管是自己喜欢还是不喜欢，他们都会来的，因为他们最大兴趣是参与娱乐消费。

向任何人都开放的街头卡拉OK舞厅，门票每张15元。但你若认为人们来这儿是为比舞弄姿，那就错了。人们聚拢于此，穿金戴银，你穿100美元以上的毛衫，我必得千元人民币买的礼服与你相配。你戴5枚金戒指，我有3两黄金的手镯，珠光宝气，交相辉映。说实话比阔才是他们真正的兴趣，若碰上不知情的人，即使进去，其状也如异教徒窥伺人家坐禅，全不解其中味。

一些温州人不管钱多钱少，必办两件大事：盖房造坟。我曾在乐清县参观过一农民新造的房子。工程总造价为60万元。四四方方的一座四层楼，内外装修豪华，上下皆是铝合金门窗，茶色玻璃。在北京造这样的房子至少要160万元。据当

② 原载《人民日报》1989-05-14。

地人讲，这还不是最高级的。坐在汽车里，看青山绿水之中，满目是刺眼的椅子坟。司机介绍说，现在已有花50万元造一座坟的事了。在很多方面，消费的竞争日趋激烈："比学赶帮超"，花样迭出。不讲花多少钱，但求一鸣惊人，成为许多人的心态。有些没有钱的年轻人也在消费上不甘落后，出现了"低收入、高消费"的现象，人可以累倒，但挥金不能手软。

消费是一种精神争锋比高，即使办丧事也是这样。有次我夜宿苍南县委招待所，一大早被一阵巨大声浪吵醒，循声望去，窗外有条好几里长的人链在蠕动，原来是送葬的队伍，不奏哀乐，却猛劲地吹打《在希望的田野上》、《祝酒歌》等，人群在喜气洋洋的气氛中行进。这完全是摆一种排场，倒闹不明白是悲还是喜了。

对相当多的温州青年来说，消费就是目的，消费早已超出了生存的第一需要，比如他们要吃活的河鳗，河鳗一旦死掉，价跌得厉害，但有钱的绝不会去吃。1988年内地抢购风充其量是冲击了商店里有使用价值的消费品，但温州人的目光早已超越国营商店的货物，有些姑娘使用香水，必须是法国的，德国、美国的万万使不得。她们不管脚下的旧市泥街，也不在乎那种香型对国人的黄皮肤是否合适，钱花到了数就成，就快乐，生活就充满阳光。一位腰缠万贯的个体户坦率地告诉我，他第一信钱，第二信花钱。

温州的畸形消费已引起不少人的忧虑。有的青少年学着大人样"一掷千金"，而手头又没有这么多钱，于是走上了犯罪道路。对于大多数工人、农民和知识分子来说，超前消费是一种奢望，他们的收入远远达不到为看一位影星而扔出几张"大团结"的程度。超前消费对于社会环境也有着不可低估的消极影响，不少人把丢掉勤俭朴素的传统美德视为一种憾事。对于成长中的广大青少年来说，他们需要的不仅仅是物质条件，还需要丰富的精神财富。乐于消费的温州人，不知是否想到了这一点！

第X号台风[③]

——关于温州民间抬会的报告

◎孙芙蓉

又一场民间信用的台风袭击着温州。1989年春节前后，乐清县城四处张贴着法院勒令外逃会主回乡清理物款的布告。幸免于两年前抬会风潮的大会主王小兰，这次首当其冲地卷入了旋涡。

昨怜破袄寒 今嫌紫蟒长

尘嚣与仙境，有时只隔着一层薄雾。雁荡山丝毫不染现代文明，八十老翁种茶于山顶云雾之间，老妇肩扛瓦罐沿清明山水送饭，全然一副民情的风俗画。

可是，只要上了山脚那条土公路，就到了这几年中国最为火爆的地方。环球如此凉热，凉的一边是田园牧歌式的世界，热的一边住着王小兰家。1987年深秋的一个黄昏，我们第一次到温州就落脚在她家。不知该怎么看待小兰家一座比一座洋气的楼房，也不知该如何欣赏一位浙江美院油画家给他们夫妇画的“百万金融家”的油画：王小兰的眉宇间装着什么呢？似乎只有她自家的宅院。

温州的昨天——一贫如洗，王小兰家也穷得背了一屁股债。也许是她脱贫心诚，上帝授予她一个致富的“秘方”。要发财无须花费丝毫力气，甚至比小孩摆积木还容易。

当举国上下“经商热”刚刮起的时候，温州的王小兰已经当了近10年的钱商。她玩儿的只是一种最简单的会，会主

③ 原载《金融市场》，1989年创刊号。

一毛不拔，只要地球绕太阳转动五圈半就可净得27213元。后来，王小兰竟然做了50个会的会主。

发了，妇女闹温州，带来钞票大丰收，作家贾鲁生写道：于是船载，拖拉机装，过磅，用尺量……倒会后就连银行点钱也点了好几十天。银行的同志说，他们曾在一个中会主家发现现金784万元，大会主李吾华与余荷兰两家现金储藏达1000多万元。

金钱何处去？乌篷船里，酒友们背着口袋赌钱，牌桌不平，掏出一沓钞票就塞进去。每晚输赢10万8万才觉得痛快。

金钱的魔力在于它能幻化无穷。

盖房，造坟，婚事大操大办。盖房不必说了，坟的造价高的已突破40万元，结婚需要2两黄金。

温州青年正成为消费狂。姑娘们穿着喷洒着法国香水千元以上的毛衫，小伙子穿的里里外外统统名牌，梦特娇衬衫，鳄鱼牌内衣裤，意大利老头鞋，要的就是一种派头，一种挥金如土的消费精神。

一位住在矮檐下的乡村女教师说是因为咽不了那口气才走上钱道的。只三年便盖起价值60万元的小楼。后来的会主中有65%是教师干部，前几年那种单一的白丁会人员结构发生了变化。

温州人的倒钱魔术也传染了山那边的天台人。好家伙，握锄头的手一经染指票子，便一发而不可收。去年那里第一次闹会潮，就调动了5亿元人民币。

金满箱 银满箱

温州抬会的爆发，很大程度上取决于温州人。他们敢于行动，充满创造力，但同时又逃脱不了我国农村文化水平低这一严峻现状。连大字都认识不了几个，更何谈法律！当他（她）们发现钞票几乎无所不能的时候，都变得毫不迟疑了。人民银行明确规定“个人不得经营银行业务”，小兰她们说，不让明挂牌我们就来暗的，一支强大的地下金融娘子军团，共操“会”业。这神奇的魔杖能一夜之间把正常流通渠道中的货币统统舀干，又能随便在什么地方让货币充斥市场泛滥成灾，她们就有这么大的吞吐量。

用行家们的话说，会就是温州民间金融市场的一种信用活动。它起初为互助信用，参加者定期交纳一定会金，便可依次得到聚集的钱，得主把这笔钱投到民间信贷之中，成为生息"资本"，同时用所得利息的一部分去支付会金。如果不发生"倒会"，资金循环正常，整个会期结束，每个会员都有利可图。王小兰苦心经营10年，真可谓"金满箱，银满箱"，聚资金额达300万元。

古老的会发展到今天如此规模的各式各样以营利为主的会，自然有其深刻的社会背景。

温州市一家吴姓的家庭鞋厂，就是靠月息5分的高利维系着。厂主说，人不得不奉行"太平路慢慢走"的经营方针，丝毫不敢大意。一个贩猪下水的小贩，星夜兼程赶回归还高利贷，为的是少付一天的利息。

就连端铁饭碗的公家人也免不了与高利贷打交道。一位结婚等钱用的小伙子，以3分月息借了3000元，他的月工资只有76元，每月都要支付利息90元。

一位泰顺山区的农民买两头小猪，需60元钱，若向信用社借，往返得一天路程，他说，不如向会主借算了。国家银行结算方式的落后，也失去了不少客户。

经过十年改革，温州已经形成一个以个体、股份经济为主体的经济格局。经济形势最终决定金融的发展，温州农村所需资金，国家银行只能提供20%，其余部分全得靠高利借贷，温州又有许多手持大量现金的农民，这就为抬会的产生提供了可能。

现金的渴求与现金的实际供应之间的矛盾在温州日趋

激烈，产生了一个巨大的黑洞，无论投入多少现金，也不会听到一丝回音。1984年温州农村的现金投放为8.37亿元，1988年激增到21.99亿元，相当于四年前的两倍多，其中一半以上投到了十大小商品专业市场，仍然远远解决不了供需矛盾。在这极不正常的环境中，那些大大小小的会趁势而生，它们的兴风作浪，使对资金的需求矛盾日趋尖锐化，最终导致倒会，祸及千家万户。

转眼乞丐人皆谤

王小兰绝没有料到自己会有弃家逃债的一天，更没有料到由她起因的这次倒会风潮，竟然使得乐清掀起了一场空前的劫难。

据有关部门对乐清县柳市、白象、翁垟、乐成四大集镇的不完全调查，这次大倒会，破产在100万元以上的会就达33个，金额累计达6000万元以上，而破产在100万元以下的则更是不计其数了，涉及的总资金估计在1亿元以上。

由此产生的社会震荡也是相当惊人的。几个月内，治安刑事案件急剧上升。由于索债无门，会员们寻找不到隐匿的会主，就把一肚子怨恨向会主的亲属倾倒，连不懂事的孩子也被扣作人质，会主装潢考究的小楼被付之一炬。头脑发昏的会员把女会主抓住，私设公堂，严刑拷打，几十桩人命案就是这样闹出来的。

“抬会”风潮还波及了相邻的台州、丽水等地，浙江的青山绿水笼罩在一片乌云当中。

甚荒唐

女会主的失策，恐怕是把金融理解为匈牙利人鲁比克发明的魔方了。以为可以很轻松地变幻出无穷无尽的新世界，却不需要产生任何“质”和“量”的变化。

以营利为目的的抬会借贷规模的极力扩大，使得民间信用越来越巨型化、巨额化，成为一只无法驾驭的“怪兽”。在这样的情况下，大规模、大范围的民间“倒会”便不可避免了。

100多年前，马克思说过一个浅显而又深奥的道理：如果产业资本不增殖，那么货币资本的增殖便是一件无法实现的事情。不断倒手的民间借贷资金正是离开了资金循环的正常轨道。在大批的会主手中折腾来折腾去，资金价格不断上涨，大量资金作为利息支付出去。这一切，必然会造成资金的巨大亏空。此时，救命的唯一“灵丹妙药”便是再发展新会。如此循环往复，便进入了恶性循环。

看似严密的民间金融组织其实存在着严重的隐患。“会章”和“会规”事实上根本不具有法律的约束力，任何一点风吹草动，都可能成为王小兰们倒会的导火索。一旦某个会倒闭，必然危机四起，通过复杂的信用网络传播开去，形成“多米诺骨牌效应”。

“倒会”的量大面广，突发性、周期性等特点，都与令人生惧的台风有着极为相似之处。由王小兰引发的这次“大倒会”，恐怕是乐清民间信用的第3号台风了。应立即消除产生民间金融风潮的温床，才能从根本上避免台风的出现。

第二章

规范民间融资

如果要用一个字来形容温州金改最大的特色，那一定是“民”。各地的区域金融改革试点各有侧重，如金融对外开放、人民币资本项目可兑换、跨境人民币业务、粤港澳金融合作、农村金融改革和跨境金融合作等。而温州金融改革十二条任务中的第一条，就是“规范发展民间融资”。

本章重点介绍两类机构（民间资本管理公司和民间借贷服务中心）和一套监测体系（“温州指数”）。之所以做重点介绍，是因为上述改革项目已得到了推广和复制。两类机构在浙江全省的22个县（市、区）和山东全省铺开，“温州指数”则已扩展到全国41个城市。

第一节 “四不像”机构面世

民间资本管理公司是做什么的？吸收存款吗？投出去的钱是以股权还是债权的形式？与私募、风投有什么区别？这类机构刚诞生时，人们充满了疑问。

后来，为了方便向外界解释，温州市金融办主任张震宇在接受采访时曾形象地将其称为“四不像”——既不是小贷公司，也不是PE、VC，投资形式可股可债，还能做短期财务投资。民间资本管理公司能利用资本金、股东额外增加资金和私募资金从事项目投资和短期财务投资，能以“民间资金管理企业”的身份从事定向集合资金的募集和管理，参与银行和小贷公司不良资产的处置。

像这样使出十八般武艺的目的只有一个，就是引导民间资本投向实体经济。

民间资本管理公司做什么？

2012年3月1日，《浙江日报》刊发了一则题为《温州首家民资管理公司试营业》的报道。文章指出，温州首家民间资本管理公司——瓯海信通民间资本管理有限公司（以下简称瓯海信通）于2月29日正式试营业。公司在27日刚刚拿到工商部门的“准生证”。[①]

记得正值全国“两会”召开前夕，温州还未彻底走出2011年秋季局部金融风波的阴影，温州金融改革总体方案何时获批也是舆论关注的焦点。笔者当时正身处温州，为撰写“两会”特刊做采访报道。3月1日，记得在出租车上，从广播里听到了“温州首家民间资本管理公司试营业”的新闻，脑海里立刻想起了2011年11月温州市委市政府下发的《关于进一步加快温州地方金融业创新发展的意见》（坊间称为地方“1+8”金融改革措施）。地方金改“1+8”文件后有8个附件，第一个就是《关于开展民间资本管理公司试点工作的指导意见》。

短短十几秒的新闻使人意识到新事物降生了，随即又查阅了《浙江日报》当天的报道，便直奔公司所在地温州金蟾大道。路上，笔者拨通了瓯海信通总经理黄永平的电话，对方表示愿意接受采访，并对外地媒体这么快就关注到这家才试营业不到3天的公司感到诧异。

瓯海信通的办公室位于二楼，楼下就是瓯海农村合作银行。公司总经理黄永平和总经理助理孙啸翔在办公室接待了笔者。孙啸翔当时说，公司开业第一天，有一些上了年纪的人来到办公室，询问“在你们这儿存钱能有多少利息”。后来，一张以孙啸翔为主角的照片在温州金改获批后广为流传。

---

① 徐齐、周瑶瑶：《温州首家民资管理公司试营业》，载《浙江日报》，2012-03-01。

图2-1　两者虽在同一幢楼，但吸收民间资本并不等于吸收存款

图2-2　孙啸翔听到温州成立金融综合改革试验区的消息后高兴不已

根据温州市委市政府印发的《关于开展民间资本管理公司试点工作的指导意见》，民间资本管理公司是经批准在一定区域范围内开展资本投资咨询、资本管理、项目投资等服务的股份有限公司。到了2013年1月，为了加强对各类新型金融主体的监管，温州市政府又制定出台了《关于加强

地方金融监管的实施意见》及附件（“1+7”文件体系）。7个附件中，第一个就是《温州市民间资本管理公司监管暂行办法》（以下简称《暂行办法》）。

《暂行办法》对民间资本管理公司的资金来源和投资范围作出了清晰的界定。按照规定，民间资本管理公司的资金来源是股东的资本金、股东额外增加的投资资金和以私募方式向特定对象募集所得的私募资金，也可以接受社会捐赠和其他补助资金等。

在资本金足额到位，并用足资本金和股东额外增加的投资资金后，根据业务扩大需要，民间资本管理公司可以向外通过私募形式募集资金。在县域（市级功能区）范围内，企业法人、自然人和其他经济组织都可以出资，原则上单个企业法人、自然人或其他经济组织出资不得超过资本净额的10%，出资期限一般不低于3个月。股东额外增加的投资资金以及向特定对象募集的私募基金总和不得超过原始资本净额的4倍。

民间资本管理公司的资金，主要用于对县域（市级功能区）范围内的企业法人、自然人或其他经济组织及其项目进行投资。其项目投资实行限额管理制度，对单一投资对象的投资总额不得超过资本净额的5%。试点期间还可以进行短期财务投资，但总额不得超过民间资本管理公司资本净额的20%。

《温州市民间融资管理条例》出台后，民间资本管理公司被定位为“民间资金管理企业”，可以从事定向集合资金的募集和管理。民间资金管理企业可以以非公开方式向合格投资者募集定向集合资金，对特定的生产经营项目进行投资。每期定向集合资金的合格投资者不得超过二百人。民间资金管理企业募集的资金总额不得超过其净资产的8倍。

截至2014年11月底，温州市共设立了12家民间资本管理公司，总的注册资本为12.5亿元，累计组织了37.3亿元的资金投向了985个项目。同时，开展定向集合资金募集登记4.85亿元。

项目投资，能直接将资金输送给中小微企业。到2014年11月底，累计实现项目投资22.7亿元。所投的项目不仅涉及提升企业生产线改造、技术升级，而且还包括基础设施投资项目。有的资金用来支持“三农”，有的用来兴办医疗卫生、教育等公共事业。瓯海信通还直接参与企业股份制改造并进行股权投资。

定向集合资金可以说是《温州市民间融资管理条例》所赋予的政策红利。4.85亿元的定向集合资金中，中安民间资本管理公司募集3000万元投入了民营医院项目；瑞安华峰民间资本管理公司（以下简称瑞安华峰）募集了2.2亿元，投入了当地中小企业和保障房项目建设；永嘉奥康力合民间资本管理公司募集了2亿元，投向了企业并购重组项目。

温州的企业对短期应急资金的需求非常迫切。前期所借款项到期了，后续资金未到位时，就需要“过桥”的资金。民间资本管理公司可以帮助一些急需生产资金，但又无法获得银行信贷的企业。相比于银行，民间资本管理公司的经营机制更加灵活，到2014年11月底共向实体企业提供了14.6亿元的短期财务性投资，以缓企业的燃眉之急。

试水不良贷款处置

现有立法对银行向金融机构以外的社会投资者转让金融债权并没有禁止性的规定。根据中国银监会办公厅对广东银监局《关于商业银行向社会投资者转让贷款债权法律效力有关问题的批复》，“商业银行向社会投资者转让贷款债权没有禁止性规定，转让合同具有合同法上效力”。

2012年岁末，瑞安华峰与工商银行温州分行达成协议，打包收购该行2.7亿元不良资产。在首单的示范效应下，随后又有多家银行与民间资本管理公司达成意向。

长期以来，我国的银行不良资产处置市场由信达、华融、东方、长城四家国有资产管理公司（AMC）唱主角，而地方版AMC尚未登台亮相。

具体应如何操作呢？以瑞安华峰与工商银行达成的协议为例，在法院认可的情况下，将银行债权转移至瑞安华峰，法院对抵押物拍卖处置后的拍卖款直接支付给瑞安华峰。对民资来说，或可通过处置过程本身赚钱，或可以为母公司或股东争取银行信贷支持；而对银行来说，得以将不良贷款置换出去，又未损失资本，以新换旧，改善了资产结构。

但这项业务在实际操作过程中也遇到了一些困难，比如交易环节过多、税费过高，税费减免、转让后的抵押变更登记等问题尚无统一的操作路径。抵押物要先由企业或个人转移到银行，再由银行转至民间资本管理公司。环节过多，税费过高，都大大增加了双方的交易成本，一定程度上打击了民间资本参与收购银行不良资产的积极性。

在处置银行不良资产的过程中，房管、土地、工商、司法等部门未能实现无缝对接，还未形成有机合力，未形成一整套资产保全机制，有时债权银行在向法院申请解除司法查封物后，由于其他债权人的存在，期间该抵押物可能会被其他法院因民商事诉讼案件而查封，导致债权转让双方损失严重，交易潜在风险过大。

鉴于此，有的债权银行同不良贷款企业协商向第三方转让房产、土地等贷款抵押物以偿还贷款时，第三方大多会要求先办完权证过户手续后再付款。而银行需收回贷款后，才能办理抵押注销手续，不良贷款企业又无力偿还贷款，造成大多数案例商谈成功，但实际操作过程中难度却很大。

此外，银行此前转让不良资产，收购方基本为长城、东方、华融和信达等国有金融资产管理公司，出售对象极少是民营企业和个人，因此，温州一些银行的上级行对民资参与收购其不良资产未予支持。

第二节　借贷服务中心浮出水面

2012年4月26日，温州市民间借贷登记服务中心开业了。这是自3月28日国务院常务会议决定设立温州金融综合改革试验区以来，改革的第一个标志性大动作，因而备受关注。中心开业的消息，成了许多财经媒体27日的头条新闻。从那天开始，中心成为全国各地纷至沓来的考察团的“必游景点”之一。

中心总经理徐智潜后来回忆：“中心开业后关注度很高，我们当时的压力也很大。开业前，由于有些事情我们也没完全想明白，就想能不能先‘试营业’。但市里主要领导坚持先正式开业，出问题再讨论应对之策。”

中心是由温州鹿城区工商联牵头22家鹿城区优质的民营企业主导下组建的，以公司化形式运营，注册资金600万元，由14家法人、8位自然人共同出资设立。来自北京的宜信和人人贷、杭州的速贷邦、温州本地的攀远经济信息网成为首批4家进驻中心的机构。

不过，鲜为人知的是，类似的模式于两年前的4月26日就已获省级主要部门的认可，原先计划在瑞安试点。

“资金交易所”构想

2009年7月，张翔在北京大学修完博士，来到浙江大学公共管理学院工作。他是温州人，本科学的是金融，后进入北京大学社会学系攻读经济社会学，长期从事民间金融的研究。

当时，浙江大学公共管理学院院长姚先国受温州瑞安市政府委托，正研究数量众多的中小企业如何与规模可观的民间资本对接。基于温州人的身份和长期研究民间金融的学术背景，张翔也加入了该课题组。

2009年夏天，课题组一行人来到瑞安进行实地调研。那段时间，瑞安的“红证”正被疯炒，炒卖“红证”的人群自发形成了“红证一条街”，上午买进，下午卖出，就能赚到数万元。瑞安下辖的塘下镇，是全国汽摩配生产的主要基地之一，商品房开盘卖到每平方米4万元。很明显，大量资金沉淀在房地产上，甚至已到了炒卖农村安置房的指标凭证的地步，而许多中小企业却依旧面临“融资难、融资贵”的问题。

延伸阅读

瑞安市的“红证”炒卖

民间所称的“红证”，即“安置留地住宅项目建房指标”。国家在向村集体征用土地后，会按比例返回一部分土地给村集体建房。由于返回地多数处在城乡结合部，升值空间大，一些村民就把“红证”私下转售，或拿到房产中介所出售。

“红证”生意吸引了大量游资在当中空转，与房价同步上涨。“红证”上写着持证人姓名和返回地面积，可是这一面积与实际需求并不匹配，面积小的人还需找人合作建房，有些人甚至无钱建房，以上因素又使得“红证”的流通具有其合理性。

瑞安市炒卖“红证”，在2007年初就引起了房管部门的关注。2007年7月，瑞安市房管局一份调查报告称，炒“红证”的客观原因在于，“郊区农村返回地分配结果与农民实际住房需求不一致；市区房价上升较快，老城区市民希望在郊区满足住房需求；一些投机炒房者和中介机构进行违法操作等”。①

2008年底，国家宏观刺激政策出台，银行信贷“突进”，更多的资金涌入房地产和“红证”炒卖。

2009年10月27日，瑞安召开规范房地产市场专题会议，市委书记蒋珍明表示要严厉打击“炒红证”现象。28日，瑞安市政府出台《关于进一步规范我市房地产市场的实施意见》，明确严禁村集体组织发放的指标“红证”上市流通，严禁房地产经纪机构和经纪人员、公职人员等参与返回地建房指标买卖；不听劝阻的，有关部门将严肃追究相关责任；构成犯罪的，将依法追究刑事责任。

如何把充裕的民间资本引导到实业上？这是瑞安市政府给课题组出的命题作文，课题组由张翔牵头。

他思来忖去，地方要实现金融创新，不能走利率改革或新办一家银行的道路，因为这些事项的事权在中央，也不能寄希望于办OTC市场，只能在民间金融上想法子。民间借贷的利率在银行同期贷款利率4倍以内受法律保护，但陌生人之间的借贷势必增加交易成本。

---

① 刘华：《瑞安农村安置房红证疯狂》，载《21世纪经济报道》，2009-11-05。

张翔的博士论文研究的是民间借贷的非人格化交易。他想，何不建立一家资金交易所，不吸存不放贷，为借贷双方提供中介服务，撮合陌生人之间的借入和借出需求，并引入外部机构进行有条件的担保呢？

他立即打电话给“中国私人钱庄第一人”方培林，对方当即认可了该模式，并称目前已经有机构在互联网上从事类似的业务。得到反馈后，张翔觉得“资金交易所”的点子并非空想，事实上已经成为了一种商业模式。

资金交易所成立的意义何在？至少有三点。第一，价格信号作用。利率是资金的价格，把所有成交的利率平均后得到当日的基准利率，甚至可命名为“瑞安指数”，对外发布，为正规金融机构和民间金融参与方提供参考。第二，预警作用。一旦有人在交易所内向不同人借了很多钱，中介机构就能及时发现，并发布预警。第三，长远来看，数据积累到一定量后，可以形成一个民间金融的征信系统，具备商业价值。

瑞安市政府主要领导人对该设想予以肯定，鼓励张翔拿出初步方案。张翔于是开始走访银行、法院、小贷公司、担保公司、政府等各方。调研下来将反馈情况汇总后，他认为“资金交易所”要形成一定的人气，需要解决以下三个问题：

信用风险。中介完成撮合工作后，如果借款人到期不还，是否兜底，兜多少？是由中介兜底，还是外部引进担保公司来承担担保职能？

隐私保护。借贷双方将需求在中介机构登记，部分需求在中介的撮合下达成交易，中介能否确保信息不被泄露？信息安全能否达到正规金融机构的水准？

是否征税，如何征？民间借贷利息所得应征税，是我国税法明确规定的。《中华人民共和国个人所得税法》第二条第一款第七项规定，“利息、股息、红利所得”等个人所得，应纳个人所得税。该法第三条第一款第五项规定，利息、股息、红利所得的个人所得税率为20%。但事实上，由于民间借贷长期以来处于“地下”，税收部门不易监测，民间借贷的利息所得游离于税收征管之外。在中心达成交易的民间借贷是否应征税？是强制缴纳、自行申报还是由中介代缴？

尽管以上问题还需论证，但当张翔问很多投资人“有中介机构能帮你找到需要借钱的人，月息1分左右，有担保公司担保本金安全，你是否愿意投资”时，大多数人的回答还是愿意将钱从银行取出来的。由于市场需求确实存在，他便于2009年10月完成了方案初稿。

2010年4月26日，课题组在浙江大学玉泉校区举办了一场研讨会，浙江省银监局、人民银行杭州中心支行、省金融办、省政研室等部门皆有代表到场。与会代表都认为该想法并未触及法律红线，并且闻所未闻，很新鲜，值得一试。

2年后的4月26日，温州市民间借贷登记服务中心在温州市鹿城区开业了，而原先为瑞安量身打造的“资金交易所”方案却未能先行落地。

中心闪电开业

国务院调查组在温州调研期间，对在温州设立金改区表示认可后，温州市方面就着手制订金改方案准备上报。这时，浙江大学公共管理学院院长姚先国又重提“瑞安方案”。这次，温州市方面觉得时机已经成熟了，遂将民间借贷登记服务中心的试点写进了地方金改“1+8”文件。

鹿城区区委书记王立彤是温州市委常委。他在市里的会议上毛遂自荐，表示试点工作可以在鹿城区先行先试。为制订筹建方案，鹿城区金融办主任张香梅拨通了张翔的电话。在“瑞安方案”的基础上，广泛征求各界意见后，需要解决的问题主要集中在三点：中心性质、税收和隐私保护。

民间借贷服务中心是由政府来办，还是由企业来办？抑或是国有与民营合作？每个方案都各有利弊。最终，鹿城区委区政府选择实体平台由鹿城区工商联（工商会）牵头鹿城区22家优质民营企业（会长级企业）主导组建，以公司化形式运营。谈及为何选择工商联，张香梅事后回忆道，工商联是政府联系企业的桥梁和纽带，有信息优势，了解企业，有助于将民间闲散资金引致实体企业。

民间借贷利息所得应纳税，是我国税法明确规定的。但长期以来，由于个人之间的民间借贷较为隐蔽，且缺乏强制纳税申报机制，税务部门不易监测，故个人民间借贷利息所得长期游离于税收征管之外。在中心成交的民间借贷是否需要纳税？如果需强制征税，是否会打击借贷双方来中心登记的积极性？经过多方协商，最终采取的方案是：对于资金借出方因利息产生的税收问题，政府层面鼓励借出方自行申报，不作硬性规定。

保护借贷双方的信息安全是重中之重的事情，如发生信息泄露，对信息主体的权益会造成损害。中心在开业前设定了严格的保密制度，在网络平台上也针对不同级别的工作人员设定了相应的信息查阅权限。

2012年春节过后，开元集团董事长李跃胜告诉徐智潜，可以开始着手筹建了。2月开始装修，进行系统开发和人员招聘，3月拿到营业执照，4月26日，筹备仅不到3个月时间，中心正式营业了。营业场所是李跃胜本人的物业。在外人看来，中心是闪电开业，但事实上浙江大学前期所做的“瑞安方案”已起了投石问路之效。

中心是由两个子平台构成的一个综合服务平台：一个是中心的实体平台，另一个是中心的网络平台。实体平台充当中心自身、融资对接机构和配套服务机构的经营办公场所；网络平台是指温州民间借贷备案登记管理系统，主要汇集各类民间借贷信息，实现民间借贷网络远程备案登记，以构建“民间借贷征信体系”为目标。

中心主要是为融资对接中介机构和公证等第三方配套服务机构提供物理营业场所和网络平台，自身不从事融资撮合业务。中心就好比婚姻登记大厅：婚介所入驻其中负责撮合，照相、化妆、体检等机构提供配套服务。

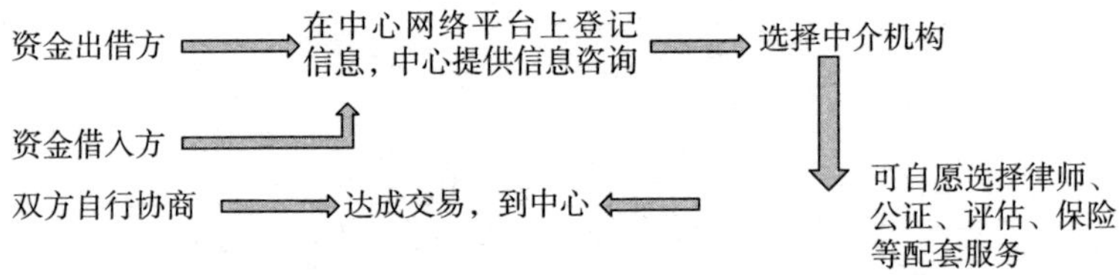

图2-3 温州市民间借贷登记服务中心服务流程图

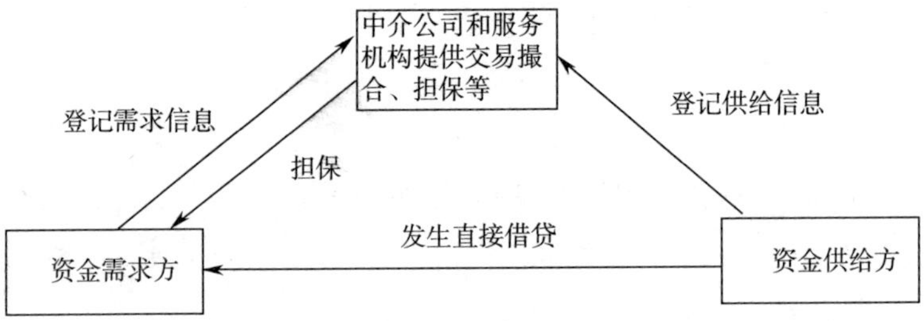

图2-4 温州市民间借贷登记服务中心运行机制简图

放行房产顺位抵押

中心成为全国范围内首家接入中央银行征信系统的非银机构，出借人能够在登记中心查询借款人在全国范围内的银行贷款、信用卡透支等信用记录。温州市车管所也进驻了登记中心大厅，能现场办理汽车抵押业务。

开业当天进驻中心的，除了首批4家融资中介机构外，还包括华东公证处、浙江高策律师事务所、温州华正房地产估价有限公司、温州人民财产保险公司、太平洋保险有限公司等配套服务机构，力图为借贷双方提供“一条龙”、“一站式”服务。

一些部门也为中心的民间借贷业务开了绿色通道，如在中心做过民间借贷成交信息登记备案的企业，取得税务部门认可的依据凭证后，可将借款利息计入企业成本；凭登记中心出具的介绍信，到房产登记部门办理业务有绿色通道，受理时间缩短一半。

首单业务在中心开业当天就落地了。“85后”创业大学生、在温州市区经营数码生意的个体户主胡苏亮在4月26日用一辆价值17万元的轿车作抵押，借得5万元，期限1个月，月息1.6%。

成立之后的一个半月时间，在中心达成交易的借贷以车辆抵押、协商担保、股权抵押、小面积房产抵押为主，其中车辆抵押贷款占了近六成，协商担保约占两成，信用贷款则寥寥无几。

由于温州有大量资金沉淀在房地产上，而相当一部分房子又已抵押给银行，于是人们都将目光聚焦在房产顺位抵押上。

所谓顺位抵押，即房屋在银行完成抵押贷款后（按照惯例不超过房屋价值的70%），还能到借贷中心完成顺位抵押，继续获得房屋价值10%~15%的民间借款。这样一来，房屋的总抵押率达到80%~85%，银行为第一抵押权人，出借人为第二抵押权人，如若逾期，按顺序受偿。

这项业务在法律上并无障碍，在上海和杭州开展得也较为顺利，但在温州却迟迟未进入操作层面。粗略估算，温州可交易房产的价格大致在1万亿元，假设当中已有7000亿元抵押给银行，民间借贷如能通过顺位抵押的方式盘活剩余3000亿元的一半，也能释放1500亿元左右的资金，对增加市面流动资金、缓解温州企业的资金链担保链问题是大有裨益的。为此，时任温州市委书记陈德荣专门召开协调会，督促相关部门为房产顺位抵押业务放行。

6月12日，中心首单房产顺位民间抵押贷款诞生。随后房屋顺位抵押贷款量迅速增长，占每周成交量的八成左右。

业务开展后又遇到了新困难。有银行不愿意在自家抵押的房产上做顺位抵押，于是扣押房产证、土地证，致使房管部门无法受理；借款人与银行签订贷款合同、取得款项后，没有上门索要合同原件，等到办理房屋顺位抵押业务向银行索要时，银行却只提供复印件，直接导致公证处无法公证。

市场风险又接踵而至。自风波过后，温州的房价一路下跌，至2014年年中已较最高位跌去超过30%，部分高档楼盘的房价已然腰斩。假设借款人将房子抵押给银行，抵押率为70%，随后再将房子以顺位抵押的方式从民间融得资金，抵押率为20%，如房价下跌超过30%，借款人无力还款，抵押物即使拍卖成功，所得款项尚不足归还银行贷款，第二抵押权人的权益就无法得到保障。由于市场风险过大，操作上又存在诸多不便，中介机构也就慢慢地放弃了这项业务。

非人格化民间借贷的载体

温州市民间借贷服务中心开业后的评价也褒贬不一。有观点认为，相比温州800亿元或1000亿元的民间借贷市场总量，只有近一成纳入了借贷中心的登记体系。主流观点认为，中心的意义在于建立良好的民间金融生态环境，从一个相互不信任的负面起点到十分之一的登记，已经是惊人的数量，好的生态环境，不可能一夜之间实现，需要艰苦努力。

在《温州市民间融资管理条例》（以下简称《条例》）实施前，民间借贷的备案是不作强制要求的，即使《条例》对大额民间融资采取强制备案制，也仅限于单笔借款金额三百万元以上、借款余额一千万元以上、向三十人以上特定对象借款的民间借贷。

目前，“放贷人条例”还未出台，针对民间借贷的税收政策也还未明晰，地方对金融的监管也有力所不逮之处。尽管温州中级人民法院出台了20条司法保障，对民间借贷备案进行了正向三条和反向两条的激励，但上位法还是存在一些限制，制度还不完善，借贷中心也只能作为试点存在，民间借贷的主体存在一些顾虑也是正常的。比如，借贷双方的税负上有否优惠？是不是要收税？只有顶层架构搭完了，人们才能吃下定心丸。

从大环境看，局部金融风波后温州的信用环境严重受损，纯信用类的民间借贷已大幅缩水，有抵押的借贷则因为房价下跌也变得举步维艰。设立中心，其初衷是为陌生人之间的民间借贷提供配套服务和后续司法保障，只是为居民配置财富多开辟了一个渠道。在中心成交或备案的民间借贷能收到规范化和阳光化之效，中心的预期目标就达到了，其意义主要在于以下三点。

中心成立的意义。第一，也是最重要的，为民间借贷从熟人借贷走向契约式交易作出了探索。早在2011年之前，温州的民间借贷早已脱离了传统的互助式范畴，其用途不再仅限于婚丧嫁娶等生活场景，而是投入了生产经营，数额也变得较大。更重要的是，民间借贷已呈现中介化的特征，出借人先是将资金借给担保公司、投资咨询公司、典当行、旧货调剂行等融资中介，再由中介借出，客观上已实现了陌生人之间的借贷。但金融风波的发生，证明了这种模式的不可持续性。民间借贷服务中心作为民间借贷的综合服务平台，通过引驻房管登记和评估、人民银行征信系统、车辆抵押登记、评估和公证等便民服务窗口，提高了借出方和借入方信息透明度，降低了借贷双方信息搜索成本和谈判成本，降低了借贷风险和交易成本；并通过备案登记和后续司法保障，提高了信用约束力。这为民间借贷从熟人借贷转向陌生人之间的契约式交易作出了探索。截至2014年6月，全国共有15个省（自治区）设立了77家民间借贷服务中心[①]，客观上也证明了这一模式具备复制推广的价值。

① 数据来源：中国人民银行研究局：《关于全国各地民间借贷服务中心情况的调研报告》。

第二，引导借贷利率理性化、合理化。我们必须承认，尽管在中心成交或备案的民间借贷利率比中央银行公布的基准利率高一大截，但这一利率就是均衡利率，反映了市场的供求关系。民间借贷服务中心备案登记的民间借贷利率是“温州指数”的重要组成部分。截至2014年11月，在借贷中心成交的加权平均月利率为是17.58‰，相比于前几年的高额借贷利率已明显降低，在一定程度上遏制了高利率现象，对社会借贷利率回归理性起到一定的引导作用。

第三，中心为互联网金融的有效监管作出了探索。中心的定位是搭建平台，提供服务，不兜底。对进场的P2P平台，中心也提出了不设资金池的要求，并鼓励未入驻的P2P机构来中心备案。这与人民银行和银监会所提出的“不非法吸存”、“不设资金池”、“不自己贷自己担保”等经营红线是一致的。截至2014年11月底，已有近70家P2P机构入驻中心，所在地金融办已对其进行了事中事后监管，可以说，在银监会出台P2P监管规则前实现了“暂时代管”。

第三节　“温州指数”——民间融资的风向标

经济学意义上的指数（Index），是分析社会经济现象数量变化的一种统计方法，是反映由不同事物构成的复杂现象中综合某一方面数量的总体变化方向和程度的相对数，具有相对性、综合性和平均性的特点。最具代表性的指数产生在股票和债券领域，如道琼斯股票指数、标普股票指数、日经指数、香港恒生指数和所罗门兄弟债券指数等。金融利率指数的代表是伦敦同业拆借利率（London Interbank Offered Rate，LIBOR）和我国的上海银行间同业拆放利率（Shanghai Interbank Offered Rate，SHIBOR）。

浙江的专业市场发达，有“一村一品、一地一业”的特色产业集群。为了及时反映专业市场的价格走势并争夺定价权，一些专业市场也编制了相应的区域市场指数，如“义乌·中国小商品指数”、“绍兴柯桥纺织指数”、“中国·海宁皮革指数”。在浙江省外，则有“中国·寿光蔬菜指数”。

国务院第197次常务会议确定了温州金融综合改革的十二项任务，“规范发展民间融资”排在首位。这当中，又有三个细分任务：制定规范民间融资的管理办法，建立民间融资备案管理制度，建立健全民间融资监测体系。前两项任务，有赖于地方立法，本书后续章节会加以详细阐述；而“建立健全民间融资监测体系”，则有赖于编制一个新的金融利率指数——“温州指数”。

不可否认，民间金融对温州民营经济的发展起到了不可替代的作用，满足了民企多层次的资金需求，弥补了正规持牌金融机构的服务缺位问题。但长期以来，民间借贷市场存在一些乱象，当中的重要原因就是信息不对称和监管缺失。要解决信息不对称，就要对民间融资市场建立一个监测体系，定时发布温州民间融资利率变化情况，使得市场参与者能及时准确地了解民间融资市场资金价格趋势和波动情况，监管部门也能掌握社会资金的真实供求情况，发现风险苗头后及时地采取措施。中央银行也能了解民间资金市场的松紧情况，为货币政策的制定提供一定的参考依据。

只有信息透明，民间融资的价格水平和走势才能一目了然，原先靠信息不对称赚取差价的资金掮客就没有了生存空间，资金“空转”的现象就能得到遏制，融资链条缩短后民间资金就能直接流入实体经济。从这个角度看，“温州指数”的编制大有必要。

编制民间融资的“风向标”

2012年4月，“温州指数”的编制工作启动。第一个阶段是对指数的编制进行调研和准备，制定了《温州民间融资综合利率指数编制工作方案》，并成立了编制小组，落实了经费保障机制。同时，引入外部智力支持，温州金融研究院、浙江工业大学、浙江财经学院、浙江工商大学、中证指数公司等方面的专家团队参与进来。各方一起进行指数编制的可行性论证，谋划如何科学地布局指数监测点，设计并完善指数计算模型，明确指数采集的原则与方式，以确保指数的可得性和准确性。

第二个阶段是数据的采集和计算阶段。编制小组召开了温州区域范围内监测点的布置会议，落实了数据的采集任务。同时，温州金融办开始与省外的各大城市进行对接，签订了合作备忘录或合作协议，逐步建立起省外金融办、温州商会、村镇银行等多方协作监测体系及运行机制，搭建“城市间指数编发合作联盟”。为确保指数计算的准确性，先行进行内部采集和试算，逐步修正完善指数计算模型。

“温州指数”的发布，无先例可循。前期发布，以两组指数组成：“温州地区民间融资综合利率指数”（即温州地区的指数）和“温州·中国民间融资综合利率指数”（即全国地区指数）。

“温州地区民间融资综合利率指数”包括：（1）不同主体的利率，即温州地区不同融资主体民间借贷利率指数，用于揭示温州区域范围内某一时期小额贷款公司、民间资本管理公司、民间借贷服务中心、农村资金互助会、民间直接借贷、其他市场主体等六类不同主体融资的价格及变动趋势；（2）不同期限的利率，即温州地区不同融资期限民间借贷利率指数，包括了1个月、3个月、6个月、1年和1年以上5类不同融资期限区间的融资价格及变动趋势；（3）总体利率水平，即温州地区综合不同融资主体和融资期限的民间借贷利率指数，反映当前温州地区民间借贷利率的总体水平和变动趋势。

“温州·中国民间融资综合利率指数”包括：（1）不同融资主体的利率，即全国相关监测城市某一时期小额贷款公司、民间直接借贷等两类不同主体的价格及变动趋势；（2）总体利率，即综合前两类主体的民间借贷利率指数。

2012年12月7日，“温州地区民间融资综合利率指数”开始按周对外发布。首期数据显示，2012年11月26日至11月30日温州民间融资综合利率指数为21.43%（即平均月息1分78）。2013年1月1日，该指数开始按日发布。

发布初期，温州指数涵盖监测点350个，涉及小额贷款公司、民间资本管理公司、民间借贷服务中心、实体企业、部分民间借贷委托监测点以及典当行等其他市场主体。数据采集采取了设立监测点和市场主体申报的模式，每周收集的监测样本将近1000笔。后期，监测点扩展至近400个，每周监测样本平均在1500笔左右。

2013年6月28日，“温州·中国民间融资综合利率指数”在内部试发布。9月26日，正式对外发布。

在全国范围内，目前“温州指数”设有监测点近400个，涉及超过40个城市（不含温州）的当地金融办、温州商会、温州金融机构省外开设的村镇银行和P2P机构等，每周采集的样本量平均在400笔左右。具体分工是：各地金融办负责监测各地小额贷款公司利率水平；温州商会、村镇银行以及P2P机构负责监测民间直接借贷的利率水平。

除了北京、上海等特大城市以及东北、西北等偏远地区外，目前“温州指数”已基本覆盖了全国民间金融活跃的各省市地区。

“温州指数”诞生之前，中国人民银行温州市中心支行对当地的民间借贷市场有过监测。2003年起，中国人民银行温州市中心支行开始建立了民间借贷利率监测制度，逐月监测民间利率走势和市场动态。

“温州指数”与中国人民银行温州市中心支行发布的民间借贷监测利率两者都是反映民间融资资金价格水平的指标体系，代表不同监测模式下的不同市场价格，可以共同满足市场多元参与主体的不同需求。两者在样本布局思路、数据

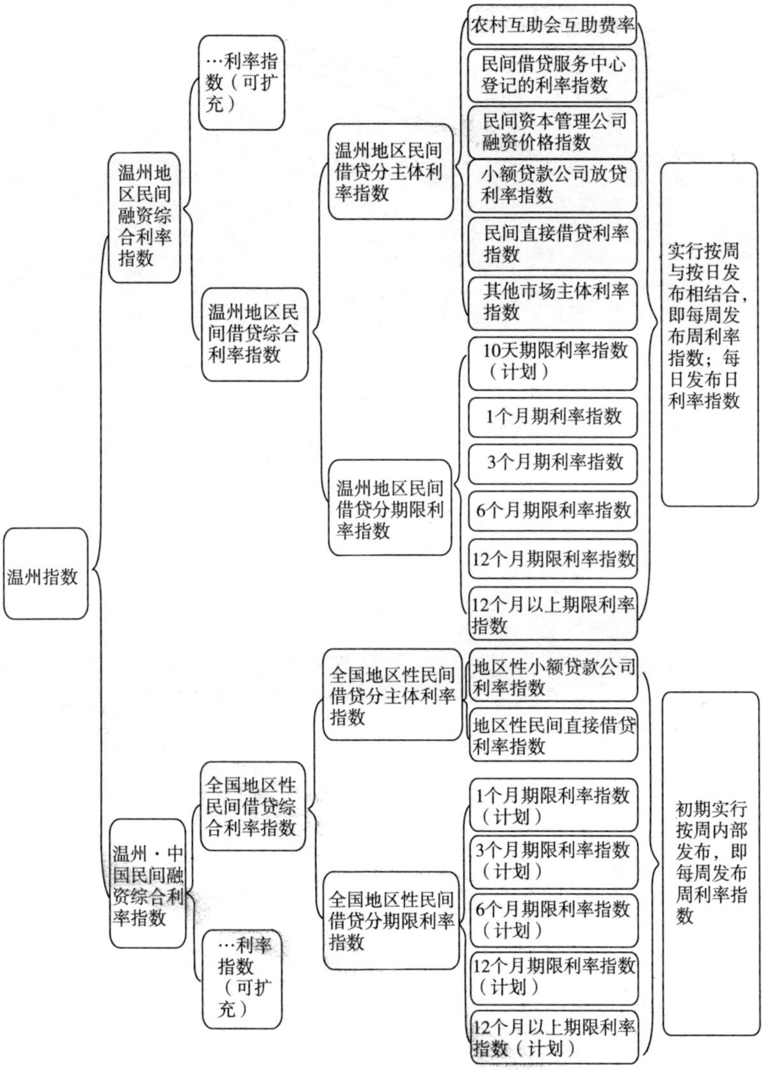

资料来源：温州大学金融研究院课题组：《“温州指数”编制方案与测算模型研究》。

图2-5　温州指数体系

采集方式、基本计算方法、发布方式等方面有一定的相似性，但在某些方面仍有不同：

（1）在监测结果方面，因监测点布局、样本采集量以及计算模型的不同，两者在结果上存在不一致；

（2）在发布周期方面，“温州指数”每日发布，中国人民银行民间借贷利率监测利率则按季发布，前者在发布频率上远超后者；

（3）在内涵构成方面，“温州指数”的指数结果更加丰富，未来可扩展的空间更加广阔，更能满足市场主体的不同需求。

指数运行走势、成效及意义

“温州指数”目前坚持“每日发布、定期分析”的工作机制，通过官方网站、官网微博和官方微信等网络平台，坚持每日发布“温州指数”温州版，每周发布“温州指数”全国版，绘制综合指数及各个主体的价格走势曲线图，并定期编写“温州指数”分析。

比如，2013年全年，温州地区民间融资综合利率指数从1月的21.14%下降至12月的19.91%，下降1.23个百分点。除了在8月、9月温州地区的民间融资综合价格出现了环比微升外，总体上民间资金的价格总体走势是“稳中下降”。

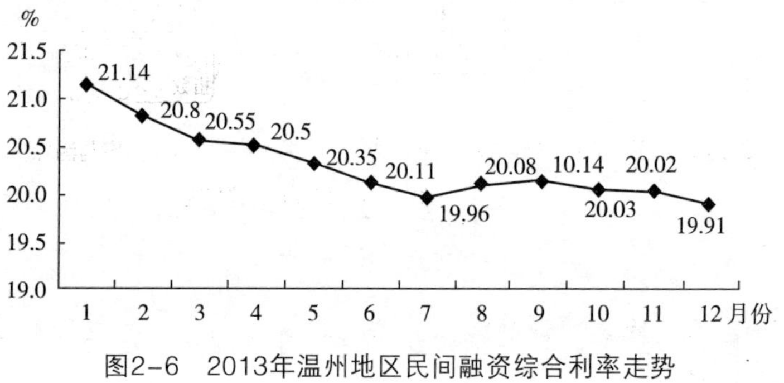

图2-6　2013年温州地区民间融资综合利率走势

再比如，2014年前三个季度温州地区民间融资综合利率指数在20%左右小范围震荡，第四季度连续三个月呈环比下降态势。

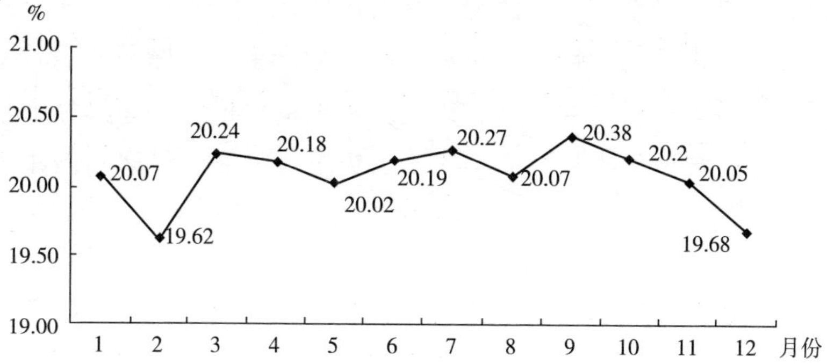

图2-7　2014年温州地区民间融资综合利率走势

经历民间金融风波的洗礼，不少温州的企业家已由原先的“脱实向虚”转回“弃虚弃实”，坚守主业、做强实业成为共识，资金融资回归理性。中央银行“稳健偏松”的货币政策使得2013年后银行的融资环境趋松，且温州越来越多的企业开始运用直接融资工具。当然，温州经济此时尚未从低谷中走出，企业的有效需求不足。以上因素，都推动了民间融资价格水平的下行——而这些都反映在了“温州指数”上。

当然，由于一些季节性或临时性的因素，在总体下降的大趋势下，温州地区的民间融资价格也会环比上升。比如在2013年8月和9月，温州楼市的网签成交量达到了3000余套[①]，创下了近半年成交量的新高，房地产交易活跃度上升。进入第三季度，银行信贷投放节奏放缓，且“钱荒”过后市面上总体资金还是紧张的。加上临近“金九银十”的商贸旺季，资金的需求开始旺盛起来。体现在民间融资的价格上，2013年8月和9月温州地区民间融资综合利率指数环比分别上升0.12个和0.06个百分点。

①《指数运行分析（2013年8月）》，见温州指数官方网站。

从实际效果看，“温州指数”起到了合理引导定价的作用。有了“温州指数”，民间融资市场的参与者就有了一个资金价格参考，降低了定价的随意性和盲目性，从而提高了决策的科学性。一个有意思的指标是，从民间借贷服务中心登记出借需求来看，借出方出借的报价水平与借贷中心成交的利率水平呈同向变化，出借资金的报价水平2013年年初为16.3%，当年8月下降到14.9%左右。①

余经理是亿兆小贷公司的客户经理，也曾经是“温州指数”的数据信息采集员。他认为：“有了‘温州指数’后，我们对温州的民间融资市场有了整体把握。经常会将‘温州指数’作为参照物，与我们公司的放贷利率进行比对，根据市场情况作出适当调整，给我们带来了不少便利。”②

2013年2月，温州市中级人民法院印发了《关于加大保护金融债权扶持发展民间金融服务保障金融改革的若干意见》，正式将“温州指数”作为法院审判、执行的参考依据。诉讼双方对具体利率约定不明时，可主张参照“温州指数”进行利率审定。这相当于确立了“温州指数”的司法实践地位。

“温州指数”对地方金融信用体系建设也有积极意义，凡是纳入“温州指数”监测点范围的各类地方金融组织，如小额贷款公司、典当行等，其报送的每一笔经营业务数据，都将作为有效的信用数据进行认证备案，作为评价各类地方金融组织信用情况的依据。

---

① 方大林：《“温州指数”建设概况与成效初探》，载《中国货币市场》，2013（12）。

② 上官莎莎：《走向全国的“温州指数”正在为利率市场化投石问路》，载《温州晚报》，2014-11-03。

指数的未来

在国内，“温州指数”已与中证指数签订合作协议，在中证指数官方网站上每日同步发布“温州指数”；在国际上，“温州指数”已与汤森路透签署了合作协议，以中英文双语形式面向全球发布。汤森路透在指数运作方面有丰富的经验，伦敦的LIBOR、香港的HIBOR、美国的标普500，都是委托汤森路透计算的。两家机构的加入，使得“温州指数”有了高起点的发布平台。

下一步，温州指数需要做的是，如何进一步确立其在温州、在浙江乃至在全国民间融资价格领域的权威性，并挖掘开发相关应用。

目前，“温州指数”信息管理系统的二期开发已经启动，计划增加报价模块、风险预警、网络数据抓取（如SHIBOR，即上海银行间同业拆放利率）等功能，增强系统操作的实用性，并与非现场监管系统形成有效结合。

根据已成交业务的信息，“温州指数”目前充当了民间融资价格的“风向标”。增加报价模块后，就能根据既往数据和报价信息，对民间融资价格的未来走势作出预报，届时“温州指数”还能充当民间融资市场的“天气预报”。风险预警板块会设定一个区间，当数值突破这一区间后，就会自动预警民间金融风险。

温州市金融办已与温州大学金融学院签订了深度合作协议，这有利于依托本地的学术资源，对指数的走势作出深入的分析。从2015年起，“温州指数”的日常运营包括月度分析已以服务外包的方式交由温州大学金融学院专门负责。

在“温州指数”目前超过40个省内外合作城市中，浙江省内的城市有5个。一位全程参与“温州指数”编制的人士说，在此基础上可考虑分级指数或板块指数，如“浙江板块”等。此外，严格来说目前的“温州指数”只能称为“温州民间融资价格”，真正意义上的指数应该有一个基期价（如100点），并在此基础上动态变化。

2015年温州市金融办将继续寻找省外空白点合作，但并不急于扩张，而是与现有合作城市加强沟通。在增加监测样本量的基础上，采取适当方法删减民间融资活跃度不高、缺乏数据代表性的网点，优化既有监测布局。在与合作城市充分沟通的基础上，帮助编制某一地区的民间融资价格指数并单独发布，以及时反映各地民间融资市场情况，推动以点扩面工程。

温州大学金融研究院课题组还建议对相应城市数据采集人员进行培训，提高他们采集数据的效率和准确性，对“温州指数”信息系统的数据报送功能进行培训，提高他们的报送效率。加大对合作城市和其工作人员一定的激励力度，让他们更有积极性与温州分享数据，使“温州全国指数”有利于引导参与城市的民间资金良性流动。①

只有开发相应的应用产品，指数才更富有生命力。温州大学金融研究院院长潘彬在“温州指数”2015年年会上建议，可以探索建立一个基于“温州指数”的期货市场，投资者根据对指数涨跌的预判来投资，进而成立一个民间资金利率指数的交易所。

① 温州大学金融研究院课题组：《“温州指数”编制方案与测算模型研究》，课题组成员有张一力、徐小华、叶永，执笔人为徐小华和叶永。

|||||| 专栏 ||||||

温州小贷公司——银行与民间借贷的“中间人”

2008年5月，中国人民银行和中国银监会联合下发了《关于小额贷款公司试点的指导意见》（以下简称《指导意见》）。当年10月，温州第一家小贷公司在苍南县开业。

温州金融体系的突出特点是二元金融结构特征显著，企业如果在银行贷不到款，就转向民间高利贷，可谓“一半是海水，一半是火焰”。小贷公司的出现，为温州企业提供了一个缓冲地带，多了一个利率低于高利贷、放款速度快于银行的融资渠道。

因地制宜，支农支小

温州小贷行业从业人员常挂在嘴边的一句话是：“我们做的都是银行不愿做、不想做的业务。”这句有些自我调侃意味的话，却也昭示了小贷公司的市场定位：因地制宜，支农支小，补上银行信贷的空白地带。

区域上的块状结构，是温州产业分布的最大特征。如乐清以电器、机械制造为主；瓯海以眼镜、鞋服业为主；平阳以塑编、印刷为主；苍南以印刷业和农渔业为特色；瑞安以汽摩配和箱包为主；洞头、泰顺、文成以渔业、林牧业和农业为主。作为服务实体经济的行业，小贷公司也立足于当地特色，在细分领域提供信贷支持。

比如，永嘉瑞信小贷设立在永嘉桥下镇，当地有“中国教玩具之都”的美誉，公司超过30%的信贷都是投向教玩具产业的；苍南农民的主要种植品种有西红柿、蘑菇、葡萄等，苍南联信小贷就为这些种植户提供信贷支持，截至2014年12月底，6.6亿元的贷款余额中有5.8亿投向了“三农”和小微企业；洞头诚意小贷以“渔”字为特色，推出了季节渔业贷产品，缓解了当地水产品加工、鱼粉生产经营等企业在旺季收购时出现的资金缺口；乐清正泰小贷针对养猪专业户缺少抵押物，创新推出“能繁母猪抵押贷款”。

温州亿兆小贷总经理庄中华回忆说：“我们最初也尝试过放大额的贷款，但经过两年的探索，逐渐调整了贷款结构，向小微倾斜。”目前该公司100万元以下的贷款占7成以上。①

瑞安华峰小贷目前的注册资本为8亿元，是全国民营小贷公司中规模最大的一家。自2011年开始，华峰小贷从总部单一营销转变为网点联合营销，设立了8家支农支小服务网点。一开始局面也难以打开，公司便聘请了从农信社退休的老信贷员，带着年轻的信贷员一起下去熟悉情况。目前，这8家支农支小服务点的贷款总量已占华峰小贷贷款总额的一半以上。

二元金融的缓冲带

长期以来，温州的二元金融结构特征显著，企业如果在银行借贷无门，便转向民间高利贷市场，中间缺乏一个缓冲地带。银行信贷的综合成本在10%左右，而民间借贷市场的利率动辄高于同期银行基准利率的4倍。小贷公司自2008年10月在温州落地后，利率高于银行贷款但低于民间直接借贷，手续更加快捷、便利，为企业提供了一个缓冲地带。

① 李尖：《温州小贷精神：见微知著做一番大事业》，载《温州日报》，2014-09-25。

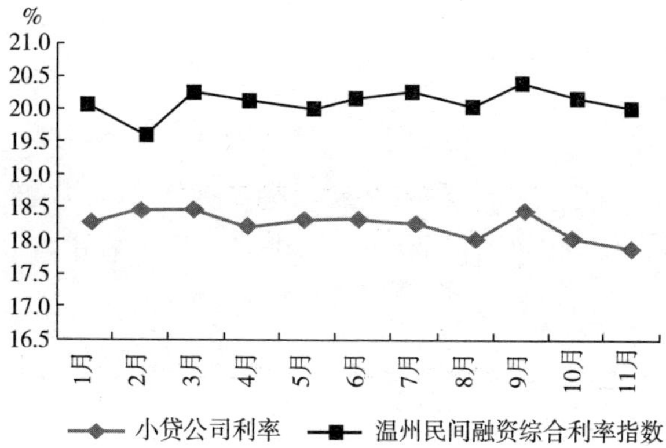

资料来源：温州指数网站。

图2-8　2014年温州民间融资综合利率与小贷公司利率比较

“温州指数”监测数据显示，2014年小贷公司的借款利率维持在18%左右，虽仍显著高于银行信贷，但低于同期的民间融资综合利率。

银行贷款的审批流程往往过于冗长，而小贷公司的优势就在于快捷、便利，从贷款申请到发放最快仅需要几个小时。有时，这笔款项往往就是中小企业的“救命钱”。

以亿兆小贷为例，一笔100万元的应急资金，一天的利息只需600元。从利息水平看，低于社会上的民间借贷，且客户也不用“东拼西凑、东奔西跑”地凑过桥贷款。在银行贷款到期至续贷的这段时间，小贷公司的应急贷款使得企业能顺利完成资金周转。①

期待正名

自从2008年10月13日温州首家小额贷款公司在苍南县开业，截至2014年底共有45家小贷公司，累计实现营业收入92.18亿元，累计缴纳营业税和所得税费21.1亿元。这组数据，一方面说明小贷公司作为纳税大

---

① 潘颖颖：《温州小贷公司：积小致远创一片新天地》，载《温州日报》，2014-09-18。

户，履行社会责任，反过来却也映衬了小贷公司虽然从事金融业务但身份却是一般工商企业的尴尬现状。

小贷公司是轻资产行业，一间办公室、几张桌椅就能开展业务。以永嘉瑞信小贷为例，公司仅有8位员工，2013年全年纳税881万元，人均纳税超过100万元，是永嘉县人均纳税最高的企业之一。

小贷公司注册为一般工商企业，营业税、所得税率无法享受金融企业的优惠政策。2013年10月，《温州市人民政府办公室关于深入推进小额贷款公司发展的实施意见》中明确规定：对经营业绩优良的小贷公司其营业税和所得税地方留成部分，根据省年度考评结果原定三年由同级财政补助政策执行期满后，顺延三年所得税地方留成部分予以补助。这一政策使得被税负压得过重的小贷公司得以缓一口气，但并非治本之策。

《指导意见》规定，小贷公司的主要资金来源为股东缴纳的资本金、捐赠资金，以及向不超过两个银行业金融机构的融入资金。其中，向银行融入资金的余额不得超过资本净额的50%。50%的杠杆率，成为了小贷公司的天花板，几个月内就将资金放完，在还款周期内无钱可贷、无事可干的小贷公司不在少数。

温州的小贷公司通过小贷定向债、股东借款、优先股等方式扩宽了融资渠道，实现100%的外源融资杠杆比例。

2013年初，瑞安华峰小贷向其主发起人企业定向借款5000万元，期限为1年，利率为同期银行贷款利率上浮30%。当年7月19日，华峰小贷发行全国首单“小贷债”，第一期发行5000万元，年化资金成本为8.5%，期限三年，由财通证券承销。2014年下半年，华峰小贷又发行了首单小贷优先股，募集资金1亿元。这些，都是温州小贷公司冲破“天花板”拓宽融资渠道的有益尝试。

2014年5月，中国银监会会同中国人民银行起草的《小额贷款公司管理办法》的征求意见稿曝光，当中提到小贷公司可以“向金融机构融入资金”，这意味着券商、保险、信托、财务公司等金融机构都有向小贷公司提供资金的可能性。此外，当中未提到融资比例的上限。小贷公司有望从“试点”走上常规化发展的道路，而将身份定位明确为“金融机构”，仍是小贷人士的最大行业诉求。

第三章

为民间融资立法

国务院常务会议确定的温州金改十二项任务中，“制定规范民间融资的管理办法”被写进了第一条任务。长期以来，由于立法的缺失，民间融资的主管部门不明确，地方政府看得见风险，但在出事前却管不着。

民间融资是古已有之的风俗，某种程度上讲，它是公民私权的体现，过于严格的监管往往也扼杀了其对经济的客观需求。由于其涉众性及信息不透明，民间融资又隐藏着极大的风险，必须加以适当的引导和规范。这项工作并没有先例可循。

应该说，《温州市民间融资管理条例》（以下简称《条例》）的立法进程是相当快的。省级相关部门前置性地加入了讨论，大大加快了立法进程。2013年11月22日，我国首部地方金融法规，也是首部规范民间融资行为的法规面世了。

《条例》定义了民间融资的内涵，明确了主管部门，确立了大额民间融资强制备案制，充当了民间融资规范化、阳光化的急先锋。不过，《条例》也有一些留白，比如未对高利贷行为设定惩罚利率上限。这一条款，留待国家层面对民间融资的立法予以顶层设计。

2014年9月，中国人民银行副行长潘功胜在浙江嘉兴表示，从维护金融安全和社会稳定的角度看，有必要对融资规模超过一定金额和融资对象超过一定人数的民间借贷实施强制备案制。对融资额度较小且相对安全的融资主体，采取自愿备案制。探索建立对放债大户的跟踪、监测、调查和对民间借贷群发性异常突变情况的调查体系。备案制度，对于促进民间借贷的阳光化、规范化，健全民间借贷的信用体系，有重要的作用，需要总结并加以推广。人民银行在每一区域金融改革方案的出台过程中都积极推动，反复会商，在实践过程中又前瞻性地每每给予巨大的鼓励和支持。这种“可推广”的定调，显示出备案制具有很强的生命力。

第一节　看得见，管不着

金融的事权在中央，国家对金融的管理采取的是自上而下的垂直管理模式，很长时间以来地方在金融监管上处于缺位状态，却同时又承担着部分区域金融风险救助的职责。2011年下半年开始爆发的温州局部金融风波，将民间融资长期以来潜藏在地下的自由、随意、无序、高风险等问题彻底暴露出来，也暴露出金融垂直管理与地方政府的救助之间存在很大的矛盾。如果等待上级金融监管机构作出决策，往往贻误了救助时机，无法做到将问题消灭在萌芽状态。这使得中央与地方的金融监管长期处于"看得见，管不着；管得着，看不见"的状态。

对于民间融资，地方政府长期以来处于"有心无力"的状态。在金融风波中，一批依赖民间融资的民营企业陷入资金链困境，甚至出现关停倒闭、企业主跑路、老板跳楼等现象，这其中有银根收紧、债务失信、盲目投资等多维度原因，但民间融资立法的缺失是其根本原因之一。

制定《条例》的必要性

在《条例》出台之前，我国民间融资法律规范散见于《民法通则》、《合同法》以及相关司法解释中，没有形成系统性的法典，也无法定部门实行监管。对一些明知有风险或可能存在恶化趋势的民间融资事件，政府无法及早采取措施予以干预。发生在2011年秋季的温州市泰顺县立人集团债务危机事件，就是最好的例子。

延伸阅读

立人集团债务危机事件

2011年10月31日下午，位于温州市泰顺县的温州立人教育集团对外宣布，次日起停止支付向社会所融资金的本金和利息。

立人集团的前身，是泰顺县育才高级中学。育才中学自1998年末开始向民间融资，大批学校教师被卷入其中。泰顺县城民众甚至将育才中学比作县城里除工、农、中、建四大行外的“第五大银行”。

当时，据参与集资的民众向笔者反映，立人集团信誉极佳，总能按时甚至提前将借款利息打入账户，多年来未发生一起逾期、欠息事件。良好的信誉，再加上高利息，驱使越来越多的人将资金借给立人集团。

为何向学校教师和社会公众集资？立人集团董事会的一名成员当时对笔者表示，由于办学较难盈利，需要发展其他产业“反哺”学校。当时，立人集团已经发展成为涵盖教育类投资与建设、房地产开发、矿业投资的综合性产业集团，旗下拥有学校、公司等企业共计36家，项目遍布浙江等10多个省市和地区。进军房地产和矿业，其初衷是为盈利还是所谓“反哺”学校，或者只有当事人才能说得清。

当时，上述董事会成员向笔者表示，经过自查，立人集团向社会融资金额约为22亿元，涉及千人左右。立人集团当时已公布三种自救方案（债转股、债务分期偿还、待建房认购）供债权人选择。[①]后来，立人集团自救失败，由泰顺县政府开展债权人的债权申报登记工作，并开展资产清查。政府成立管委会代管学校教学。[②]

2012年2月3日，立人集团董事长董顺生被采取刑事强制措施。时隔两年多，2014年5月27日，董顺生等6人被公诉机关指控非法吸收公众存款罪。公诉机关提供的数额是，从1998年开始到2011年，立人集团非法吸收公众存款或者变相吸收公众存款519391.528万元。

2015年1月5日，温州中院对温州立人教育集团及董顺生等7人近50亿元的非法吸收公众存款案作出一审宣判。法院审理查明，被告单位温州立人教育集团有限公司由被告人董顺生、章晓晓等人于1998年创办。自1998年始，为解决资金问题，立人教育集团经董事长兼总经理董顺生决定，并在被告人夏尉兰、章晓晓、蔡大琴、梅菊、夏克定、周静晓等人具体实施下，以投资办学及在外项目投资需要资金等为名义，通过支付高额利息回报等方式，先后在9个融资平台非法吸收或者变相吸收公众存款，还在外地设立5个融资平台，非法吸收或者变相吸收公众存款。

至2011年10月31日，温州立人教育集团等合计吸收存款未归还金额计49.86多亿元，已支付利息、分红等计28.22多亿元。

---

① 高翔：《温州最大民间融资案：立人集团22亿债务重组》，载《每日经济新闻》，2011-11-08。

② 高翔：《立人集团债主诉国家赔偿案未被受理，债务仍在核实》，载《每日经济新闻》，2012-03-06。

另经审查认为，立人教育集团于2011年10月31日后进行的企业资产重组，系对部分债权人的个别清偿行为，违背公平清偿原则，损害其他债权人利益，且并未使立人教育集团的财产受益，不属于合法有效的行为。此外，其中涉及用非法吸收公众存款偿还个别债权的行为，系违法行为，亦应认定无效。

法院判决：被告单位立人教育集团犯非法吸收公众存款罪，判处罚金人民币500万元；董顺生犯非法吸收公众存款罪，判处有期徒刑10年，并处罚金人民币50万元。

最终的涉案数目，是立人集团自查的两倍有余。立人集团金钱帝国的崩塌，直接导致不少人破产，甚至家破人亡。2012年6月，一位债权人身携债务凭证，在育才中学上吊自杀。民间融资的无序和高风险，最终以这种血淋淋的方式展现了出来。

一些民间融资主体，虽有业务主管部门，但专业上存在“无人监管”的状态，典型的诸如投资咨询公司、担保公司、经济信息公司、典当行、寄售行、财务信息公司。融资性担保公司属经信部门主管，典当行属商务部门主管，投资咨询类企业涉及工商登记部门，这些机构长期缺乏实质性管理。

与此同时，企业也需要正规合理的融资渠道。温州蕴藏着巨量民间资本，各大银行也不可谓不重视温州市场，但长期以来“两多两难”问题（中小企业多，融资难；民间资本多，投资难）却尤为突出。既然存在供给，需求量也不小，中间环节出了什么问题？究其原因，是信息不对称和缺乏专业化的民间资金管理机构。

对民间融资立法，也是约束“资金掮客”的客观要求。温州作为全国民间金融最活跃的地区，长期以来形成了一批职业化的资金掮客群体。他们利用国家管制利率和市场利率之间的利差，以钱炒钱，用钱生钱，层层加价，最终，融资成本都压在了实体企业的身上，大大恶化了经济发展环境，也对整个经济秩序造成了极大的冲击。打击职业化的资金掮客，是立法的明确宗旨。

企业借到经过层层加价、利率畸高的民间资金后，自身造血能力逐渐丧失，甚至导致资金链断裂。据统计，2012年浙江省全省因此倒闭的中小企业将近300家。为此，缓解投融资双方信息不对称，通过类似于私募债券、私募股权融资和私募基金等方式，通过法律保障打通民间资本与实体企业之间的血脉，显得尤为迫切。

与融资端的窘境相对应的，是投资渠道的匮乏。温州民间资本充裕，但投资渠道却相对匮乏，资金拥有者安全意识差，赌博心理强，极易被非法融资或不规范的小群体资金聚合所吸引。而社会上不希望参与民间高利贷的城乡居民，在市面上也找不到合适的投资途径，资金专业化管理机构缺失。这就导致一方面民间高利贷活动泛滥，另一方面大量资金沉淀在房地产上，房价虚高。

温州在全国范围内率先成立了地方金融管理局，旨在承担民间各类参与主体的管理、监测和检查工作，并制定了一系列规范民间融资的政策性文件。但政策并不能替代法律，在执行过程中面临诸多困境。借助金融改革“先行先试”的政策红利，温州当时也正在试点市场化运作的民间融资公共服务平台和一批专业化资金管理机构，但法律地位尚未确立，其所倡导的备案登记和“非人格化民间借贷”的交易理念也需要立法予以支撑。

《条例》适合地方性法规形式

《中华人民共和国立法法》（以下简称《立法法》）第八条规定，基本经济制度以及财政、税收、海关、金融和外贸的基本制度的事项只能制定法律。而民间融资属于非正规金融范畴，主要涉及民间借贷、定向债务和股权融资等民间资金融通关系，具有明显的属地性、阶段性和局部性特征，因此不属于国家金融基本制度的范畴。

《立法法》第六十四条又规定：其他事项国家尚未制定法律或者行政法规的，省、自治区、直辖市和较大的市根据本地方的具体情况和实际需要，可以先制定地方性法规。而当时我国尚无民间融资管理领域的法律或行政法规。因此以地方性法规的方式来规范民间融资，符合《立法法》的相关规定。

制定行政规范性文件与政府规章，必须建立在已有的法律法规的基础上，不能填补现有法律法规的空白和漏洞，更加无法创设权利和义务。相比之下，地方性法规受到的这种限制就很小，本着与上位法不相抵触的原则，就可以创设一定的权利和义务，赋予特定主体职责与权力，为民间融资监管提供法律依据。

此外，地方性法规的位阶较政府规章和行政规范性文件高，可以作为法院审判的依据，而政府规章只能作为审判案件的参照。

第二节　编制《条例》草案

与涉众金融具有外部性需要监管不同，民间金融是古已有之的风俗，是公民私权的体现，不宜采用正规金融“监管为主”的管理思路。但与此同时，民间金融有无序性和自发性的特点，有较大的潜在风险，亟须明确主管部门，约束职业化的“资金掮客”。

在国家层面民间融资立法缺失的大背景下，如何在地方立法权限范围内对民间融资领域一些突出问题的解决进行积极探索，制定出《条例》呢?

立法工作于2012年8月底正式启动，整个过程历时约15个月，其间经历多轮的调研、讨论和闭门修改。浙江省副省长朱从玖两度率队赴北京汇报，并征求专家意见。

理顺思路：重在规范和服务

2012年8月27日，温州市金融办发布了“温州市民间融资管理研究”编制项目的公开招标公告。

该项目看似学术研究，实则承担了《条例》草案编制的任务。

2012年9月21日，浙江大学、西南政法大学、上海社会科学院法学所、浙江财经学院四家单位参加了招标。经过招投标程序和专家评议，浙江大学最终中标，浙江大学光华法学院教授李有星作为项目负责人，承担《条例》草案的编制工作。

李有星1996年到浙江大学法学院工作，长期以来从事公司法、证券法和金融法（商法、经济法）的研究。2009年，国际金融危机海啸余波未平，为防止浙江的民间金融遭受冲击，早做预案，浙江省金融办曾委托李有星一个课题：浙江省民间融资规范与引导对策研究。该课题于2011年5月结题，最终以《民间融资规范与引导对策研究：以浙江为例》发表。当时谁也不曾想到4个月后就爆发了温州民间金融风波。

由于温州市方面急于将《条例》列入2013年度浙江省人大立法一类计划项目，市里告诉李有星《条例》草案“越早出来越好”。他牵头成立了一个团队，成员来自金融、管理、法学等交叉学科，并随即带队赶往温州调研。

调研下来的最大感受是，对于民间金融的乱象，地方政府相关部门普遍反映“想管却管不了”。比如，典当行属于商务局管理，融资性担保公司属于经信委管理，但两者一旦有非法集资、放高利贷的行为，地方金融办却无权管理，既无检查权，也无处罚权。基于此，李有星认为《条例》首先要明确民间融资的管理部门，通过立法赋予其相应的职权。

除了调研，团队还需整理大量国内外相关文献，包括美国、南非及我国香港和台湾地区等地的放贷人条例。

李有星心里有一杆秤：正规金融重在监管，民间金融重在规范。正规金融如银行、证券、保险等，“玩的是老百姓的钱”，一旦出险，有较大的负外部性，其管理基调是监管；而民间金融自有其风俗习惯，且借贷双方都属公民的私权范畴，需要尊重。因此，民间金融的重点在规范和服务。

民间融资行为原本就在地下，不易监测。一旦动用重典，导致外地的资金不敢进入温州、温州本地的资金大量外逃，那么立法初衷就失去了。

如何体现规范、服务的总基调？李有星认为需要通过程序设计，给民间融资当事人提供服务，“给当事人好处”，最终使其自愿纳入政府的管理体系。

服务由谁提供？如何实现民间融资规范化、专业化操作？这就需要中介机构提供服务。

地方政府怎样了解有关民间金融的信息，对民间融资的风险进行监测？李有星提供的解法是大额民间借贷强制备案，在此基础上积累数据，最终形成民间融资征信系统。

最终，李有星的团队提供给温州市金融办一份涵盖以上所有要素、共9章117条的《条例》草案。

省级部门前置性加入讨论

2012年秋季，温州市金融办副主任余谦领到一个任务：参与《条例》编制工作，直到浙江省人大常委会审议通过。由于浙江省要求《条例》在2013年内出台，因此《条例》须在2013年春节前由温州市政府报送给浙江省金融办，转呈给浙江省政府审核。

余谦感到任务重、时间紧。他请李有星到温州，与温州市金融办相关处室的工作人员一起，闭门讨论了7天，逐条逐字地修改，之后，向温州市中级人民法院、温州市法制办等部门征求意见。

从这时起，浙江省金融办、浙江省人大法工委、浙江省法制办等部门都加入了讨论。余谦事后回忆，省级部门前置性地加入讨论，有利于上下形成共识，大大加快了立法进程。

2012年11月15日，浙江省人大法工委组织召开了立法项目论证会，省人大法工委、财经委、省法制办、省金融办等部门参加论证会，就民间融资采取地方性立法一事取得共识。12月26日，法工委再次召开论证会，这次省级“一行三局”（人民银行、银监局、证监局、保监局）也来参会，就《条例》的内容设计与现有上位法是否有冲突、是否属地方人大可立法范围等问题形成了共识。

省级层面也给了余谦一个指导意见：不求面面俱到，规避有争议性的、敏感的条文，突出重点，守住亮点。

11月27日，温州市金融办在杭州组织召开阶段性评审意见征求会，来自高校、企业、律师事务所、政府等方面专家参与，对《条例》逐条进行评析，共同把关。

在以上工作基础上，2013年1月6日至7日，《条例》起草小组在温州进行闭门修改工作，对条款进行大规模删减合并。8日至9日，分别召开温州市工商局、经信委等民间融资相关主管部门和温州市人大、法院、法制办等部门座谈会，会后进行了修改与完善。9日至14日，起草小组在杭州进行了前后6天的闭门修改；23日至26日，在杭州与省法院、省检察院、省公安厅、省工商局、人民银行杭州中心支行、浙江省银监局、浙江省证监局以及浙江大学、浙江工商大学、担保公司和小贷公司等部门及机构开会征求意见。

2013年2月6日，李有星负责的《温州市民间融资管理研究》项目编制通过专家论证和鉴定，意味着《条例》草案将正式由温州市政府报送浙江省金融办。到这个时候，《条例》（初稿）被缩减至6章52条。

余谦一行从杭州赶回温州的途中，大雪忽至，在路上走了整整一天。他们的心情至此如释重负，才想起再过3天就是农历除夕了。

朱从玖带队两度进京

春节过后，《条例》紧锣密鼓地在推进。浙江省金融办在收到温州市政府的《条例》（初稿）后，先是书面征求与《条例》密切相关的14个省级部门和各市金融办的意见，在此基础上浙江省金融办主任丁敏哲于3月19日邀请省人大法工委、财经委和省法制办开会，在14个部门书面意见基础上，当面听取各部门意见建议。

3月中旬，浙江省人大副主任王永昌前往温州调研。调研当中搜集到的反馈意见，与前期对14个部门和各市金融办的意见一起，在3月29日的会议上进行了集中梳理。

4月17日，浙江省分管金融的副省长朱从玖带队，专题就《条例》（征求意见稿）到北京向全国人大法工委、国务院法制办和中国人民银行进行汇报，并征询法律界专家的意见。

此次进京汇报的队伍涵盖了浙江省和温州市各相关部门的负责人，阵容可谓豪华，他们包括：丁敏哲（浙江省政府副秘书长、金融办主任）、丁祖年（浙江省人大副秘书长、法工委主任）、吴强军（浙江省法制办副主任）、朱忠明（温州市委常委、市政府党组副书记）、包纯田（浙江省金融办副主任）、任亦秋（省人大法工委副主任）、张震宇（温州市政府副秘书长、金融办主任）、方腾高（省人大法工委办公室主任）、余元高（省法制办立法三处副处长）、陈小义（省金融办人教处副处长）、方升栋（温州市金融办干部）、李有星（浙江大学光华法学院教授、《条例》草案编制负责人）。

汇报完毕和听取了各方意见后，赴京汇报的各家单位于4月19日、23日和25日召开三次碰头会，梳理各方意见，对《条例》做再一次修改完善，形成了提交给浙江省政府的送审稿。

第三节 《条例》的突破与留白

2013年11月22日，《条例》经浙江省十二届人大常委会第六次会议审议通过。自此，《条例》顶着“我国首部地方金融法规”、“首部规范民间融资法规”的光环正式诞生了。当天，这则新闻登上了各大财经门户网站的头条。

《条例》的突破

最终审议通过的《条例》，在以下几个方面实现了突破：

第一，明确了民间融资的监管主体。

长期以来，政府对于民间借贷等民间融资活动是“想管而无法管理”，明知民间借贷活动不规范却无能为力，民间融资活动管理处于无法规依据、无权力和无监管措施的“三无”状态。

《条例》第五条规定：温州市人民政府和辖区内县级人民政府地方金融管理部门负责指导、监督、管理本行政区域内的民间融资。这就从法规上明确了地方金融管理部门在民间融资管理领域的主体地位，解决了“谁来管”的问题。

第二，明确了民间融资的服务主体。

欲规范长期以来自发的、隐秘的、地下的民间融资活动，就需要中介机构提供服务。《条例》明确了三类民间融资服务主体：民间资金管理企业（从事定向集合资金募集和管理）、民间融资信息服务企业（从事资金撮合、理财产品推介）和民间融资公共服务机构（从事民间融资见证、从业人员培训、理财咨询、权益转让等活动，并为公证处、担保公司、律师事务所、会计师事务所等民间融资配套服务机构入驻提供便利条件）。其中，民间融资公共服务机构可以接受地方金融管理部门的委托，受理民间借贷备案，且不得向当事人收费。

第三，明确了民间融资的范畴：民间借贷、定向债券融资和定向集合资金。

除了传统意义上的民间借贷，《条例》将定向债券融资和定向集合资金两类行为纳入了民间融资的范畴，满足条件的融资主体向地方金融管理部门登记即可。究其本质，定向债券融资和定向集合资金就是私募融资工具，能扩展中小企业的直接融资渠道，聚集“合格投资者”的小资本向实体经济输血。

第四，明确了民间借贷的监管方式：大额强制备案。

民间借贷自古有之，有自身的习俗惯例，生活消费类的民间借贷更是私权的体现。如何在尊重既有民俗和私权的前提下，达到规范化、阳光化的目的，《条例》给出的答案是大额民间借贷强制备案：单笔借款金额三百万元以上、借款余额一千万元以上、向三十人以上特定对象借款的，需要将合同副本报送地方金融管理部门，也可报送受前者委托的民间融资公共服务机构备案。不属强制备案范畴的，出借双方也可自愿备案。

作为备案的正向激励，浙江省有关国家机构和仲裁机构办理与民间借贷相关的案件时，可依法将民间借贷备案材料视为证明力较高的证据和判断民间借贷合法性的重要依据。也就是说，经备案的民间借贷可免予日后被扣上“非法集资”的大帽子。此外，金融机构应当将民间借贷当事人履行备案义务的情况视为重要信用信息予以采信，将按照合同约定履行还款义务的情况作为良好信用证明材料使用，经备案的民间借贷不得视为影响借款人信用等级的负面因素。

《条例》的留白

《条例》虽然走出了规范民间融资的第一步，但受地方立法权限和上位法的限制，有些在全国颇具代表性的需求条款仍然不能突破，最突出的要属利率上限问题。

对于年利率超过120%的畸形民间借贷行为，如何约束和规范？起草者当时认为，最高人民法院1991年8月13日颁布的《关于人民法院审理借贷案件的若干意见》中所规定的“民间借贷的利率可以适当高于银行的利率，各地人民法院可根据本地区的实际情况具体掌握，但最高不得超过银行同类贷款利率的四倍（包含利率本数）。超出此限度的，超出部分利息不予保护”条款已不能满足实际需要。

在《条例》的草案中，起草者对民间借贷设定了48%的处罚线。具体来讲，借款期限在一个月以上的，而且超过48%上限利率的将按照高利贷予以行政处罚（48%是正式利息和各种变相收益的总和）；借款期限不超过一年、年化利率不超过同期银行基准利率四倍或借款期限在一年以上、年化利率不高于同期银行基准利率三倍的，受司法保护。

值得注意的是，这里的48%是处罚利率上限，即超过48%政府将进行干预，并不意味着48%以下的利率都是有司法保护的。银行基准利率四倍到48%之间，是一个中间地带，政府不会干预，但也没有司法保护。处罚利率上限，与法院不保护利率的规定并不矛盾，只是在不保护利率之上再做一个限制。

以上条文，在浙江省金融办报送浙江省政府的《条例》（送审稿）中予以了保留。

为何将处罚利率上限定在48%？理由有三。第一，立法调研过程中，温州民众所能接受的最高利率在月息4分，即年化利率48%；第二，温州民间借贷登记服务中心的最高借贷利率为32%，考虑到民间借贷尚未阳光化，这一部分实际利率还会高一些，起草者留了再上浮50%的空间；第三，立法过程中参考的香港《放债人条例》规定的合法利率为48%。

对于一年期以上的融资，设定不超过同期银行贷款利率三倍的司法保护标准，主要依据是：根据统计，小额贷款公司生产性贷款的平均年化利率在18%，约为银行贷款利率的三倍；上海证券交易所、深圳证券交易所规定的“一年期以上中小企业私募债利率不得高于同期银行贷款基准利率的三倍”。

但在最终审议通过的《条例》中，“48%利率处罚上限”的硬性指标被取消，代之以原则性规定：民间借贷利率由借款人和出借人双方协商确定；国家对利率限制有规定的，从其规定。

在征求意见的过程中，国家金融主管部门对“48%利率处罚上限”的条文给出了明确的修改意见。毕竟利率政策属于国家基本金融制度的范畴，不是地方的权力范围，这是基本事实。且在当时，最高人民法院正在研究制定新的民间借贷审判司法解释，可能会对利率政策作出新的规定，《条例》如果先对利率作出规定，今后可能存在冲突。

但抑制不合理的高利贷，是温州市、浙江省乃至全国的普遍需求。如要彻底解决这一难题，还需要国家层面对民间融资立法予以顶层设计，加快制定符合我国国情的民间金融法律法规，将整个民间融资纳入法制轨道。

||||||延伸阅读||||||

名家评《条例》[①]

朱从玖（浙江省副省长）：计划经济时代，民间金融是非法的范畴，是不合理的范畴。温州模式能发展壮大，民间金融起了不可替代的作用，但在制度上、法律上一直没有给民间金融予以明确。

国务院确定“规范民间金融”为温州金改的重点内容之一，促进民间金融的阳光化和规范化，应该说是金融发展思想上的一个重要突破。所谓规范，就是要认可它积极的作用，同时又要规范它的发展。《条例》的出台，是温州金改的重要进展。

但民间金融之所以纠结，是因为一方面它的积极作用是很突出的，但另一方面又存在很大的风险。浙江一直是非法集资的高发地，去年的案件占全国的15%，我本人也是打击非法集资领导小组的组长。

现在的民间借贷大部分用于生产经营领域，而不是以往婚丧嫁娶、盖间房子等生活领域。借贷关系进入生产领域，信息就很复杂了，涉及企业的财务状况、资产负债状况等。现代金融活动中，有很多中介机构提供信息来识别风险，帮助达成交易，如评级机构、资信机构、会计师事务所等，但民间借贷领域没有。没有专门的机构给民间借贷提供服务，所以造成了信息不对称，出现风险。

① 观点摘自2013年12月5日召开的《温州市民间融资管理条例》实施工作座谈会。

所谓规范化，意味着金融行为的现代化。要使民间资本和需要民间资本的小微企业能够更有效地利用现代金融工具，把它们引导到更高级的层面。并不是复杂的、结构化的衍生品才算现代金融工具，股票、股权、债权等，都是现代意义上的金融工具，我们目前运用得还很不充分。

吴志攀（北京大学常务副校长）：民间融资的内涵和外延是什么？我从事金融法的教学工作，在教学活动中对此也没有特别准确的解释，更多时候是一种约定俗成的东西。《条例》以立法的形式，对“民间融资”作出了规范性的解释，包含民间借贷、定向债券融资和定向集合资金。这个定义，把“民间融资”范围扩大了，不仅限于我们平日理解的民间借贷，而且把概念从亲朋好友的互相帮助扩展到商业社会的投融资行为，这对拓展多层次金融市场是有积极意义的。

民间融资的问题，不仅温州有，很多地方都有，在北方地区也很活跃。政策的灵活性，其实就体现在地方的政策和法规中。在温州率先出台这样一个规定，对保护地方融资的活跃有积极作用，在全国的民间融资市场起到了领头羊作用。其他地方规范民间融资，就可以参照温州的《条例》了，再结合当地的情况做一些调整，所以说它的辐射作用是很大的。

《条例》也为金融创新提供了机遇，比如将民间类似于私募债券、私募基金等投融资活动明确定义为“定向债券融资”和“定向集合资金”。我在参与讨论时还问过为什么名字这么拗口。反正现在明确规定就这么叫，孩子生下来就是这个名。金融创新，就是把原来固有的东西发展成新的、更好的东西。

岳彩申（西南政法大学副校长）：民间借贷制度的核心就是备案制。要落实备案制，就要建立一个比较有效、完整的激励机制，要对来备案的借贷人给予政策上的支持。这当中税收是很重要的，但在《条例》中没有提出来。

不解决税收问题，备案就没有积极性，就不愿意到阳光化、规范化的层面上来。

祁斌（时任中国证监会研究中心主任）： 温州民间借贷所反映出来的问题，其实全国都有。温州作为全国最富有的城市之一，却出现了资金链断裂、跑路、跳楼的现象。大量的民间资金没有出路，但同时大量的中小企业却找不到资金。这个问题非常严重。温州如果能找到比较好的解决方法，对全国来说是有意义的。而这当中，就包含了民间融资的阳光化、规范化问题。

我的建议是，不同部门在监管工作上要相互协作。地方金融部门没有稽查力量，当地银监局可以提供帮助。此外，要形成信息共享机制，建立一个联席会议制度，每个季度开会沟通，避免监管真空。

民间的有些投融资活动类似于PE/VC，证监会正在制定私募基金管理办法，《条例》与这个办法应该衔接起来。

杨玉柱（处置非法集资部际联席会议办公室巡视员）： 我觉得《条例》有助于从根本上遏制非法集资的乱象。以往，地方政府下了很大的力气，为什么非法集资还是处在高发状态？这次《条例》规定，地方政府承担职责，我觉得抓住了龙头，就抓到了核心。风险的监控、发生风险后的处置、应急预案，这应当成为一套系统。我觉得下一步的非法集资乱象治理会有根本性的突破。

刘向民（中国人民银行条法司副司长）： 历史上关于中

央和地方金融管理权限上的划分很模糊，传统上一致认为是中央授权。但从现实情况出发，地方是需要适当的金融管理权的，这一点目前是明确的，在上一届的全国金融工作会议和党的十八届三中全会的有关文件里都有明确表述。

《条例》在明确地方金融管理职责以及风险处置的责任方面，意义重大，起到了先行先试的效果。国务院布置的19个课题里，地方金融业是课题之一，下一步国务院会就这个问题作出一些安排。希望《条例》能形成一些可复制、可推广的经验，人民银行也会密切关注《条例》在温州的实施效果。

专栏

潘功胜：总结经验，推广民间融资备案管理试点

民间金融的规范发展，是我国金融改革的重点项目。

当前民间金融发展总体呈现以下几个特征：

第一，发展迅速。民间金融历史悠久，但随着近年来中国经济快速发展，居民财富快速积累，企业的融资需求很大。在这个背景下，民间金融呈现快速发展态势。西南财经大学针对中国家庭金融所做的调研显示，2013年中国家庭民间金融市场规模为5万多亿元。但由于民间金融的隐蔽性，其实际规模很难掌控。

第二，民间金融呈现营利化、中介化、网络化的发展趋势。民间金融传统的社会保障功能退居次席，营利性和风险属性更加明显。中介化，既反映出专业化的趋势，同时也延长了资金的链条，增加了融资关系的复杂性。随着互联网金融的发展，民间金融的网络化方兴未艾。近年来，P2P作为互联网金融的业态，发展迅猛。到2013年末，全国范围内活跃的P2P网贷平台超过350家，累计交易额超过600亿元。

如何正确地看待民间金融？

第一，作为正规金融的补充，民间金融发挥着积极作用。民间金融的发展，一定程度上丰富了金融体系，有助于缓解中小企业融资难的问题。民间金融独特的声誉约束和社会制裁机制，有利于降低交易成本，提高交易效率。民间金融重视非财务指标分析，决策机制灵活快捷，弥补了正规金融的不足，增强了金融体系的包容性和普惠性。

互联网金融作为新生事物，在给传统金融机构带来挑战的同时，也给金融体系注入了新的能量。

第二，民间金融存在的问题不容忽视。民间金融具有显著的风险脆弱性，规范性和透明度不高，缺乏风险缓冲和吸收的机制，容易受到经济波动的冲击，时常爆发案件和风险事件，甚至引发群体性事件。在全国各地发生的一些地区性风险案件都充分证明，如果该地区的民间金融热度很高，而政府又缺乏最基本的风险警示、规范和引导，放任非法集资、非法吸收公众存款、放高利贷等行为，该地区爆发区域性金融风险的燃点是非常低的。或许一个偶发性事件，就会引发该地区区域性、系统性的金融风险。民间融资导致了融资链条拉长，中间费用和风险溢价提高，未能有效地降低社会融资成本。一些民间资金流向房地产、“两高一剩”等限制性和高风险行业，部分民间金融风险通过多种渠道向正规金融体系传递，影响了金融稳定。

政府历来重视民间金融规范化。在中央层面，多个国家级金融改革试验区的总体方案中，都涉及了民间金融规范化发展的问题。比如温州和泉州的金融改革，民间金融规范化发展是改革方案非常重要的内容。全国其他地区的金融综合改革方案中，都有涉及民间金融规范化发展的内容。我们也希望通过区域性的金融综合改革，为全国民间融资的规范化、阳光化，探索可复制、可推广的经验。

中国人民银行和有关部门也在积极探索民间金融的规范化发展，包括引导民间资本进入金融业，建立民间融资的专项监测系统，推进相关法律制度建设。

我们要充分认识到民间金融规范化发展工作的长期性和复杂性，采取标本兼治的措施：

第一，要加强民间金融市场基础设施建设，进一步完善营利性民间金融相关的制度框架，加快有关立法的进程，制定相关的行为准则和监管标准。小贷公司和担保公司等非存款类贷款组织发展迅速，对民间金融规范化发展发挥了积极作用。但在当前金融发展中，也存在着非法集资、放高利贷、非法吸收公众存款、非法催债等问题。要规范发展非存款类放贷组织，制定和完善相应的法律法规。目前，中国人民银行正在牵头制定《非存款类放贷人条例》。

第二，加强金融监管协调性的建设，防范和化解民间金融的风险。民间金融具有鲜明的地域性特征。国务院已下发文件，初步地界定了中央和地方政府在金融监管职责和风险处置上的责任。地方政府要承担对不吸收公众资金、限定业务范围、风险外溢性较小的金融活动的监管职责，要加强对民间借贷、新型农村合作金融组织的引导和规范，防范和打击金融欺诈、非法集资等违法违规行为。

要建立信息管理和事实的监控系统，加强日常监管和风险排查。在当前经济运行中不确定性因素和风险因素较多的情况下，要守住不发生系统性风险的底线，防止风险的扩散和传染，特别要注意民间金融和正规金融体系之间的风险交叉传染。

第三，总结推广民间融资备案管理的试点经验。各个金融改革试验区，要按照改革试点的要求，探索民间金融的规范化发展路径，为全国民间金融服务实体经济提供可复制、可推广的经验。备案制度，对于促进民间借贷的阳光化、规范化，健全民间借贷的信用体系，有重要的作用。从维护金融安全和社会稳定的角度看，有必要对融资规模超过一定金额和融资对象超过一定人数的民间借贷实施强制备案制，对融资额度较小且相对安全的融资主体，采取自愿备案制。探索建立对放债大户跟踪、监测、调查和民间借贷群发性异常突变情况的调查，建设民间金融信息发布平台，公布民间融资价格，提高民间金融市场的透明度。

第四，继续深化金融改革，缓解金融抑制现象。民间金融的发展，与金融抑制是有很强的关联性的，也反映了在微型金融的供给和需求上存在不均衡。要按照党的十八届三中全会对于金融改革的总体部署，积极推进各项金融改革。比如要继续推进利率市场化，改变资金价格的双轨制，发挥利率在金融市场中的调节作用。要引导民间资本进入金融体系，加快民营银行发展步伐。要促进互联网金融的健康发展，促进金融和新技术的融合，提高互联网金融的普惠性和包容性。发展财富管理市场，满足居民财富管理需求。

总之，促进民间金融的规范化发展是一项复杂的系统性工程，需要社会各界共同努力。

（本文系中国人民银行副行长潘功胜于2014年9月27日在“民间融资规范化发展研讨会”上的讲话）

第四章

大资本对接小项目

2014年11月12日，温州的一个新地标建筑诞生。位于温州滨江商务区CBD的工商银行温州分行新大楼顺利结顶。随着金融机构分行或总部大楼的集体东移，温州的“陆家嘴”已显端倪。以工商银行为代表的金融主力军——持牌金融机构30年来与温州发展共命运，如果说早已被遮盖在水泥丛林里的曾经的工银大楼见证了温州前30年的发展，那么新的工银大楼将预示着温州的一个新时代的到来，而作为温州重点发展的金融产业本身也会在此中得到蓬勃发展。

数字可以看出金融主渠道在支持温州经济发展中所发挥的作用。2014年的前三季度，工商银行项目贷款累计发放金额达45.53亿元，重点支持了“五水共治”、交通运输等一批重大项目，并且一直领先于同业。同时，近年来在温州金改的背景下，工商银行还创新引入第三方资金逾百亿元，对接温州经济转型升级的直接融资需求。截至2014年12月末，温州银行业中长期贷款余额达到1928.62亿元，同比增长30.93%，较2014年年初增加455.64亿元。中长期贷款占比26%，较年初上升6个百分点，增量和增速均创历年新高。贷款长期化趋势说明温州企业逐渐注重可持续长远发展，实体经济中长期投资需求出现良好势头。本章主要描述金融机构对温州的实体经济、经济转型、小微企业、“三农”的支持以及如何满足温州人新的金融需求。由于温州保险业的创新呈现出鲜明的独特性，本章也设专节加以探讨概述。

第一节　银行支持实体经济

2014年1月20日，温州市市长陈金彪会见了上门听取意见和建议的工商银行浙江省分行行长沈荣勤一行。沈荣勤此行带来由省分行各专业条线主要负责人组成的精干团队，主要是帮助解决温州企业在金融信贷等方面碰到的问题和困难，带头全力支持温州推进经济转型发展。他表示，对温州经济的持续健康发展充满信心，与温州市委、市政府对经济形势的总体判断和发展目标保持一致。工商银行浙江省分行将进一步加大金融支持实体经济的力度，通过创新金融产品和方式、优化再造信贷审批流程，提升金融服务实体经济的能力和水平，帮助温州尽快解决难题、赢得新的发展。

2013年年底前后，包括建设银行、交通银行、广发银行等多家商业银行浙江省分行的行长先后来到温州，就解决温州当时经济金融运行存在的困难，以及如何进一步支持温州实体经济发展进行深入调研，与温州政府领导深入地沟通对接。一个多月后的2月28日，温州45家银行业金融机构签署了《温州市银行业、金融机构风险企业帮扶和不良贷款化解处置自律公约》。签约银行表示，要与温州经济共进共退，共同扶持重点企业、帮扶困难企业，同时联手处置不良资产。

温州银行业有着“急企业所急”的良好传统。2011年9月27日，25家银行也作出全力支持温州经济转型发展的联合倡议，分类帮扶困难企业，制定“一企一策”的帮扶措施。不抽资、不压贷，加强同业合作、统一行动，想方设法帮助企业渡过难关，树立企业应对危机的信心。2013年7月8日，浙江省银监局率领各省级银行业金融机构主要负责人来到温州，为温州实体经济的发展进行强势助推。银行业共同提出了服务温州实体经济发展的十项措施，主要包括：保持信贷合理增长；全力助推企业升级转型；深化支农支小金融服务；加快不良贷款处置；推进资金链、担保链风险化解；完善信贷管理机制；推动金融服务创新；助推信用体系建设；加强非银行金融机构金融服务力度；加强银行业同业协作自律。各省级银行业金融机构负责人还与温州的企业开展了银企授信签约仪式。授信签约仪式包含绿色环保型企业、科技型企业、中小型企业三个环节，一共涉及25家银行和25家企业，签约意向金额达177.2亿元。

在信贷投向上，突出区域特色经济。2012年，工商银行总行及浙江省分行就已经在乐清、瑞安、龙湾等地建立了产品创新基地，优先试行新产品、新服务、新政策。工商银行认为，帮企业就是帮自己。工商银行对生产经营困难企业，实行“底线”原则，加大对项目贷款以及小微金融领域的信贷投入。工商银行温州分行下辖124个网点，158家自助银行，2630员工。这家名副其实的大行在温州银行业服务温州方面也起着地标性作用。2013年5月至2014年5月，工商银行已累计发放贷款550亿元，超过浙江省平均水平16个百分点；累计对413家困难企业提供转贷资金107亿元，通过为企业减费让利等手段全力帮助企业渡过难关；2014年12月末存贷比达到88%，存贷款规模超1500亿元。

2012年11月22日，温州市政府与中国农业银行浙江省分行举行全面战略合作协议签约仪式。根据协议，农业银行浙江省分行承诺，未来三年将向温州新增各类信用投放500亿元，成为当时金融业支持温州实体经济发展、推进社会经济转型升级的最大资金，并现场签署了“1+7”全面战略合作协议。农业银行浙江省分行行长冯建龙表示，“农业银行高度重视温州区域发展，未来三年将向温州五大领域提供500亿元意向信用额度，全力支持温州实体经济发展和社会经济转型升级”。农业银行在温州金融机构中已经连续11年领跑同业，客户金融资金突破了1500亿元，信贷余额在同业中率先突破1000亿元，信贷资产规模超过1150亿元，发展成为一家温州地区内城乡联动服务能力佳、农业银行系统内的标杆性分行。

交通银行温州分行发挥综合化、国际化的财富管理银行优势，凭借境内外一体化平台，利用各类创新性产品，有力拓宽贸易融资渠道，不断引进海外资金满足企业的融资需求，积极发展国际结算和资金业务，有力支持了温州外向型经济的发展。截至2014年9月末，交通银行温州分行累计实现国际结算量超40亿美元，发放国际贸易融资近2亿美元。一是积极发展远期结售汇业务，帮助出口企业锁定汇率风险。分行邀请交通银行上海分行汇率专家来温州，帮助企业提高规避汇率风险的意识和能力。同时积极推广网银结汇业务，提高企业结汇效率。截至2014年9月末，交通银行温州分行结售汇业务量突破5000万美元。二是针对外贸企业客户，建立“温州交行国际业务客户群”微信群，及时发布汇率走势信息，即时提供针对性的汇率咨询服务。三是主动扶持一般贸易企业，简化业务审批流程，提高业务办理效率，推出汇率优惠措施，同时为企业提供配套汇率产品支撑。四是积极支持“走出去”企业，邀请交通银行国外分行人员走访温州外贸企业，为企业提供“走出去”的政策和业务支持，如苍南一家纺织企业就通过交通银行温州分行向国外汇出了投资资本金。同时积极发展跨境人民币结算业务。截至2014年9月末，交通银行跨境人民币结算量近

100亿元。

创新融资模式，引金融之水灌溉实业之田。兴业银行携手振兴实业助力温州腾飞。兴业银行温州分行自2002年进驻温州以来，积极响应市委市政府及监管部门号召，以服务实体经济为己任，以为客户提供全面、优质、高效的金融服务为出发点，加强金融创新，探索“以商业行为践行社会责任，与实体经济相伴成长”的可持续发展之路，为地方经济繁荣发展作出了贡献。截至2014年末，兴业银行温州分行信贷投放余额295.36亿元，其中本外币贷款余额108.09亿元、表外业务余额52.75亿元、新兴业务余额134.52亿元，合计全年实际新增投放74.53亿元，有力支持了温州实体经济的发展。

“汇一池之水，涌八方之财。”2014年10月28日，浙商银行“涌金票据池”业务在温州试运行半年后正式在全国19家分行同时推开，将凭借票据信息查询、虚拟托管、动态质押、超短贷、“直通车”、“两小一短”票据及电子商业汇票入池等功能的领先优势，在温州逐步树立“涌金票据池”的品牌优势。2013年全国企业累计签发商业汇票达到20.3万亿元，票据逐渐成为企业交易结算的主要方式。票据融资在成本低、融资便利的同时，也增加了企业票据管理的压力。浙商银行对客户服务需求迅速作出反应，提出“票据贴心管家”服务新理念，本着“不挑票、不挑客”的目标，研发推出在查询、融资、在线处理等诸多功能上具有领先优势的票据池业务。票据池业务推行半年以来，已成功拓展22家客户，其中发生入池托管或者质押的客户12家，累计入池票据量近4亿元，不少企业主动要求加入“池”中。

温州银监分局统计数据显示，2014年上半年温州市银行业经营盈利实现账面利润20.05亿元，比2013年同期增加 6 .8

亿元，增长51.3%，其中银行机构增加6.14亿元，农村信用社增加0.66亿元。上半年温州市各家银行经营全部实现盈利，除了地方经济稳健发展和社会信用环境改善等客观因素影响外，主要体现在四个方面：第一，资产质量良好为盈利能力的持续增强奠定了良好基础。第二，各家银行不断调整业务结构，促进了收益结构优化，中间业务和新兴业务快速发展。2014年上半年，银行业机构中间业务收入达1.95亿元，比2013年同期增加9302万元，增长91.21%。第三，利率市场化改革试点的政策效应带动了银行业经营效益的提高。截至2014年6月底，353个试点农村信用社浮动利率存款79.5亿元，比年初增加10.32亿元；贷款余额124.1亿元，比年初增加17.17亿元。第四，银行业加强贷款营销，致力金融创新，向创新要效益，成效逐步显现。各商业银行大胆创新，不断推出新业务品种：品牌质押贷款业务、企业工业用地土地按揭贷款、土地使用权质押贷款、出口退税质押贷款、个人委托贷款等。

第二节　银行支持温州转型时尚产业

创造就业，创造财富，创造消费被认为是现代城市的功能。2014年7月，温州市委十一届七次全会作出了“发展时尚产业、建设时尚之都”的决定。温州市委书记陈一新在2014年11月11日发表在《瞭望观察》的《时尚产业引领温州转型之路》一文中这样谈到，在充分剖析自身发展态势的基础上，温州作出了“发展时尚产业、建设时尚之都”的战略决策，把发展时尚产业作为温州轻工产业转型升级的最佳路径。对温州而言，把时尚产业作为支撑未来发展的大产业进行培育，形成新的产业竞争优势，绝非一时冲动和心血来潮。事实上，温州发展时尚产业、建设时尚之都最有基础、最有条件、最有优势、最有潜力。首先，发达的轻工产业，让温州具有时尚产业制造、匠造、智造的基础。其次，宝贵的温商资源，让温州具有运作国内外时尚品牌的网络、经验和能力。再次，独特的瓯越文化，让温州具有引领时尚、推崇时尚、体验时尚的文化传统。此外，辉煌的“温州模式”，让温州具有发展时尚产业、建设时尚之都的引路旗帜、制度保障和活力源泉。最后，优越的环境条件，让温州具有发展时尚产业、建设时尚之都的区位优势、自然生态和基础支撑。

陈书记详尽地描述了发展时尚产业、建设时尚之都的具体内容。就是要充分发挥轻工产业、温商网络、民间资本、空间要素“四大优势”，坚持“智造”和消费“双轮驱动”，积极构筑时尚精品制造名城、国际时尚消费名城、时尚产业策划基地、时尚要素配置基地，建成一批规模大实力强的时尚发展平台，培育一批有核心竞争力的时尚企业，形成一批有自主知识产权的时尚产品，引进和打造一批有国际影响力的时尚品牌，促进时尚产业综合实力和竞争力明显提升，逐步建成智造发达、品牌荟萃、消费集聚、市场活跃、影响力大的时尚之都。

对于这个目标的实现，温州市委的决心非常大。“要保持战略定力，一任接着一任干，采取有力有效举措，分阶段、按步骤、有重点、持续性地加以推进，确保取得扎实成效。”陈书记勾画出的这个温州时尚之都的蓝图，无疑给所有的金融机构开出了一个新的重大课题，这个课题也是金融转型的课题，相信在温州这片热土上的金融机构一定能够助力时尚之都早日实现。

时尚产业与时尚之都这一目标的实现，当然少不了金融的鼎力支持，需要所有的金融机构持续不断地努力。

交通银行的金融服务就走进了2014年9月5日至9日的“温州金秋购物街暨五马商圈时尚周”。“时尚周”的主要目的，就是贯彻落实温州市委市政府建设时尚之都的决策，通过时尚智造、时尚消费、时尚品牌、时尚文化重点工程等时尚金名片，将鹿城打造为温州时尚之都的示范区。五马商圈作为鹿城两大城市级主中心之一，成为时尚之都示范区打造的“重地”。交通银行温州分行全力以赴积极投入，组织附近的5家支行，抽调50多名优秀员工，轮流值班，为广大温州市民普及金融知识，还通过展示交通银行各类热门的理财产品、信用卡刷卡优惠活动等吸引了众多的市民关注，带动了整个金融展区活动的气氛。短短五天时间内，“温州交行微银行”的公众微信平台累计新增微信粉丝近2000户。通过这样的活动，一下子就拉近了银行与客户的关系。

2014年3月26日，国家发展改革委、商务部等部委联合下发《关于同意东莞市等30个城市创建国家电子商务示范城市的通知》，温州获批创建国家电子商务示范城市。该通知要求，各示范城市要把创建国家电子商务示范城市作为增强城市竞争优势的新途径，促进经济转型升级的新举措，全面深化改革的新抓手。获批不到一个月的时间，建设银行温州分行于2014年4月21日独家推出电商卓越信用卡，这是为创建国家电子商务示范城市量身定制的创新金融产品，是全面整合建设银行温州分行、电商协会的服务平台资源，为电商创业者、电商服务者、电商使用者服务的新产品。此卡除具有建行标准信用卡的所有功能外，还是一张温州电商协会的会员卡，只有办理电商卓越信用卡才能申请成为温州电商协会会员，可享受电商协会协助办理的政府补贴、税收优惠、入驻电商园区的补贴申请及电商认证、金融支持、网购保障、电商培训等7项电商会员专属权益以及十大增值服务。对电商创业者来说，会员增值服务价值最少有15000元。建设银行温州分行表示将进一步提供用卡、融资、资金结算、理财、电子银行等全方位的高附加值金融服务，并提供各类金融产品在温州分行权限范围内的最优惠定价。此次独家发行电商卓越信用卡，是服务温州市产业转型升级、加快“电商换市”步伐的具体行动。

力推绿色金融，建设美丽温州。温州金改期间，兴业银行温州分行以助推温州经济转型升级为己任，以服务实体经济为主线，以政银企合作多赢为目标，进一步加大服务和产品创新力度，积极开创多种融资模式，充分运用信贷和非信贷综合手段，大力发展投行业务、供应链融资、财富管理、资产管理等新兴业务，通过流动资金贷款、项目贷款、非标融资、保障房基金、债务融资工具等产品，拓宽企业融资渠道，降低企业融资成本，提升金融服务能力，积极助推温州“十大举措”和“三十项重点”，加大对产业集群区建设项目、重点优势企业、企业自主创新、绿色经济、小微企业的支持力度，全方位服务温州实体经济建设。在温州地区同业中，兴业银行温州分行凭借着专业性和创新性，引领着温州银行业新兴业务的发展，三年来累计投放各类新兴业务达182.38亿元。

作为国内首家承诺采用“赤道原则”的金融机构，兴业银行温州分行积极响应政府号召，自觉主动承担企业社会责任，以转型升级和节能环保为切入点，大力推行节能减排贷款、排污权抵押贷款等绿色金融产品，为节能领域的企业或项目提供优质的融资服务。2009年兴业银行温州分行与市经贸委及环境保护局联合发文设立了温州市节能减排项目专项贷款，积极帮助企业解决节能减排建设项目的资金需求；2012年，在市环保局、人民银行的大力配合下，办理了温州首笔排污权抵押贷款，为中小企业控制污染物排放、丰富融资手段提供了有力工具。目前，兴业银行温州分行绿色金融产品的范围除了能效、新能源、可再生能源领域和纯减排项目外，还包括水域治理及污水处理、工业固体废物处理、二氧化硫减排等；2014年累计发放节能减排贷款43.96亿元，在兼顾企业、银行、社会多方利益的同时，真正实现了可持续、和谐发展之路，为建设美丽温州作出积极的贡献。宇宙家纺有限公司为温州知名家纺企业，是温州首批拥有排污权证的企业之一，该权证包含化学需氧量（COD）14.04吨/年，价值56万余元。兴业银行温州分行以该排污权证为抵押，成功向该公司发放100万元流动资金贷款。该业务在温州尚属首笔，给信贷业务创新提供了经验。

2014年9月11日前后，温州银行正式启动“贷上梦想，赶超发展”小微信贷专项活动升级版。温州正栩影视已通过质押电视剧版权获得浙江省内第一笔500万元电视剧版权贷款。澳珀家俱有限公司凭借“澳珀”两字，通过质押商标权及固定资产，拿到2000万元的综合授信。这是温州时尚文化产业获得的两笔来自温州银行的信贷支持。温州银行首批单列10亿元信贷资金专贷温州时尚产业发展。温州银行成为第一家为时尚产业发展专门列出信贷资金的机构。温州银行现已建立了文化支行、科技支行、小微支行等系列特色服务体系，准确覆盖了时尚文化领域、创意创新领域等。下一阶段，温州银行以文化支行对接温州文化产业和时尚产业，以科技支行对接轻工产业领域具有自主知识产权和创意的科技型小微企业，来全力支持温州的时尚产业发展，助力“时尚之都”建设。此外，还将通过温州市委宣传部推荐建立时尚、文化产业项目库，将人民银行“支小再贷款”资源用以支持时尚产业发展，且入库企业的贷款利率都将低于该行小微贷款利率平均水平。

第三节　银行支持小微

小微企业占温州企业的90%以上，从某种意义上说，温州是小微企业的发源地，如今又是小微企业升级转型提升的试验地。温州的金融业非常关注小微企业的发展问题。截至2014年12月末，温州市小微企业贷款余额3881.24亿元，较年初增加325.37亿元，增量较上年同期多增41.89亿元；小微企业贷款较年初增长9.15%，高于同期全部贷款平均增速7.98个百分点；同时，小微企业贷款户数18.82万户，较年初增加3.22万户，增量较上年同期多增5.02万户。

2014年3月，人民银行下发了《关于开办支小再贷款支持扩大小微企业信贷投放的通知》，正式在信贷政策支持再贷款类别下创设支小再贷款，专门用于支持金融机构扩大小微企业信贷投放，同时下达全国支小再贷款额度共500亿元。这标志着中央银行再贷款货币政策工具支持温州小微企业信贷投放。2014年8月7日，温州银行、永嘉农商银行等4家金融机构获中央银行13亿元的支小再贷款资金支持，专项用于对小微企业信贷。支小再贷款发放的期限设置为3个月、6个月、1年三个档次，可以展期两次，期限最长可达3年。为体现对金融机构发放小微企业贷款给予利率优惠，人民银行要求金融机构加权平均利率应低于其运用其他资金发放同期同档小微企业贷款加权平均利率。在获得了2亿元贷款额度后，永嘉农商银行在第一时间开展摸底调查、制订信贷投放计划，这笔资金将主要投向泵阀、鞋服、玩具、服装饰品等支柱行业的小微企业，比其平均贷款利率低10%左右，属于本行的最低水平。按照平均50万元标准计算，13亿元支小再贷款能惠及温州2600余家渴望融到资的小微企业。另外，人民银行还发放了中小金融机构再贷款3亿元，支农支小专项资金扶持额度达到27亿元，其中，支农再贷款11亿元，扶持力度属全省最大。

纵观金改实施的三年发展，无疑2012年是温州金融发展关键起步年，换句话说，如果没有当时的基础，很难取得今天的成果。当时在存款组织难度加大的情况下，中小企业信贷支持不断加强。截至2012年12月20日，温州市中小企业贷款余额3251.85亿元，比年初增加403.02亿元，增长14.1%，高于全部贷款增速4.7个百分点，其中，中型企业新增贷款234.47亿元，小微企业新增贷款167.37亿元，分别较年初增长17.1%和11.3%，占全部贷款余额比重分别比年初提高1.5个和0.4个百分点。

2014年9月29日，作为一个支持小微企业创新银政企合作的金融服务模式，建设银行温州分行与地方政府在“泰顺县小微企业助保贷合作项目签约仪式”上签订小微企业“助保贷”合作协议。一是获贷企业由政府和银行共同准入，择优投向符合地方产业政策导向的小微企业。二是政府增信，杠杆放大。政府提供一定数额的铺底资金，为入池企业提供担保增信，建设银行以铺底资金的10倍进行信贷投放，本次平台将获得建设银行5000万元的信贷资金。三是部分担保，信用放大。入池企业每年按2%缴纳风险金，即享有近60%的信用贷款，有效解决小微企业抵押物不足问题，摆脱互保的困扰。四是银政合作，共塑信用环境。贷款企业所缴纳的风险金将第一顺位偿还池内逾期贷款，而政府铺底资金第二顺位承担一定比例的代偿，所以入池企业在享用信用放大的贷款支持的同时，也将接受来自银行、政府及企业间的贷后监督管理。泰顺县副县长雷全勉说，按照“政府有作为，银行作让利，企业得实惠”的总要求，坚持“自愿缴费，有偿使用，风险共担，利益同享”的原则，组建具有小微企业融资担保功能的“助保金风险池”，可有效解决小微企业融资难题，同时，希望广大企业要坚守诚信，共同优化融资环境。建设银行温州分行副行长来利剑表示，以此次签约为契机，在全市范围大力推进业务合作平台，进一步融合政银企关系，构建良好的金融生态环境。

温州地处我国黄金海岸线中段，与旅游相关的小企业数不胜数。2012年2月，国家旅游局、中国人民银行、中国银监会等七部门联合发布了《关于金融支持旅游业加快发展的若干意见》，要求银行业加大金融支持实体经济力度，改进和提升金融对旅游业的服务水平，支持和促进旅游业加快发展。建设银行温州分行早在2008年就联合阿里巴巴在温州首家推出了以“网络联保贷款”为主题的E贷通系列中小企业网络银行贷款业务，为无法提供抵押品的部分优质旅游企业解决实际问题。华夏银行温州分行为旅游企业开发贷款的担保来源，创新了海域使用权抵押形式，为“海洋旅游”的信贷进行了新的探索尝试。在模式创新的同时，温州的银行业对旅游业贷款给予优惠利率。比如永嘉农村合作银行给龙瀑仙洞发放的200万元贷款，给予了20%的贷款利率优惠。乐清农合行“农家乐”和“渔家乐”贷款月利率比普通农户贷款月利率低0.35个百分点，农业企业贷款月利率比普通企业贷款月利率低0.14个百分点。近年来温州市农家乐休闲旅游业发展较快，作为新型时尚产业的农业观光产业，也将迎来前所未有的发展机遇。2013年温州市农家乐休闲旅游接待游客1709.21万人次、直接营业和游客购物收入达到10.82亿元，同比分别增长22.4%、28.5%。2014

年1月至6月全市农家乐休闲旅游接待游客888.08万人次、直接营业和游客购物收入达到61211.96万元，同比分别增长18.2%、24.1%。

温州专业市场众多，小微企业众多，应将有限的信贷支持集中到对温州“赶超发展”具有积极效果的时尚产业、文化产业、科技创新产业和“农特优”产业的小微企业当中。国有银行的温州分行在这方面做了大量尝试，比如针对这一目标，工商银行温州分行不断创新提升服务能力。如积极争取“小贷通”、“商贸通”等创新业务在温州试点推广，同时大力推广供应链金融和网络金融业务，以满足产业集群、专业市场和小微企业金融需求，助推地方特色经济转型升级。近三年来，除了金融支持小微，同时各商业银行积极推行企业股东个人借款或私产抵押方式为企业融资，即“私贷公用”自然人生产经营性贷款。据调查，温州60%的中小企业通过这种方式得到了银行贷款。

深化产品创新，助力小微企业发展。近年来，兴业银行温州分行针对温州中小微企业的特点和需求，在努力解决中小微企业抵押难、融资难等方面做了一些探索，创新推出中小企业专项信用贷款、易速贷、连连贷、交易贷、循环贷等业务，切实解决中小企业融资难、担保难、贷款难的问题。（1）易速贷授信资料简化、审批时效高，审批时限不超过3个工作日，抵押率最高可达100%；（2）连连贷在小微企业贷款到期时无须偿还本金，在到期日通过放款与还款的无缝对接，延长还款期限，从而减轻小微企业还款压力，降低转贷成本，减少企业资金断裂和涉足民间融资的风险；（3）交易贷以小微企业稳定交易现金流为基础，通过交易数据分析，授予小微企业一定金额的免担保信用额度，解决小微企业融资担保难的问题；（4）循环贷是指对符合条件的小微借款企业，在核定的额度和有效期内，通过本行网上银行平台，根据约定的资金用途，实现贷款资金循环周转使用、自助支用、随借随还；（5）通过与各地政府合作，在2009年创新推出“中小企业专项信用贷款”业务，符合条件的中小微企业，无需任何抵押物即可获得兴业银行温州分行最高300万元的融资支持。目前，兴业银行温州分行已先后与乐清市、永嘉县、鹿城区、龙湾区等地方政府签订合作协议，已累计为164户客户发放中小企业专项信用贷款15.17亿元。例如，浙江某阀门公司成立于2005年，是一家专业研制开发、生产各类气动、电动阀门，以及隔膜阀、电动执行器、气动执行器的高科技企业，产品广泛应用于天然气、油品、环保水处理、化妆品及化工等领域。该公司成立初期至2011年，一直困扰于经营场地限制，无法扩大生产规模。2011年该公司在龙湾标准厂房阀门基地租入约10亩土地自建厂房，建筑面积约7000多平方米，总需投入约2000万元。该项目的投入占用了大量的流动资金，而且当期该公司无法提供合适抵押物和担保人，在他行无法获得授信。经当地政府推荐，兴业银行了解了该公司的实际状况和发展前景后，从2012年初开始给予300万元专项信用贷款支持，解了企业燃眉之急。

温州银监分局对小企业的金融服务做了大量的引导和深入调查。温州小微企业专营支行批设“提速”。截至2014年6月末，温州共有15家银行业金融机构设立了28家小微企业专营支行，其中2013年共批准设立21家，在浙江省处于领先位置，成为银行“市场下沉、客户下沉”，为众多小微企业提供贷款的良好平台。截至2014年9月末，温州市小微专营机构总数达到27家。截至2014年5月末，贷款户数6380户，贷款余额33.06亿元；小微企业贷款余额3684.88亿元，比年初增加124.67亿元，小微企业贷款占比达到50.01%。温州市小微企业专营支行选址多以工业发达、经济活跃的产业聚集区为主，如龙湾永强、乐清柳市、瑞安塘下等，区位优势明显、发展势头强劲。在定位上，温州市小微企业专营支行坚持走“做小、做精”的路线，深度贴近需求，户均贷款只有20万~30万元左右。在经营上则以最好的产品供应小微企业，如台州银行温州分行主打以“保证+信用”模式的“小本贷款”，无需抵押物，月息低至5厘；光大银行温州分行也推出了阳光助业贷、阳光商房贷等产品。

积极推进小微企业信用贷款试点，创新推出小微企业信用贷款相关产品。截至2014年9月末，温州35家银行业金融机构共对9366户小微企业进行信用贷款授信，其中有7967户小微企业已获得银行信用贷款；信用贷款余额22.48亿元，户均贷款余额28.22万元。温州银行业采用“分段式”、“增信式”等还款创新产品。已有35家银行推出了76个还款方式创新产品，2014年1~9月累计对31050户小微企业通过还款方式创新续贷159.85亿元。同时，不断提升小微微贷技术。鹿城农商行和瓯海农商行两家机构与台湾中小融辅公司开展合作，通过引进台湾先进微贷技术和管理系统，优化授信流程，从开展“扫街”式营销、深入生产一线、延长网点服务时间等传统形式逐步升级至信息化、批量化、规模化的流程化管理。

各行小微金融发展的新方向都对准了电商贷系列产品。杭州银行已将温州分行作为电商贷的试点行，通过对接“阿思拓”平台业务，对电商客户的销售经营及财务现金流数据进行分析，从而确定授信额度。杭州银行已与温州市电子商务协会签订2亿元协议授信，截至2014年9月末，已累计发放电子商务贷款金额2881万元，贷款客户数达76户，获得了良好的市场口碑。

第四节　银行支持“三农”

“水稻渔船可抵押，鸡呀猪呀可贷款。”从这条写农村信贷的新闻标题就可以看出温州金融业支持“三农”是多么煞费苦心的。

从2012年杭州银行温州分行累计为11户奶农申请贷款，金额约为1120万元开始发展到现在，我们看到了一种巨大的金融机构共同聚合的资本能量。截至2014年12月末，温州银行业涉农贷款余额3527亿元，比年初增加151亿元，增长4.47%。温州的农业金融服务之所以如此风生水起，与政府及金融监管部门的指导分不开，尤其与金融机构的创新探索密不可分。

根据温州银监分局分析，温州的涉农金融服务呈现出了如下特点：一是信贷领域不断拓宽、信贷方式不断创新，由原来的涉农贷款、农业贷款、农户贷款拓展到农民创业贷款、农民住房贷款、新农村建设贷款、大学生村官贷款、农村公益事业贷款等。2014年以来更加突出对五水共治等重点项目的信贷支持，已对接五水共治项目90个，用信余额97亿元，较上年同期增加40亿元，另外还储备项目103个。到2014年5月末已发放农户小额信用贷款4.25万户，金额32.88亿元。在农房抵押贷款上走在浙江省前列，目前余额为73.39亿元。二是农村金融服务网络不断健全。截至2014年5月末，温州银行业共有机构1456家，其中涉农银行机构网点889家，占全市总网点数的61%。三是农村信用体系建设日趋完善。截至2014年5月末，全市共评定信用户102万户、信用村3362个和信用乡镇35个。四是不良贷款率明显低于全市银行业平均水平，2014年5月末，不良贷款率为1.91%，低于全市平均水平。

2014年8月11日，温州市政府出台的《关于推广农村小额人身保险工作的实施意见》（温政办[2014]101号）指出，小额人身保险是为低收入人群提供的一系列人身保险产品的总称，具有保费低廉、保障适度、保单通俗、核保理赔简单等特点，是小额金融的重要组成部分，也是一种有效的金融扶贫和保障手段。推广农村小额人身保险是温州市保险业有效服务“三农”，推进金融综合改革的重要平台，对提升农村金融服务的能力和水平，实现农村金融和“三农”共赢发展具有重要意义。鼓励符合条件的保险机构以农村低收入群体为主要目标市场，在产品开发、销售模式、售后服务、风险管控等方面积极创新，逐步扩大小额人身保险的覆盖面，助推温州市普惠金融发展，力争2014年末适龄人员参保率达到10%，以后每年递增5%~10%。截至2014年12月3日，温州市农村小额保险累计实现保费收入762.41万元，比上年同期增长222%，覆盖人群15.2万，覆盖区域涉及永嘉、平阳、苍南、乐清、瑞安、瓯海、龙湾、文成8个县，且8个县政府均已发文实施，为初步实现覆盖面目标任务，全市共有49个乡镇召开农村小额保险推广工作会议，得到镇领导的高度重视，广大村民参保积极性较高。目前已发生赔案72起，已赔付金额19.5万元，切实发挥了小额人身保险的风险保障功能。

农业银行温州分行的“回归”与“下沉”具有代表性。支农方面，农业银行显示出很强的持续性。截至2012年10月底，温州农房抵押贷款余额已达78.35亿元。温州市委农办与农业银行温州分行签订共同推进温州农村金融改革战略合作协议。“未来五年内，农业银行将向温州提供不低于130亿元的意向性信用额度，主要投向农户、种养殖业、农产品加工、农房和林权抵押贷款5大领域。”2014年 推出了农业银行系统的首张金融综合支农银行卡——新农宝卡，并为首批客户代表举行了发卡仪式。省农信联社温州办事处主任陈少云向瑞安农商银行客户现场发放全市第30万张丰收小额创业贷款卡。提供以“惠农卡”为载体的“农户贷款”，具有金额小、担保方式灵活、发放速度快、覆盖面广等特点。这种贷款也可以满足县域旅游行业中个体私人旅游项目的资金需求。2014年3月，农业银行苍南支行积极推进农村资金互助社合作，成功营销农村资金互助会3户，达成合作意向5户。苍南县共有农村资金互助会17家，农业银行苍南支行高度重视，经过深入调研，设计了“保证金+农贷”合作模式，将筹集的入会资金作为保证金，按1∶5的比例向其会员发放贷款，会员由资金互助会推荐，农业银行负责调查、审核，每户最高20万元。

在某些擅长的领域，建设银行温州分行总是敢为天下先。比如曾授信3亿元作为温州首笔支持农房集聚改造贷款发放，5000万元于2012年6月5日到位，剩余的2.5亿元也于当年全部到位。藤桥镇是温州11个城乡统筹综合改革试点镇之一，已启动建设的一期农房集聚点有4个，包括南岸青藤家园、北岸藤园景苑、坎上西都锦园、潮埠西都·景秀居，总投资11亿元、总建筑面积约21.7万平方米，于2011年6月开工建设。建成后可提供1894套高品质小区房，3年内有望让藤桥近千户农民“上楼”。建设银行温州分行行长诸葛衍权表示，以当前推进金融综合改革、农村产权制度改革两大改革为重大契机，建设银行温州分行将新农村建设项目作为今后信贷重点支持的项目，把资金用在统筹城乡制度改革推进上，充分运用金融杠杆作用，加快推进温州转型发展。

2013年下半年，借助温州金改之风，经市发展改革委、市经信委协调，兴业银行温州分行与瓯飞集团开启了引导基金融资之路，在全市创新推出海洋发展引导基金入股模式。该海洋发展基金项目直接以股权形式投入两个项目公司，大大增加了项目公司的净资产，显著改善了企业财务状况，提高了后续融资能力；最长可达10年的融资期限，较好地匹配了项目建设期限，能让企业能更专注于项目建设，留足了还款资金的时间安排；在很大程度上促进了温州市海洋经济的发展和建设。

2014年7月8日，温州银监分局组织辖内农业发展银行、农业银行、农村信用社、邮政储蓄银行和各农村中小金融机构等涉农银行机构召开美丽乡村·深化“三农”金融服务推进会。会上，涉农银行机构向涉农项目及农户授信近8.9亿元。其中，向3个五水共治项目授信6.6亿元；向3个农房改造或农村联建房项目授信2.03亿元；向3个农业产业化项目及小额农贷授信2295万元。“村民担保一日贷”是浙商银行温州分行向农村个体经营户、小企业主发放的用于满足其生产经营中合理资金需求并由当地其他村民提供保证的个人贷款。截至2014年11月末，该分行当年发放村民一日贷1600万元，为47户无抵押物农村个体户解决了资金难题。

前文提到的浙商银行温州分行“涌金票据池”业务具有三个方面的突出特色：一是提供多渠道、专业化的免费票据信息查询服务；二是通过票据异常状态实时查询、虚拟托管票据信息异常提示等功能，为客户提示假票风险防控；三是支持多种类型票据，“两小一短”（小银行、小面额、短余期）票据入池，解决积压票据盘活难题，电子商票入池，缓解供应链体系融资成本过高的问题。截至2014年11月，票据池功能开通客户49户，累计入池票据金额6.5亿元；小企业贷款余额68.45亿元，比年初增加2.78亿元，小企业占比达到48.60%。

第五节 银行服务满足温州人的新需求

天南地北温州人，温州人的活力和创造力令世界叹服。有60多万温州人在世界131个国家和地区创业发展，有175万人分布在全国各地，全国211个地级以上的城市成立了温州商会，温州人在外创办企业2万多家，创办各类专业市场2000多个。如今众多温州儿女正在踏上“温商回归”之路，还有处于不同创业阶段的温州人，他们需要的金融服务该是如何多姿多彩，这注定了金融机构在满足这一切需要当中充满了探索和创新。

支持温商回归。在2014年5月底召开的2014年度温商回归大会暨温商年会上，农业银行温州分行表示要再聚100亿元发展资金，支持在外温商返乡、回归发展，全力助推温州振兴实体经济。在会上，农业银行温州分行专门印制了“温商回归”金融服务指引。通过连续三年“三个100”，发挥表率作用，助推温州赶超发展。农业银行温州分行通过“商行+投行”等多种方式，已成功为温州聚集发展资金达100亿元，其中近60亿元资金来自贷款投放，其余的40多亿元是通过信托、债务融资等方式，从外地引入资金到温州。为实现第二个“100”亿元，农业银行还将重点通过服务创新为温商回归和振兴实体经济拓宽通道，推出了“小贷宝”企业全流程贷款产品，其中就有入园企业“前期贷”业务，主要解决入园企业在土地出让金缴纳后、土地证办妥前无法向银行抵押融资等难题，这将增强对在外温商返乡“筑巢”的吸引力，成为吸引温商回归的一张“名片”。为切实把服务工作做到实处、从细微处服务温商回归，农业银行的第三个“100”服务，就是从温商会当天开始，由温州分行100名各级行长、业务骨干及精英客户经理共同组成“温籍企业家金融综合服务百人团队”，深入各县（市、区）做好温商回归的金融相关服务，对正式落地的项目成立一对一服务团队，进一步打造吸引温商回归的金融生态。

支持温州青年创业。青年创业家宋仙水难忘2012年5月第一次拿到农业银行送来的项目授信牌的情景。“能够这么顺利拿到600万元的项目授信，我们既惊喜，又开心，是农业银行的农村青年金融服务项目，圆了我的贷款梦。”宋仙水2002年创立的康盛堂大药房，已成为浙江乐清市规模最大的药品经营企业。两年前，他看到当地农户对铁皮石斛（又名黑节草）的生产大多停留在种植阶段，深加工和销售渠道都比较有限，便成立了浙江铁枫铁皮石斛有限公司。不到三年，他的公司已发展为集铁皮石斛种苗繁育、种植、加工、销售、科研为一体的现代化科技型农业企业集团，已建成铁皮石斛组培研苗5000万株的组培研室一组，建成130亩的大田种植基地一个。基地和培研室的建设占用了企业大量的资金，而由于石斛的生长周期在16~24个月，且3~10月又正好是铁皮石斛的大棚种植期，资金短缺。农业银行客户经理了解到公司的资金需求以及宋仙水先后获得了“浙江省科技农业企业”和“浙江省农村科技示范户”等数个奖项，其生产技术研究项目更是被列入“国家星火科技计划项目”，于是便协助公司将“铁皮石斛种植及研培项目”上报温州市农村青年优秀创业创新项目竞赛，并最终成功获得农业银行温州分行600万元的授信。2012年农业银行已对16个获奖项目授信1200万元，而自项目实施以来，农业银行累计发放15亿元贷款，涉及农村青年15000人，现有贷款余额8亿元。

交通银行温州分行率先挖掘了“新居民”的金融需求。数据显示，截至2014年11月末，交通银行浙江分行新增手机银行客户数达到33万多户，在全国交通银行系统名列前茅。这里面当然也包含了温州的贡献了。交通银行温州分行为温州的“新居民”提供了针对性的全方位服务：为温州务工的“新居民”准备了薪金卡，实施了温州地区所有银行ATM取款手续费全免等优惠服务。为在温经商、创业的“新居民”送去浙江商汇卡。享受本行转账汇款手续费全免、存取款手续费全免等优惠服务。截至2014年8月末，交通银行温州分行共为温州“新居民”发放近8万张银行卡，举办各类金融知识宣传活动200多场，贷款支持2.5亿元。对工作或经营一年以上的“新居民”等同于本地居民，可享受同等贷款条件。

在温州市政府关于组建保障房引导基金的思想指导下，龙湾区政府联合温州市农投集团组建了温州市龙兴惠民投资管理中心，与兴业银行温州分行合作创设了温州市首只保障房引导基金，这也是兴业银行全行首单以有限合伙企业形式进行直接股权投资的基金项目。该中心注册资金规模5亿元，其中兴业银行温州分行募集其中4亿元，存续期4+2年，以股权投资形式投入龙湾区保障房建设的项目公司。经多方筛选，本次5亿元资金将投资于龙湾区状元周宅保障性安居工程、瑶溪河滨保障性安居工程和蒲州汤家桥保障性安居工程等三个保障房项目，在一定程度上解决了龙湾区农村保障房建设项目资本金不足的问题。

第六节 区域保险创新丰富温州金改

温州金融综合改革启动三年来，温州保险业紧紧围绕金改的取向、百姓的期盼、政府的需要，积极拓展保险服务领域，在参与现代金融、社会保障、灾害救助、社会风险管理、农业保障五大体系中积极作为，取得了“重点项目取得破题、难点项目实现巧解、试点项目成为示范、基础工作得到夯实”的良好成效，为区域保险发展探索出了一条可复制、可推广的保险改革创新之路。

重点项目取得破题。一是服务发起设立保险总公司。确定由7家在外温商发起设立一家注册资本为10亿元的财产险公司，目前筹建材料已上报保监会相关部门。在温州发起设立保险总公司不仅可以为温商回归搭建创业平台，拓宽民营资本的投资渠道，而且为今后的保险资金在温运用，助推经济社会转型升级打下良好基础。二是试点开办农村保险互助社。确定在瑞安马屿由25个专业生产合作社发起设立以对接农民专业合作、供销合作、信用合作“三位一体”为主要内容的农业合作保险组织试点。目前互助社筹建材料正在保监会进行审核。如能获批，瑞安农村保险互助社将成为我国第一家服务农村“三位一体”模式的保险互助社。三是加强保险资金运用。安邦保险在温投资商业不动产，主要建设开发安邦金融大厦、五星级酒店以及大型商业设施，现已完成土地招投标工作，预计总投资约65亿元。中国人寿已与华夏银行签订30亿元大额协议存款协议，专项用于温州城投集团投资建设项目。

难点项目实现巧解。一是针对大额政府投资项目实施高额保函制度，长安责任保险温州中心支公司全国首创建筑工程施工合同保证保险，包括投标保证、履约保证和支付保证三类保险责任，有效解决了温州市建筑施工企业面临的在投标环节中须出具高额保函的难题，2014年1~9月共实现保费收入2437万元，提供120亿元的风险保障，大大降低了企业的财务成本。二是针对当前经济环境下外贸型企业出口信保项下难以获得融资的难题，人保财险温州分公司在全国首创信用保险+保证保险“二合一”助贷模式，将保险公司承担的不良贷款比例提高到90%，大大提高了银行的放贷积极性。三是针对民间借贷过程中因各类意外导致的还贷风险，人保财险温州分公司入驻温州民间借贷服务中心，提供抵押物保险、借款人意外险、抵押物保险受益人变更等服务。四是针对科技型企业“轻资产”造成的贷款抵押物不足问题，加大在科技型企业中推广小额贷款保证保险力度。2014年1~9月，温州市科技型企业小额贷款保证保险实现保费收入41万元，促进贷款2450万元，温州市科技型企业贷款保证保险财政补贴方案有望在近期出台。

试点项目成为示范。一是农村普惠保险走在全省前列。发挥小额人身保险“保费低廉、保障适度、核赔简单”的优势，推动发展成为新农合的有效补充。在市政府出台《推广农村小额人身保险工作的实施方案》的政策引导下，2014年

1~9月全市实现保费收入540万元，提供风险保障58亿元。另外，温州市政策性农业农房保险稳步发展，2014年1~9月温州政策性农业保险保费收入6370万元，提供风险保障43亿元；温州政策性农房保险保费收入2254万元，提供风险保障337亿元。农村小额人身保险和政策性农业、农房保险一道，为温州市农村居民提供覆盖生产、生活及人身的全方位保障。二是责任保险发展走在浙江省前列。2014年1~9月，全市医疗责任保险1705万元，提供风险保障2亿元；火灾公众责任险实现保费收入22万元，提供风险保障9990万元；环境污染责任保险实现保费收入55万元，提供风险保障2270万元。2014年2月，温州市质监局与温州保监分局联合发文，在电梯等特种设备及家电行业推进产品责任保险。此后，浙江省质监局与浙江保监局合作选择在温州开展产品责任保险试点工作。2014年1~9月温州市产品责任保险保费收入492万元，为乐清低压电器等集群产业提供19亿元的风险保障。三是城乡居民大病保险走在全省前列。2012年9月，温州市龙湾区人力资源和社会保障局与中国人寿龙湾支公司签订协定，率全省之先试点新农合大病保险，目前温州市城乡居民大病保险基本实现全覆盖。

基础工作得到夯实。一是行业平稳增长，结构逐步优化。2014年1~9月，温州保险业实现原保险保费收入114亿元，全省排名第3，同比增长8.6%。从财产险公司的综合成本率、综合赔付率及人身险公司的续期保费占比、新单期缴占比等指标来看，业务质量优于全省平均水平。二是创新理赔服务，提升车险理赔效率。金改以来，温州共成立了3家交通事故快速处理保险理赔服务中心，2014年1~9月共处理案件2万余件，日均接待事故车辆178辆，有效缓解了城市交通压力。同时，保险业还会同交警部门在全国率先启动交通事故微信快速处理模式，轻微事故可以通过微信得到妥善处理。三是人民调解稳步推进，反保险欺诈持续高压。2014年1~9月保险行业人民调解委员会共受理案件45件，涉及金额380万元，成功调解35件；温州反保险欺诈中心共受理各类涉嫌保险诈骗案件12件，涉案金额107万元。四是政策环境持续优化，舆论环境大为改善。2014年1~9月，温州市委市政府主要领导共9次对保险总公司筹建、保险资金运用等工作作出批示。为发挥保险机构的创新主动性，温州市政府还将所有市级保险机构列为金融业的考核对象。市主流媒体也加大了对保险业的正面宣传力度，《温州都市报》开辟了“保险一席谈”专栏，从保险知识、险种介绍、投保和理赔须知、行业服务创新和行业重要新闻的角度向社会公众普及保险知识。

专栏

打破“玻璃门”：民资当家做主的温州民商银行

温州人的骨子里向来不乏“办银行”的基因。20世纪80年代，新中国第一家私人钱庄“方兴钱庄”就诞生在苍南县钱库镇，时任国务院农村发展研究中心处长的王岐山曾专门到访。温州人杨嘉兴于1986年创办的鹿城城市信用社，是新中国第一家股份制城市信用社，是那个时代的第一家“民营银行”。

为鼓励支持非公有制经济发展，国务院先后于2005年和2010年发布了“非公36条”和“新非公36条”，放宽非公有制经济的市场准入。但事实上，金融领域的“玻璃门”、“弹簧门”、表面迎进去实则推出来的“旋转门”依旧存在。与国有资本和外资相比，民间资本进入金融业的门槛相对较高。

国务院常务会议决定设立温州金融综合改革试验区后，怀揣着“金融梦”的温州民间资本又看到了希望。

2012年5月，由河北省浙江商会牵头，联合世界各地12个温州商会，欲抱团融资50亿元，成立温州现代商业控股银行，并逐步在全国各地商会推行一家“温州现代商业控股银行”当地分行，盘活温商资金。

借着金改的东风，曾经的“中国城市信用社第一人”杨嘉兴欲重出江湖，与老同事蔡兆清等人一起筹办“温州农村发展银行”，注册资本20亿元。短短几天时间，筹建团队起草了银行的章程、报告和可行性方案，于2012年5月底提交市政府。

但由于当时民营银行的试点工作尚未启动，12地温州商会和杨嘉兴的申请都没有了下文。期间，温州商人林春平公开表示已收购有85年历史、位于特拉华州的美国大西洋银行，后来记者调查发现此事系子虚乌有，他本人还因涉嫌虚开增值税发票被捕，更是为温商的“金融梦”蒙上了一层阴影。

政策的口子于2013年年中打开。6月19日，国务院总理李克强主持召开国务院常务会议，提出要探索设立民间资本发起的自担风险的民营银行和金融租赁公司、消费金融公司等。第二天，时任中国人民银行研究局局长的纪志宏在《财经》杂志发表了《适时启动民营银行试点》一文。

事实上，早在2013年年初，温州市方面就有了筹建民营银行的初步方案，并与国家有关部委和省政府积极对接。与这项工作同步进行的，还有股东的筛选和资质审核。

2014年全国“两会”期间，中国银监会主席尚福林宣布“在加强监管的前提下，允许具备条件的民间资本依法设立民营银行”，进入首批试点的5家银行分别位于天津、上海、杭州、深圳和温州。

尚福林在“两会”期间反复强调：“民营银行试点，试的是一种新机制。以往，民资是通过兼并重组或改造进入银行业的，这次要尝试由民资在银行的治理机制、业务发展，甚至风险处理中发挥主导作用。”

试点获批后，浙江省和温州市高度重视民营银行筹建工作，先后多次召开会议对试点工作进行协调和指导。温州市政府层面成立民营银行筹建协调小组，要求各相关部门和民营银行筹备组分工合作，把握重要节点，倒排时间。

具体看，温州民商银行由正泰集团和华峰氨纶作为主发起人，奥康国际入股。上海华瑞银行最终确定由均瑶集团和美特斯邦威两家温商企业作为主发起人。天津金城银行由华北集团和在外温商企业麦购作为主发起人。首批5家试点的民营银行中，温商参与了3家。

温州民商银行的注册资本为20亿元，共有13家股东。正泰集团和华峰氨纶作为主发起人，分别持股29%和20%。此外，还有11家企业股东，包括森马集团（9.9%）、奥康国际（9.9%）、力天房开（9.9%）、富通科技（9.9%）等企业。股东中有5家旗下公司或自身是上市公司，温州民商银行股东整体实力可见一斑。

这些股东涉及电器、氨纶、鞋服、光纤、复合材料、机械等产业，熟悉本地市场、对目标客户的资信水平与经营状况非常了解，能够与中小微企业客户群建立稳定的合作关系，又有助于预防和解决贷款的逆向选择风险。

应该看到的是，一家民营银行的筹建设立不可能根治温州经济金融面临的诸多难题，但标志性意义显著，对民间资本真正进入金融领域、探索金融市场充分竞争、促进小微企业特色服务等方面会有重要的里程碑式作用。

在我国银行业产品同质化的大环境下，温州民商银行试图走出一条差异化、特色化的道路，与已有银行错位竞争，以产业链金融和互联网直销银行为特色，做“两小”（中小微企业和小区居民）群体的综合金融服务商。

第五章

小资本对接大项目

2014年10月24日，国务院总理李克强主持召开国务院常务会议。会议议题之一是创新重点领域投融资机制，积极推广政府与社会资本合作（PPP）模式，使社会投资和政府投资相辅相成，“让社会投资涓涓细流汇成促发展、增福祉的澎湃浪潮”。

温州民间资本充裕，如何修建水渠，将小资本的涓涓细流引至大项目？

国外经验证明，市政债是广泛应用的基础设施融资方式，且投资者结构以当地居民为主，期限较长，持有目的不是单纯的投机，与基础设施一次建成长期使用的特点相吻合。温州总计发行了三期“幸福股份”和一期“蓝海股份”，为市政债和PPP模式探路。

市场经济发展到高级阶段，私营和家族制企业产权明晰、内部交易成本低等先发优势逐渐耗尽，产权封闭、财务不规范、决策机制不科学等弊病逐渐显现，导致其很难进入资本市场。温州将企业的股份制改造、建立现代企业制度作为突破口，使更多企业能对接资本市场，提高直接融资在整个融资结构中的比重。

第一节 “幸福股份”：为市政债和PPP模式探路

“幸福股份”一期共向民间募集资金15亿元，温州市民1万元即可起投，开了国内轨道交通向民间募资的先河。温州市通过三期“幸福股份”和一期“蓝海股份”，累计从民间为市域铁路、滨江金融街增资扩股项目和瓯飞一期围垦工程募集了43亿元。

在地方政府融资平台和土地财政难以为继的大背景下，三期“幸福股份”和一期“蓝海股份”力图在法律框架内，将社会资本的涓涓细流汇总到市政工程和基础设施建设，扮演的是市政债和PPP模式“探路者”的角色。

小资本对接城市基建

修建铁路或地铁，由于投资回报周期较长，资金来源一直是个大问题。以金温铁路为例，孙中山先生早在1921年的《建国方略》中就提出了建设构想，但多年来都因为资金没有着落而未能列入计划。直到温州籍知名学者、享誉海内外的儒释道宗师南怀瑾决定出资后，再辅以银行贷款，金温铁路才正式开工。

温州市域铁路S1线，由国家发展改革委和浙江省发展改革委批复，是温州市轨道交通规划网线中最重要的一条主干线。S1线东西走向，从温州最西端的温州南站到东部的半岛地区或永强机场，线路全长52.22公里，全线设站15座。项目总投资达175.76亿元，资本金87.88亿元，占总投资额的一半。

87.88亿元的资本金中，温州市铁路与轨道交通投资集团有限公司作为控股人和发起人，将认购50%的股份。问题来了：剩下50%约44亿元资金哪里来？

决策者制订了一个向民间募资的方案，这也开了国内轨道交通向民间募资的先河。向民间募资的目的，是为了在现有法律的框架内，将本地的社会资本对接到市政建设上来。参与决策的温州市金融办副主任顾威向笔者回忆，制订方案时决策者们定了两条底线：遵守法律，防控风险。

2012年4月，温州幸福轨道交通股份有限公司（以下简称幸福轨道公司）注册成立，作为市域铁路S1线的项目法人和融资平台。根据融资方案，市域铁路S1线将吸引国有资本、企业资本和自然人资本共同参与建设。

2012年12月12日，温州市域铁路S1线增资扩股项目一期开始向社会公众募资，计划募集15万股，以每股1万元计，总计计划募集15亿元，认购期限截止到2013年4月30日。

温州市民只需带上身份证和银行卡，最少1万元起投，便能以合伙的形式入伙温州幸福轨道投资管理服务中心，再由该中心投资幸福轨道公司，参与市域铁路S1项目的投资。之所以采取“先入伙服务中心，再由服务中心投资幸福轨道公司”的操作方式，是为了使募资行为不超出《公司法》所规定的“有限责任公司股东人数不超过50人，股份公司设立股东人数不超过200人”的法律框架。

企业股股东投资起点为2000万元，每年取得6%的固定收益回报，同时参与幸福轨道公司超额盈余分配，满一年后可在温州市股权运营中心有限公司交易转让。

个人投资者1万元起投，年固定回报率为税后6%，不参与幸福轨道公司超额盈余分配。作为合伙人，入伙满一年后可退出，由温州市铁路与轨道交通投资集团有限公司按合伙人原始投资额加年税后6%收益，以货币方式确保回购。个人投资者也可以到温州市股权运营中心交易转让。

回购的资金从哪里来？温州市财政局将建立10亿元的市域铁路S1线项目专项偿付准备金，专门用于保障对合伙人的回购。同时，在市域铁路S1线项目轨道沿线，参照香港的经验，划出必要的土地，出让给市铁投集团，进行统一规划，利用土地出让和开发的净收益，来确保支付幸福轨道公司股东的年固定回报收益和个人投资者投资回购的资金需要，以及偿还银团贷款本息等。

温州的市民可在工商银行、农业银行和建设银行指定的营业网点办理入伙手续。入伙后，取得“温州幸福轨道投资管理服务中心（普通合伙）合伙证”，作为个人投资者持有合伙份额的书面凭证。仅12月12日一个上午的时间，个人投资者就在工商银行鹿城支行认购2700万元，总计106笔。76岁高龄的郑先生表示：“这个是政府投资的项目，风险低，而且收益率比银行的利息高。”他先尝试购买了30份。[①]募集首日，总计募集资金5829万元。

到2013年1月28日，15亿元资金全部募集完毕，比原先预计的4月30日提前3个月。总计9411人参与认购，其中工商银行网点累计发售8.85亿元，建设银行网点累计发售3.53亿元，农业银行网点累计发售2.58亿元。

不过，或许是6%的固定收益不具备足够的吸引力，又或许是大型基建项目属长期投资，首期15亿元中无企业认购。

---

① 潘颖颖、周汉祥：《S1线邀您入伙“幸福轨道”》，载《温州日报》，2012-12-13。

温州幸福轨道公司负责人张信才曾与三四家温州本土企业洽谈过认购事宜，但在了解详情后对方均表示兴趣不大。他分析认为，相对个人而言，6%的回报率对企业来说并不算高，况且彼时不少温州企业的资金流转也比较紧张。温州中小企业占多数，看中的是短期效益，虽然企业股股东可参与盈利部分的分红，但S1线这样的基建项目最初5~10年的收益肯定会比较低。即使S1线有了盈利，也先会将利润用于偿还银行贷款。①

S1线市域铁路增资扩股项目后来被称为“幸福股份”一期。有了一期15亿元的成功铺垫，“幸福股份”二期——温州滨江金融街增资扩股项目于2013年7月30日正式开募。同样，温州市民最低出资1万元，最高100万元封顶，就能成为温州市滨江金融街项目的合伙人。与“幸福股份”一期不同的是，二期对不同期限设定了不同的固定年化收益：一年期税后年收益率5.5%、两年期税后年收益率6.5%、三年期税后年收益率7%。

与“幸福股份”一期类似，为保证投资资金安全，温州市专门建立投资者专项偿付准备金制度。该专项偿付准备金是从募集单位未来收益中，按投资者金额的一定比例建立。温州市财政从城投集团开发地块（滨江商务区）土地出让金返还收入中三年累计提取15亿元准备金，专项用于保障投资者的股权回购，提取的准备金由温州市财政部门监督管理。到2014年1月中旬，二期10亿元资金募集完毕。

---

① 中共温州市委宣传部、温州市人民政府金融工作办公室编著：《选定温州：温州金融改革风云录》，红旗出版社，2013。

2014年4月23日，“幸福股份”三期——温州滨江金融街增资扩股项目二期启动募集，向社会定向增资扩股10万股，每股为人民币1万元，计划筹集资金10亿元，认购期限初定为6个月，不同期限的收益率与二期一致。8月4日，10亿元资金募集完毕，比原定6个月的募集期提前了80天。在总计4403人的认购群体中，以中老年人为主，单笔金额以20万元以内的居多，96.7%的投资者选择购买三年期。

2014年8月19日，“蓝海股份”首期8亿元开始向温州市民发售，起投1万元，500万元封顶。所募资金将用于温州的瓯飞一期围垦工程。“蓝海股份”设四档不同收益率的投资期限，分别是二年期6.5%，三年期7%，四年期7.5%，五年期8%。此次发售，市民除了在12家银行指定的网点购买，还能登陆瓯飞官网注册并下单实名购买。

到9月2日，8亿元资金募集完毕，比原先3个月的募集期提前了近2个半月。购买五年期的客户投资占募集资金的90.93%。

“准市政债”产品

社会闲散资金，通过三期“幸福股份”和一期“蓝海股份”进入了市政工程和基建项目，一定程度上扮演了“准市政债”的角色，可以说是市政债落地前的过渡性产品。

基础设施建设和公共服务，是城镇化的重要支撑，而我国由于城镇化起点低、人口转移规模大，更需在这两方面加大投资。根据世界银行的统计，发展中国家城市基础设施投资占GDP的比例平均为4%。[①]如此庞大的资金需求，单靠财政投入显然难以满足。国家开发银行的预测是，未来三年我国城镇化投融资资金需求量将达到25万亿元。[②]

---

① 潘功胜：《建立可持续的城市基础设施融资机制》，载《中国金融》，2013（21）。

② 杨毓：《通过市政债方式支持城镇化建设的思考》，载《金融纵横》，2014（5）。

在以往的制度下，地方政府受“唯GDP论”和财务软约束的影响，通过融资平台以银行信贷、信托、租赁、理财等方式融资。这当中产生了一系列的问题：融资链条较长，透明性差，许多资金没有按照约定用途使用，大量的风险聚集在银行体系，甚至融资平台多头负债、交叉担保、土地经营权重复抵押等问题时有发生。至于还款来源，多为土地出让收益，政府对土地财政的依赖很大，尚缺乏财产税、土地出租等方式。根据国家审计署公布的数据，截至2013年6月，中央和地方政府债务总额高达30.27万亿元，其中全口径地方政府性债务合计17.89万亿元。

从国际经验看，市政债是广泛应用的基础设施融资方式。美国自南北战争后，城镇化快速发展，市政债的发行规模超过国债。与融资平台举债相比，市政债是公开的市场融资行为，对信息披露、发行成本等约束更强。值得一提的是，市政债的投资者除金融机构外，不少国家通过税收优惠等措施，鼓励当地居民投资市政债项目。以美国为例，2012年末市政债投资者中居民占比高达44.6%，共同基金为第二大持有人，占28.6%，而共同基金持有比例相当一部分也来自居民。此外，市政债的发行期限较长，与基础设施一次建成长期使用的特点相吻合，不少国家市政债的发行期限达20年，既能满足资金需求，也能较好地分摊财务成本。①

PPP，是公共服务领域的公私合作（Public Private Partnership）英文的缩写。PPP模式20世纪90年代起源于英国，主要解决英国当时的城市公共管理的效率问题。英国利

① 潘功胜：《建立可持续的城市基础设施融资机制》，载《中国金融》，2013（21）。

用这种模式不仅建设和运营地铁、桥梁、机场、电厂、水厂、污水和垃圾处理等，甚至利用这种模式建设和管理医院和监狱。英国采用PPP模式建设或运营的项目总投资超过1000亿美元。

新一届政府上台后，一大重要课题就是吸引民资，激发市场主体活力。2013年7月24日，国务院常务会议要求向地方和社会资本开放城际铁路、市域（郊）铁路、资源开发性铁路的所有权和经营权。2014年4月23日，国务院常务会议决定在基础设施等领域推出一批鼓励社会资本参与的项目，让社会资本特别是民间投资进入一些具有自然垄断性质、过去以政府资金和国有企业投资为主导的领域。

2014年5月，财政部专门成立了PPP工作领导小组，9月23日发布《关于推广运用政府和社会资本合作模式有关问题的通知》，明确推广运用政府和社会资本合作模式“是国家确定的重大经济改革任务，对于加快新型城镇化建设、提升国家治理能力、构建现代财政制度具有重要意义”，并要求各级财政部门重点关注城市基础设施及公共服务领域。

2014年10月24日，国务院总理李克强主持召开国务院常务会议，再度提及要鼓励社会资本参与港口、内河航运设施及枢纽机场、干线机场等建设，投资城镇供水供热、污水垃圾处理、公共交通等。会议特别强调，要积极推广政府与社会资本合作（PPP）模式，使社会投资和政府投资相辅相成，“让社会投资涓涓细流汇成促发展、增福祉的澎湃浪潮”。

无论是市政债还是PPP模式，其实质都是引入社会资本参与市政工程和基础设施建设，真正使社会资本的涓涓细流汇入大项目，实现对接。三期“幸福股份”和一期“蓝海股份”共吸收民资43亿元，充当的就是市政债与PPP模式的“探路者”。

第二节 补课：企业股份制改造

温州是个体私营经济的发祥地之一。早期，个体私营和家族制企业由于产权明晰、内部交易成本低，具有先发优势。但后来其产权封闭、财务制度不规范、“一言堂”等缺陷逐渐暴露出来，导致对外要素整合比较困难。

对外要素整合困难，突出表现为很难进入资本市场，导致直接融资在温州的企业中长期缺位，融资方式不是银行贷款就是民间借贷。作为市场经济最活跃的地区之一，温州在2012年仅有12家上市公司，甚至不如一些县级市（区）。

推进企业股份制改造，建立现代企业制度，被当做温州产业及企业发展和区域资本市场建设的重要抓手。

企业制度的“硬伤”

2012年8月14日，原先在东海证券担任投资银行总部董事的顾威走马上任温州市金融办副主任、地方金融管理局副局长。上班第一天，他接到一个任务：陪同来温州调研的上海证券交易所理事长桂敏杰和时任总经理张育军。就在前一天，桂敏杰还与时任浙江省省长的夏宝龙一起出席上海证券交易所和浙江省政府的战略合作协议签约仪式，见证了浙江省副省长朱从玖与张育军签署协议。

桂敏杰一行在时任浙江省委常委、副省长、温州市委书记陈德荣和温州市委分管金融的常委朱忠明的陪同下，走访了华仪电器股份有限公司、温州金融改革广场和民间借贷登记服务中心，并召开了座谈会。会上，桂敏杰向陈德荣提出，温州企业的一大缺陷就是尚未建立现代企业制度，由此带来信息不透明、财务制度不规范、管理不科学等问题。

这一说法当时得到了陈德荣的积极反馈，给顾威的感觉就是陈德荣之前已经深入思考过这件事，双方可谓一拍即合。这次座谈会过后，温州市方面初步决定要力推企业股份制改造，把更多的企业引入多层次资本市场。

推动这一工作的背景，是直接融资在温州的企业中长期缺位。中国证监会研究中心曾做过一个测算，如按全国平均水平，温州应当有20家上市公司，而事实上2012年时温州仅有上市公司12家，与温州作为民营经济发祥地、民企最活跃地区之一的地位极不相称。

有研究机构曾对温州3万多家企业做过调查，发现直接融资仅占温州企业融资总额的1.2%。[①]多年来，温州企业要寻求外源融资时，除了银行贷款，就是民间借贷。股本融资的匮乏，致使温州企业负债率高于全国、全省平均水平；与资本市场的长期脱节，使得温州企业在企业制度上存在“硬伤”。如果有更多的股权融资和债权融资，温州企业就不至于被银根的松紧和过高的民间借贷利率扼住了咽喉。

温州于改革开放初期在全国率先发展个体私营经济。在起步阶段，个

① 王丹容：《加快推进企业改制上市，实现“脱胎换骨”式转变》，载《温州日报》，2012-11-24。

体私营和家族制企业由于产权明晰、内部交易成本低，具有先发优势。温州的多数企业由家庭作坊发展而来，后来即便成立了公司，多半是家庭制，股东之间多为夫妻、兄弟、父子、亲戚关系。

但随着市场经济进入高级阶段，个体私营和家族制企业显露出其局限性，尤其是产权封闭，导致对外要素整合比较困难。企业的产权模糊，管理不规范，财务二本、三本、四本账等现象普遍存在。

对外要素整合比较困难，突出表现在很难进入资本市场，因为没有建立与现代金融相适应的现代企业制度。据相关部门统计，温州中小企业50%以上存在财务管理制度不健全的状况，许多中小企业缺乏足够的财务审计部门承认的财务报表和良好的经营记录，60%以上的中小企业信用等级是3B或3B以下。这种状况，让投资者和银行望而生畏。[①]

家族式的管理，还造成企业家缺乏基本的游戏规则意识，大多数“创一代”普遍有“我的公司不管对错都是我说了算”的家长制管理思维。企业缺乏合理的组织结构、明确的岗位职责和规范的内控制度，致使企业经营计划目标短视化、企业决策随意化、执行效果打折化。

2014年10月18日，桂敏杰在杭州与夏宝龙共同为浙江股权交易中心揭牌。中心董事长兼总经理孙永祥是管理学博士，早在2002年就出版过《公司治理结构：理论与实践研究》一书。

---

① 金冶、林晟：《温州推动企业对接资本市场进行股份制改造的思考》，载《浙江金融》（温州金融综合改革2周年特刊）。

在他看来，很多企业虽然在工商局登记注册的名称是有限责任公司，表面上按照《公司法》在运作，但实际上与《公司法》貌合神离，根本没有按照《公司法》的精神进行规范治理。企业主往往不遵从企业的法人财产权，随意挪用企业资金用于个人使用；“三会一层”机制形同虚设，家族企业“一言堂”现象普遍存在；财务报表也不甚规范。坊间甚至有“《公司法》只对上市公司生效”的说法。

他说：“为什么一些地区的民营企业此前会出问题？就是由于公司治理缺失，决策机制不健全，部分企业家盲目炒房炒矿；投资仅靠老板拍脑袋，缺乏决策机制，给企业带来了致命的经营风险。企业发展初期，一言堂的决策模式或许有利于原始资本积累，风险不易暴露。但是随着企业规模的不断扩大，继续这种模式，就会伴随巨大的风险。因此，规范治理结构，对当前的中小民营企业来说，既是当务之急，也是未来长远发展和控制风险的根本之一。而反观我国的上市公司，估值相对较高，很重要的原因是因其有较为规范的治理结构，看上去更透明，这使得它拥有了‘治理结构溢价’。”

2012年11月23日上午，全国各地的媒体齐聚温州市人民大会堂新闻发布厅，参加“温州金改十二条”实施细则的发布会。而在同一层的多功能厅，温州市政府请来上海证券交易所党委副书记、监事长张宁，为温州企业做动员培训，鼓励优质企业进行股份制改造，加快建立现代企业制度，推动区域资本市场建设。

会上，温州市政府刚刚出台的《关于加快建立现代企业制度推进区域资本市场建设的指导意见》（以下简称87号文）被发到每个企业主的手里。

时任市委书记陈德荣在会上表示：“企业融资难、投入不足，主要原因是资本市场建设滞后。解决温州企业产业发展中存在的突出问题，基础性工作在于推进企业股份制改造、建立现代企业制度。要进一步创新思想观念，积极推进制度创新，加快企业股份制改造，推动企业从家族制、作坊式的传统企业向现代企业转变，并借助于资本市场，提升企业运营管理水平，增强企业竞争力，打造百年企业。”①

“股改”改的是观念

政府能为企业股改提供哪些服务？企业如何节约不必要的成本？87号文定下了大框架，但到具体操作上，还需进一步细化。券商出身的顾威跑遍温州的每个县（市、区）调研，一来听企业需要什么，二来宣传政府能为企业做什么。同时，与券商、律师事务所、会计师事务所对接，学习外地政策，并与税务、工商等部门协调，最终温州市政府在2013年上半年出台了《关于加快建立现代企业制度推进区域资本市场建设的补充意见》。

出了文件，还得让企业知道。为了打开局面，政府加大了宣传力度。首先是“广撒网”，通过动员大会、培训会、座谈会等常规的形式对股改进行宣讲。有了一定的认知度后，转变宣传方式，力求实现“精准营销”，相关责任部门联合知名中介机构走访了一批优质的实体企业，面对面帮助企业认清股改的意义，麦克力电器、百佳游乐设备、广泰建设等一批企业当场就与中介机构达成了股改意向。后期宣传上转而采用案例形式，藤桥禽业、天遥农业、瓷爵士科技等企业改制规范的案例被媒体报道，给企业更加直观的印象。开始有企业通过来人、来电和来函的形式，较为深入地咨询股改事宜。②

① 王丹容：《加快推进企业改制上市，实现“脱胎换骨”式转变》，载《温州日报》，2012-11-24。

② 金冶、林晟：《温州推动企业对接资本市场进行股份制改造的思考》，载《浙江金融》（温州金融综合改革2周年特刊）。

根据调研情况，了解了企业的疑虑和工作的难点后，《关于加快建立现代企业制度推进区域资本市场建设的指导意见的补充意见》出台，从财税、土地、金融三个方面为企业股改提供支持。政府部门也为企业股改开辟了“绿色通道”。如工商部门将股改初审工作落实到县一级；县级金融办为企业全程代办股改业务；财政（地税）、住建、国土、质监等部门也承诺给予政策倾斜，优化审批程序，优先审核发证。

完成股改，却不与资本市场进行对接，在顾威看来其效果也会大打折扣。能在上海证券交易所或深圳证券交易所敲锣完成IPO固然最好，但过高的门槛以及当时IPO暂停的事实，注定了并不是所有企业都能登陆A股。

顾威当时拜访过全国中小企业股份转让系统有限责任公司，请求将温州纳入“新三板”试点。后来，《国务院关于全国中小企业股份转让系统有关问题的决定》出台，“新三板”服务范围正式扩展到全国符合条件的企业。为此，温州市政府专门出台了《关于鼓励和支持企业进入全国中小企业股份转让系统挂牌的意见》，对在“新三板”成功挂牌的企业，给予100万元奖励，能够基本覆盖企业在进入全国股转系统过程中所需要的中介费用，将大大减少企业挂牌成本。同时，也鼓励企业在浙江股权交易中心挂牌。

顾威承认，开展这项工作也曾迷茫过，刚开始局面也不易打开。事实上，并非所有企业都适合走股份制改造这条路，杜邦、奔驰等公司至今是家族企业，民企也并非天然都具备股改的意愿。

仅以永嘉县为例，根据当地金融办对74家民企作为样本的股改调研，主动试水型有8家，迷茫求索型有13家，政策推动型有11家，等待观望型有24家，守旧无意型有18家。后两类（即股改意愿欠缺、近期较难推动的）仍占56%。①

---

① 吴凤菇：《关于民企股改意愿的调查与思考》，见http://www.wzjrb.gov.cn/art/2014/9/4/art-10509-154894.html。

分析其中原因，既有历史包袱大的客观事实，也有老一代温商自身知识结构缺陷、素质约束的原因。更多企业主是在衡量了即期成本与远期收益后，仍不能下定决心。企业股改需向券商、会计师事务所和律师事务所等中介机构缴纳一笔费用，往后就要聘请专门的财务人员，在场外市场挂牌需要缴纳费用，股权转让还涉及税收问题，总体费用在120万元到180万元之间。以上所列成本仅是当期立即需要支付的。

而股改所带来诸如规范治理结构、优化财务制度、信息透明等红利，却不是一下子能显现出来的，除了IPO，企业也无法马上获得融资。对不少企业主来说，很难权衡即期成本与远期收益之间的关系。

作为亲历者，顾威对股改工作最大的感受是，企业主观念的转变最难，“股改主要是改观念”。强扭的瓜不甜，股改不是大跃进，改不改最终还得看企业的意愿。他对笔者表示：“我们的观点是，股改有助于企业实现可持续发展，建立现代企业制度，改变‘贷款不成只能借高利贷’的模式。所以，我们对企业进行宣传引导，对有意愿进行股改的企业提供服务，并与多层次资本市场实现对接。”

2013年和2014年温州市分别推动134家和230家企业完成股份制改造，两年股改数达364家，是温州改革开放至2012年的34年间完成企业股份制改造总数的3倍，远远走在全省各地市前列。目前，温州市共拥有股份有限公司487家，从股改之前仅占全省总数的4.5%，提升到15.4%。

2014年是全国股转系统（“新三板”）全国扩容的第一年。顾威认为，“新三板”对广大温州中小企业来说，是快速进入资本市场发展壮大的重要途径。“新三板”是一个对中小微企业非常友好的资本市场，挂牌条件相对宽松，在准入方面不设财务门槛，挂牌公司不受股东200人限制，不限于高新技术企业，存续满两年、业务明确的企业就能够进入全国股转系统挂牌。

改革中的“新三板”拥有上千名机构投资者，主要包括产业资本和股权投资基金等机构，为挂牌企业与产业资本和战略投资者对接提供了平台，能够为企业提供更好的直接融资功能，这有助于缓解目前温州企业过度依赖银行渠道间接融资以及中小企业融资难融资贵的现象，帮助企业破解担保链，有效防控金融风险。

除了融资，“新三板”还是企业完善公司治理结构，提高科学化管理水平，激发企业家创新创业精神的摇篮。全国股转系统要求挂牌企业完善法人结构，建立包括董事会、监事会和股东大会在内的三会制度，明确所有者与管理层的权责关系，为企业的创新创业提供了制度保障。

全国股转系统还具备转板机制，如果挂牌企业达到主板、中小板、创业板的上市条件，就能转入相应板块公开发行，为挂牌企业的持续创新创业提供了空间。

截至2014年底，温州全市累计7家企业在新三板挂牌；此外，还有5家企业已向全国股转系统报送挂牌申请材料，24家企业已与中介机构签订挂牌服务协议。

第三节 多渠道直接融资

早在1992年，张震宇就与他人联合署名发表过《温州金融改革的突破口——发展证券市场》一文，提出发展证券市场是加大直接融资的重要手段。直到2011年，这一呼吁在温州犹如空谷足音，直接融资市场上仅正泰集团发行了一期短融券，以及旗下上市公司“正泰电器”发行过公司债。

2012年10月，定位为“温州金改平台”的浙江股权交易中心（以下简称浙交中心）成立，后来小贷定向债、私募优先股、中小企业私募债等温州金改创新产品都在浙交中心实现落地。温州银行的增资扩股和股权竞价转让也是在浙交中心实现的。

温州的企业在企业债、中期票据、区域集优中小企业集合票据等方面都实现了“零的突破”，还在全国范围内首次以地级市身份申报了保障房私募债并顺利获批。

浙江版OTC实现多个全国第一

在清理整顿的基础上，如何将区域性股权市场纳入我国多层次资本市场体系？2012年7月19日，中国证监会副主席姚刚在吉林长春主持召开了规范发展区域性股权交易市场座谈会，时任中国证监会主席郭树清到会并讲话。仅一个月后，中国证监会发布了《关于规范证券公司参与区域性股权交易市场的指导意见》，对区域性市场进行了明确定位，相当于把监管权下放给地方政府，各地可以试验。

浙交中心于2012年10月成立，上海证券交易所的子公司上证所信息网络有限公司入股20%。同时温州金融投资集团有限公司（以下简称温州金投）也持股20%。此前，温州市股权运营中心已成立并运作，但考虑到其暂不能承担温州金改实施平台这一职能，浙交中心成立后，温州市股权运营中心就定位为浙交中心的温州分中心。

按照孙永祥的说法，浙交中心是温州金改的平台，与温州金改是相互促进的。一方面，温州金融改革是国家战略，是国务院常务会议决议通过的，浙交中心这边能借着这个制度红利先行先试；另一方面，温州金改的许多创新性产品，如小贷公司定向债、中小企业私募债、私募优先股等，也都是在浙交中心落地的。

浙交中心成立时，温州金投副总经理、浙交中心董事徐武敦表示，温州是该中心的股东之一，温州的企业将得到更大的政策支持力度，今后或将开设"温州板块"。

企业完成股份制改造，通过推荐商辅导，建立起"三会一层"完善的现代企业制度，并接受一定的信息披露要求后，就可以在浙交中心"成长板"挂牌。截至2014年底，共有20家温州企业在浙交中心"成长板"挂牌。

未股改但有核心竞争力的创新型科技企业则可以选择在浙交中心的"创新板"挂牌，截至2014年年底共有104家温州企业实现在"创新板"

挂牌。

2013年7月19日，全国首单“小贷债”在浙交中心备案登记后，以区域定向募集的方式成功发行。发行人为温州市瑞安华峰小额贷款股份有限公司，第一期发行5000万元，年化资金成本为8.5%，期限三年，由财通证券承销。该笔债券备案总额为2亿元，采取一次备案、分期募集的方式发行。所谓“小贷债”，全称为小额贷款公司定向债。按照中国银监会和中国人民银行联合发布的《关于小额贷款公司试点的指导意见》，小贷公司的主要资金来源为股东缴纳的资本金、捐赠资金，以及向不超过两个银行业金融机构的融入资金。其中，向银行业金融机构融入资金的余额不得超过资本净额的50%。

50%的杠杆率，成为了小贷公司经营的天花板。几个月资金就全部放完，在随后的还款周期内无钱可贷、无事可干的小贷公司不在少数。温州的小贷公司则可在银行融资杠杆比例为50%的基础上，实现100%的外源融资杠杆比例，即银行贷款、小贷债、股东融资等外源融资能达到资本净额的100%。在浙交中心备案登记，发行小贷债，是拓宽小贷公司融资渠道的举措之一。到2014年年底，浙交中心累计备案7单小贷定向债，其中的3单来自温州地区。

紧接着，温州企业浙江朗诗德健康饮水设备股份有限公司在全国范围内率先尝鲜“优先股”。当年5月，中国证监会确认将加快优先股试点，浙交中心即开始研究。孙永祥认为，对浙江企业来说，私募优先股对民间借贷最具有替代和规范作用。私募优先股的股息率固定，可赎回，且在熟人圈内买卖。如果投资人持有到期赎回，从形式上看与民间借贷其实没多大差别。从浙交中心发行的两单私募优先股看，也都是在熟人圈子内发行。但不同于民间借贷，私募优先股可计入权益项下，无担保，可以降低企业的负债率，且相对透明并纳入监管，有法律保障。

浙交中心还是除沪、深两大证券交易所外，在全国范围内首先试点中小企业私募债的区域性股权市场。私募债对中小企业的意义，是有利于将深陷资金链、担保链的企业拉出泥潭。一些企业自身的生产经营完全正常，就是因为前些年签了互保协议，主债务人一旦资金链紧张，担保企业就要承担代偿责任，银行就会将其流动资金抽走。

孙永祥认为："资金转不动，相当于被抽了血，基本面再好的企业也撑不下去。企业如果来浙交中心发行私募债，就能替代银行贷款，从担保链中解脱出来。" 截至2014年年底，浙交中心当年新增备案231单，新增发行179单，融资金额41.65亿元。其中，温州地区新增备案普通中小企业私募债5单。

温州唯一的城商行温州银行也利用这一平台，实现了增资扩股和竞价转让。2013年8月19日，温州银行2013年增资扩股的股份申购竞价会在浙交中心"落锤"，募集资本30亿元。经过竞价、抽签及公证确认，最终由新湖中宝、大自然集团等在内的8家温商企业入围温州银行此轮增资扩股名单，温州银行的总股本增至25.08亿股。

浙交中心还帮助温州银行量身定制了"股权竞价转让规则"。2014年4月30日和2014年5月26日，以浙交中心作为竞价转让的平台，温州银行分别进行了两次股权竞价转让。这两次股权竞价融资，均吸引了大量的投资者报名参与竞价，每次转让均经过数十轮竞价，最终分别以4.69元/股与4.52元/股成交，均高于起拍价4.10元/股，溢价率超过10%。

2014年5月，浙交中心旗下的互联网金融服务平台"浙里投"上线，业务范畴包括股权众筹和固定收益类产品。这是地方股权交易中心设立的首家股权众筹平台。与互联网企业创设的股权众筹平台不同，"浙里投"是浙江省政府批准设立的平台，具备公信力；有一套完整的关于股权交易、权益托管、资金三方存管和募集资金专用账户的制度，有独立安全的资金清算及股份托管系统，能最大程度地保护投资人资金的安全。温州企业瓷爵士在“浙里投”平台率先尝鲜股权众筹业务，成功募资786万元。

表5-1 浙交中心各项业务数据（截至2014年年底）

	浙交中心	温州地区
挂牌企业	1591	118
其中：成长板	220	20
创新板	1371	104
融资总额（亿元）	138.86	35.0667
其中：股权融资	35.71	31.0067
债权融资	58.05	2
权益类融资	9.04	0
股权质押融资	30.60	2.06
其他融资	5.46	0

数单“零的突破”

2014年年初，浙江温州市名城建设投资集团申请用于保障性安居工程建设的36亿元非公开定向债务融资工具（又称保障房私募债）顺利通过审批并获得注册文件。这是全国首单以地级市身份申报并顺利获批的保障房私募债。从某种程度上说，这是温州金改享受到了中国银行间市场交易商协会所提供的改革与政策的红利。

2014年4月，浙江温州市名城建设投资集团2014年度第一期非公开定向债务融资工具(私募债)，在银行间债券市场成功发行，发行金额36亿元，年利率7.8%，期限3年。

金改之前，温州企业对于短融、中期票据、企业债、中小企业私募债、中小企业集合票据等直接融资手段是陌生的。企业的外源融资存在突出的二元化特征：倚重银行贷款和民间借贷。在温州，贷款余额与GDP之比、规模以上企业的负债率，都显著高于全国平均水平，民间借贷风波之前各家银行都将信贷资源向温州倾斜。贷不到款的企业，就转向民间借贷市场，利率普遍较高，且到了后期融资链条过长，在一些职业资金掮客的操作下，“资金空转”现象突出，在一定程度上也推升了企业的融资成本。

债券市场的发行和交易已实现利率市场化，融资成本相对较低；IPO等方式的股本融资也有助于降低企业的负债率。更为重要的是，有了直接融资这一渠道后，企业就不至于被银根的松紧扼住了咽喉。而实现直接融资的前提是实现股份制改造，建立起现代企业制度，企业财务规范、透明，治理结构有效运作。于是乎就有了前文所述的股份制改造。

经历股改，有了更多合格的发行主体，并在政府的积极宣传引导和推动下，许多直接融资方式在温州实现了“零的突破”。“12温安居房债”是温州首只企业债；江南阀门在上海证券交易所发行了温州首只中小企业私募债；“2013年温州现代集团第一期中期票据”是温州首单中期票据业务；温州首单“区域集优中小企业集合票据”面市后为两家企业各募集1亿元，综合成本约为7%；华峰集团获得国家发展改革委批准，发行8亿元的企业债，成为温州首只发行的民营企业债券。

2012年、2013年和2014年，温州直接融资规模分别是99.5亿元、153亿元和219.7亿元，呈逐年递增态势，直接融资额与银行新增贷款余额比例从金改前的1：6.25提高到2.6：1。

《温州市民间融资管理条例》（以下简称《条例》）规定：民间资金管理企业可以以非公开方式向合格投资者募集定向集合资金，对特定的生产经营项目进行投资。每期定向集合资金的合格投资者不超过200人。这意味着温州市范围内的生产经营企业或特定项目，可以通过民间资本管理公司（《条例》中被定义为“民间资金管理企业”）这一平台，进行定向集合资金的募集。定向集合资金是受《条例》认可的又一种直接融资工具。

到2014年11月底，温州市范围内共计开展定向集合资金募集登记4.85亿元，资金投向包括民营医院、基础设施建设、绿色农业、汽车配件、化工材料等。如中安民间资本管理公司募集3000万元资金投入民营医院项目，用于温州市东华医院有限公司的日常运营资金需求，以支持民办医疗事业发展；华峰民间资本管理公司募集2.2亿元资金投入当地中小企业和保障房项目建设，如农贸城、公租房、新农村改造项目等；永嘉奥康力合民间资本管理公司募集2亿元资金投向企业并购重组项目。定向集合资金为“小资本”对接“大项目”提供了一个新的渠道。

除了定向集合资金，《条例》还规定企业因生产经营需要，可以以非公开方式向合格投资者进行定向债券融资，按照约定的期限和方式偿还本息。每期定向债券融资的合格投资者不得超过二百人。2014年累计有11家企业做好定向债券发行登记，登记金额累计1.77亿元。

第六章

地方金融监管“破冰”

长期以来，金融监管的事权在中央。国家金融监管部门以其派出机构负责一个区域的监管职责，地方政府在金融监管上的“话语权”很少。但随着经济金融的发展，一些不持有金融牌照但从事金融活动的机构越来越多，业务规模也日益扩大，客观上需要适度监管。比如小贷公司，虽不持牌，但实际上也在放贷。其他的诸如担保机构、融资性租赁等，都需要监管。

一些从事民间融资活动的类金融机构虽然在名义上有业务主管部门，但实质上却处于“无人监管”的状态。无论是“一行三会”还是各个行业主管部门，对这些类金融机构的民间融资行为很难实质性管理得住。

出现区域金融风险时，地方政府又承担着救助的责任。通过对始发于2011年秋季的民间金融风波的处置，温州市金融办工作人员发现金融机构垂直管理与地方政府的救助存在很大矛盾，地方政府对明知有风险或可能存在恶化趋势的民间融资事件无法采取有效的措施和手段予以干预，往往错失了最佳救助时机，严重影响了救助效果，导致了 “看得见，管不着；管得着，看不见”现象的发生。

赋予地方政府与履职相适应的金融管理权限，渐成各方共识。此外，在国家层面的制度安排覆盖不到的地方，也需要通过地方立法和建章立制加以管理。

2012年的全国金融工作会议已经对地方金融监管提出了初步的要求。党的十八届三中全会决议也提出：“界定中央和地方金融监管职责和风险处置责任。”2014年，《国务院关于界定中央和地方金融监管职责和风险处置责任的意见》（国发［2014］30号）印发，明确界定了中央和地方金融监管职责和风险处置责任。国务院常务会议确定的温州金融改革十二项主要任务中，有六项涉及地方金融监管（第一、第二、第五、第十、第十一、第十二项）。

温州市通过成立全国首家地方金融管理局，推出全国首个地方金融非现场监管系统，实施全国首部规范民间融资活动的法规，成立金融仲裁院、金融犯罪侦查支队和金融法庭，建立金融监管与金融审判联席会议制度等一系列举措，将地方金融监管初步制度化、体系化。

到2014年11月底，总计1800多家“一行三会”覆盖不到的地方新型金融机构中（工商登记有1400多家），通过现场检查与非现场监管系统，已实现监管的总计818家。

第一节　设机构，建队伍

2011年6月，温州市政府设立了温州市地方金融监管服务中心，为承担行政职能的事业单位，归口温州市金融办管理。

在民间金融风波处置的关键阶段，《中共温州市委、温州市人民政府关于进一步加快温州地方金融业创新发展的意见》于2011年11月发布，被外界称为温州“1+8”地方金融改革创新政策。所谓“8”，即文件后的8个附件，最后一个附件为《温州市地方金融监管服务中心主要职责》，当中提到，地方金融监管服务中心日常运营经费由市财政全额拨款。同时，提取地方金融组织上缴各市（县、区）税收地方留存部分的一定比例作为监管服务中心的专项检查经费，用于服务中心各项外部审计检查费用和考核奖励活动等。

伴随着温州市金融综合改革试验区的获批和各项工作的全面推进，以及地方金融机构的不断发展壮大，2012年5月地方金融监管服务中心更名为温州市地方金融管理局，设监管一处、监管二处、监管三处、综合统计处4个职能处室，核定编制25名，其中局长1名（由市金融办主任兼任）、副局长3名、中层职数8名。市金融局与市金融办合署办公，两块牌子一套人马。总体来看，温州市地方金融管理局是承担地方新型金融组织和各类资本运作市场主体的管理、监测和检查工作的全额拨款的事业单位。各个处室的分工是：

监管一处负责全市民间金融风险防范与处置非法集资工作。负责民间借贷登记服务中心、农村资金互助会等地方民间金融市场主体的现场检查、监督和管理；负责关注非融资性担保公司、寄售行、调剂行等机构的运营情况；协调推进农村资金互助会等“三位一体”创新型地方金融组织试点的规划和发展；协调其风险防范、排查和处置工作；负责协调全市防范和打击非法集资工作，承担市处置非法集资活动联席会议办公室日常工作。

监管二处负责间接融资类地方新型金融组织的监管。负责小额贷款公司、融资性担保公司、典当行、中小企业票据服务公司、小微企业再担保中心、中小企业应急转贷中心、商业保理公司、融资租赁公司等地方新型金融组织和相关行业的现场检查、监督和管理，负责协调风险防范、排查和处置工作。

监管三处负责对直接投融资类市场主体的监管及承担政策法规职能。负责市及县（市、区）各类金改广场平台、市股权营运中心、民间资本管理公司现场检查和监督管理；关注各类投资机构的运行情况；负责协调风险防范、排查和处置工作；负责辖区境外上市公司的监管工作；配合和协助证券监督管理部门对辖区境内上市公司和证券期货机构进行监管；负责配合相关部门进行各类交易场所的清理整顿；审查本机关作出的行政处罚决定等具体行政行为，提出审核意见；具体承担市金融办行政复议和行政应诉工作；负责组织全市金融办系统执法人员的法律知识和执法业务的培训、考核工作。

设了机构，接着是组建队伍，在全市金融办系统抽选48名监管业务骨干，作为地方金融市场主体监管员，建立和实施了地方金融组织市、县两级监管员制度，充实地方金融监管力量。实行A、B岗监管模式，目标是做到“人员到位、任务到位、责任到位”，确保非银机构年度检查覆盖面。

为了将地方金融监管制度化，建立起用制度管事、按制度办事的长效机制，温州市政府制定出台了《关于加强地方金融监管的实施意见》“1+7”文件体系，涵盖民间资本管理公司、民间借贷服务中心、融资性担保公司、投资（咨询、管理）企业、非融资性担保公司、寄售行共6类机构的监管暂行办法。后又补充制定了融资租赁、票据服务公司、商业保理公司、应急转贷资金、从业人员管理5个配套子文件，形成了一套地方金融监管机制。

除此以外，《温州市农村资金互助会监管暂行办法》、《温州市地方金融市场主体从业人员专项能力管理办法》等规范性文件相继出台，做到对“1+7”地方金融监管体系的进一步充实。

第二节　信息化监管起步

据不完全统计，温州共有十几类地方金融市场主体，1800余家地方金融法人组织，注册资本金700余亿元，其中：民间借贷服务中心7家（入驻融资中介机构26家，公证机构、车管所、房管登记等配套服务机构38家）、民间融资信息服务企业79家、农村资金互助会39家、非融资性担保公司44家、寄售行215家、小额贷款公司45家、融资性担保公司32家、典当行78家、中小企业票据服务公司5家、小微企业再担保中心1家、中小企业应急转贷中心4家、商业保理公司2家、各类金改广场平台6家、股权营运中心1家、民间资本管理公司12家、各类投资（咨询、管理）公司402家。

有人戏称车站大道一条街上就有300多家新型金融主体。这类组织种类多、数量大、覆盖面广，仅靠地方金融管理局48位专职监管者，如何监管？

首先是每年覆盖面为20%的现场检查。出台了《温州市地方金融相关市场主体经营状况专项检查工作方案》，对13类地方金融相关市场主体进行梳理分类，建立检查台账。抽调了市、县两级监管员，聘请第三方机构，成立专项检查小组，对温州市各类地方金融市场主体开展专项检查。

这其中，小贷公司、民间资本管理公司等市场主体的有效检查面能达到100%，其他市场主体的检查面在20%以上。针对检查中发现的问题，通过抄送监管建议书及风险提示单等形式，强化事后监管，促进其依法合规经营，做到“个别生病，大家吃药”，检查出问题后通知所有机构整改。

但是这类现场检查形式相对传统，监管工作人员需要花费大量人工和时间去整理、汇总和分析信息数据，检查效率较低且带有一定的偶然性，从而很难达到理想的监管目的。民间金融组织相比正规金融机构更加灵活多变，仅靠新组建的地方金融管理局的有限力量，无法准确地进行“把脉”和“诊断”。就是说，仅靠48个人无法覆盖1000多家机构，按每年20%的检查覆盖率计算，也需要5年才能走一轮。

怎样做到事半功倍？突破点被锁定在建设非现场监管系统。此举旨在加强现场与非现场监管的有机结合，在地方金融管理部门中为全国首创。

温州地方金融非现场监管系统项目（一期）自2013年1月完成立项审批后，于当年9月26日正式上线试运行。项目从前期准备到竣工验收，历经了两年多时间。

这套系统针对各类机构的不同特点，设计了不同的非现场报表体系，完成了9类机构的监管数据表单以及统计处金融机构数据上报和分析模块的设计开发。9类机构分别是：小额贷款公司、民间资本管理公司、农村资金互助会、融资性担保公司、典当行、非融资性担保公司、寄售行、股权投资公司、民间融资服务公司。

至2014年底，共完成44家小贷公司、32家融资性担保公司、42家典当行、11家民间资本管理公司、39家农村资金互助会等主体的数据录入。

2014年7月8日，在温州市金融办17楼会议室，“温州市民间金融组织非现场监管系统（一期）项目”顺利通过由温州市经信委组织的验收。验收的通过，意味着非现场监管系统基本完成了软硬件基础支撑平台、数据库系统、基本保障系统的建设工作，达到初定标准，初步实现了对民间金融市场的监控和潜在风险的预警。

非现场监管系统以自动收集和分析数据的方式，替代了传统的手工操作，实现基础类信息实时查询、月度运行报表统计、业务类数据分析、财务类数据分析、股东与业务活动风险分析、在线年度考核等功能。通过非现场监管系统，可对上述9类机构的基本信息、业务信息和财务信息等进行汇总并分析。在搜集到的数据基础上，辅以现场检查，便于地方金融管理部门实行精细化管理，及时发现风险点。

相对现场监管而言，非现场监管系统的作用至少有三：

第一，实现“手工监管”向“信息化监管”转变。非现场监管系统试运行以来，信息数据的报送已开始从纸质方式到信息化方式进行过渡，相关民间金融组织的周报、旬报、月报等都已陆续通过非现场监管系统进行录入。初步估算，这一过渡性转变节约了监管人员大约30%的时间精力。

第二，实现“事后管理”向“提前发现”转变。通过非现场监管系统对数据自动筛查、比对等功能，能够及时迅速地抓取被检查对象的问题，给后台监管的反应速度预留了很大一截的提前量。非现场监管系统试运行以来，其中的“风险预警模块”就及时地对利率超限、单笔额度超限等监控点提出预警，由此反映出非现场监管系统在实现风险自动预警和提高风险防范方面的能力得到初步显现。

第三，实现“粗放式检查”向“精细化监管”转变。传统的专项检查，职能监管部门需要聘请会计师事务所对企业进行财务性检查，监管部门结合第三方检查情况出具报告书，检查方式简单粗放。而通过非现场监管系统高效的数据整合功能，基于完善的数据库，可对每笔业务在不同经度和纬度上进行分析。如在数据采集方面，共设置52个功能模块共246个功能点，对不同的数据形态进行综合比较分析。

第三节　明确民间融资管理主体

我国首部地方性金融法规《温州市民间融资管理条例》第二十八条规定：地方金融管理部门应当对民间融资进行监测、统计、分析、管理和监督检查。第三十五条规定，地方金融管理部门发现民间融资涉嫌犯罪的，应当将有关材料移送公安机关。公安机关应当迅速进行审查，认为有犯罪事实需要追究刑事责任的，应当立案。

这就以法律的形式确定了地方金融管理部门在民间融资领域的管理地位，《条例》同时赋予地方金融管理部门行政执法权力。《条例》出台之前，温州虽率全国之先成立了地方金融管理局，但只有检查权，并无处罚权。

立法工作完成了，但如何有效执法、科学合理处罚，并无先例可循。首要工作，是营造《条例》实施的氛围，加大宣传力度，提高认知度，引导更多的民间借贷资金依法备案。

为此，温州市地方金融管理局开展了大型广场法律宣传咨询活动等各类现场宣传10余次，分发宣传册1万多份，结合驻企服务和金融服务员活动，在单位、社区、乡村、企业开展宣传活动。邀请《条例》相关起草人、法律专家学者授课，对内部工作人员和行政执法人员进行培训。

客观地说，民间借贷备案工作的开局是超出预期的。截至2014年年底，全市民间借贷备案累计金额为93.16亿元。从总计6000多笔登记备案数据来看，单笔300万元以下的自愿备案数量超过了5000笔，占比超过了85%，最小的金额有一万元。相比之下，在《条例》实施前的两年时间里，温州市先后设立了7家民间借贷登记服务中心，民间借贷成交登记金额总计约为24亿元。

随着大额民间借贷强制备案制的推行，构建民间融资征信系统被提上议事日程。待民间融资登记与备案数据量足够大时，可将这套系统与非现场监管系统的数据对接，实现数据共享。总的目的，就是要构建民间融资的“全息图”。

从长远看，民间融资征信系统将与人民银行征信系统、工商部门企业信用系统等其他征信系统整合，搭建成一个完整的社会金融信用体系。届时，民间借贷双方可以直接在中心查询各类征信信息，有效解决信息不对称问题。

对达到强制备案标准应备案而未备案的借入方，《条例》第四十一条规定由地方金融管理部门责令限期改正，逾期不改的予以公示，并处以相应罚款。到2014年年底，单笔300万元以上民间借贷借入方未主动备案的共发现85笔，总金额为5.6亿元。

对于应备案而未备案的借入方，温州市金融办可联合县（市、区）金融办，采取电话通知、约谈等方式让借入方来补办备案手续。如果借入方执意不办理备案手续，将根据《条例》进行行政处罚，并通过媒体对“典型案例”进行曝光。

2014年的最后一天，温州市苍南县金融办依据《条例》对一家民间融资信息服务企业作出了1万元的行政处罚。这是温州市首例“民间融资备案”罚单，由于温州也是首个对大额民间融资实行强制备案的城市，因此这也是全国首例“民间融资罚单”。具体情况为：12月下旬，苍南县组织有关部门依法对房地产、印刷包装、P2P网贷等行业进行民间融资执法检查。一家民间融资信息服务企业，实际上是一家P2P网站，虚报借贷利率，撮合的多起民间借贷实际利率高于其报备的利率。依据《条例》第四十一条规定，苍南县金融办对该中介处以罚款1万元。同时，该县三家企业机构因部分民间融资未报备而被责令限期改正，若在限期内未能前来备案，也将根据《条例》作出行政处罚。民间融资执法行政处罚真正落到了实处。

第四节 制度安排需完善

我国长期以来实行的是分业监管，在这样的大背景下，综合的金融风险防范难以做到信息对称，监管的盲区会不可避免地存在。再加上某些区域与地方相互沟通、协调配合、信息共享的金融稳定协调机制不够完善，单靠温州市地方金融管理局一己之力，客观上说无法在短期内有效填补地方金融监管的空白。所以说，尽管温州市的地方金融监管体系初步成型，但在一些制度安排和监管手段上还需进一步完善。

将地方金融监管协调机制落到实处。温州市政府已于2014年9月下发了《关于建立健全温州市地方金融监管协调机制的通知》（温政办机［2014］15号），明确了法院、检察院、政法委、宣传部、经信委、商务局、财政局、公安局、产权产籍管理部门（国土资源、住建、农林等）、市场监管局、地方金融管理局、驻温国家金融监督管理派出机构在温州市地方金融监管工作协调小组中各自的职责分工。下一步，要全面整合各部门的地方金融监管职能。继续完善地方金融管理局、金融犯罪侦查支（大）队、金融审判庭和金融仲裁院的监管工作格局。按照责权对等的原则，整合分散在地方发展改革委、经信、商务等部门对典当、信托等的金融监管职能，交由或委托地方金融管理局监管或协管；强化地方金融管理局负责监管小额贷款公司、融资性担保公司、贷款公司等非公众、非存款类金融和准金融机构；监管资金互助社；负责引导、规范民间金融。

机构性质有待明确，设置有待完善。目前市金融局的单位性质为事业机构，在编工作人员也全部为事业编制人员。48名监管业务骨干中，有公务员编制，有事业编制。《条例》实施后，温州市金融管理局照理说将依法承担相应的执法职能。但目前的监管机构设置还不尽完善，在省级层面并无独立的地方金融监管部门，县（市、区）一级仅有鹿城、瑞安成立了县级地方金融管理局，机构设置还存在一些问题，尤其是大多数县（市、区）地方金融监管职能定位、定编模糊，监管履职乏力，至今尚未形成统一规范的组织体系。温州市地方金融管理局的机构性质还有待进一步明确。

2014年5月4日，浙江省法制办发文明确温州市政府和辖区内县级政府地方金融管理部门行政执法人员可申领行政执法证，将执法类别确定为“民间融资监督管理”，代码为“71”。这是全国首个地方金融监管执法类别，是地方金融监管法制化建设的一个重要突破。

监管手段需进一步完善。下一步将探索将地方金融监管纳入街道、乡镇的综合治理，借助综合治理的强大力量，实行“一人一区”责任管理模式，由专职干部负责在各自辖区开展定期和不定期的巡查，并将巡查的结果及时上报地方金融监管部门，巡查工作纳入街道、乡镇考核，此项工作可借鉴安全生产管理考核机制。

通过非现场监管系统的数据分析，采取时时数据监控的方式开展管理，务求关注到每一笔交易情况，通过每周、每月、每季、每年的监管分析，对地方金融市场主体提出科学的监测报告，告知需要整改的地方，明确现场检查的重点对象和重点领域，为现场检查提供线索，提高现场检查的计划性和针对性。同时，依托现场检查的强有力手段，督促非现场监管要求整改的措施是否落实到实处，实现精准、细致管理。

第七章

温州试点变“温州模式”

民间资本管理公司和民间借贷服务中心均为温州首创，旨在推进民间融资的规范化和阳光化。目前，两类机构已推广至浙江全省11个县（市、区）。在山东，这两类机构被统称为民间融资机构，到2015年年底计划成立1000家。而根据中国人民银行研究局的调研汇总，截至2014年6月，全国共有15个省（自治区、直辖市）设立了77家民间借贷（融资）服务中心。

尽管全国大多数地区都已设立金融办（局），但温州最早设立了地方金融管理局，专门从事新型地方金融主体和民间融资行为的监管。这一模式也已在山东铺开，全省137个县（市、区）已经全部明确独立设置金融工作机构，并加挂地方金融监督管理局牌子，承担地方金融监管职责。

温州试点已变成“温州模式”的事实证明，温州在民间融资方面的探索行得通，可以在其他地方复制推广。当初试点的目的已经达到，“以点带面”的格局已经形成，温州已经为全国民间融资的规范化和阳光化探索出了值得借鉴的经验。

第一节　借贷中心遍布全国

自2012年4月26日温州开设全国第一家民间借贷服务中心以来，考察团、参观者从全国各地接踵而至，以致有媒体戏称“参观的人多于办业务的人”。仅两年左右时间，这一模式已在全国各地铺开。

已成燎原之势

人民银行各地分支行调研报告汇总整理结果显示，截至2014年6月，全国共有15个省（自治区、直辖市）设立了77家民间借贷服务中心（见表7-1）。这些民间借贷服务中心，一般是由地方政府或金融办批准成立的企业化运作的有限公司（也存在个别例外，如已筹备开业的福建省石狮民间融资登记中心则是石狮市金融办下设的一个行政事业单位）。股东背景既有实体企业，也有从事融资服务的。中心需要一定的注册资本，多数在100万~1000万元之间（500万元以下的多为设在县一级的中心），自负盈亏，风险自担，通常受地方金融办的监管。

为何这一模式能在全国各地迅速铺开？中国人民银行研究局认为，对民间借贷交易登记备案机制的需求是根本原因，而民间借贷服务中心是登

表7-1 全国各地民间借贷（融资）服务中心设立情况

（截至2014年6月底）

浙江	民间借贷登记服务中心9家，民间融资服务中心13家	山东	34家	福建	晋江石狮正在筹建	云南	1家（全省性）
山西	晋中市、长治市	广东	广州	陕西	西安、神木、韩城	四川	成都、遂宁
江苏	镇江、泗阳县	河南	安阳、洛阳	湖南	长沙、岳阳、衡阳	内蒙古	鄂尔多斯
青海	西宁	贵州	贵阳	黑龙江	大庆	湖北	武汉（拟成立）
北京	暂无，平谷区拟成立	新疆	伊犁、昌吉拟成立	安徽	广德拟成立	上海	无
广西	无	重庆	无	河北	无	海南	无
西藏	无	天津	无	江西	无	甘肃	无
辽宁	无	吉林	无	宁夏	无		

资料来源：中国人民银行研究局：《关于全国各地民间借贷服务中心情况的调研报告》，2014年9月。

记备案机制的重要载体。

从市场主体角度看，民间借贷信息登记备案可以缓解信息不对称问题，减少逆向选择。民间借贷风险的主要来源是信息不对称。由于交易参与者基于不同的信息获取能力而获得不同的信息，导致了交易的一方无法观测和监督另一方的行为或无法获知另一方行动的完全信息。利用民间借贷登记备案系统提供的相关信息，中心能够对借款人进行较准确的信用评分、风险评估、资信调查，从而有助于科学识别潜在破产者以及债务拖欠、赖账等风险，预测借款者的违约概率，合理控制不良贷款的产生，有效降低优质借款人的信贷成本。

而从国家和监管者的角度看，民间借贷信息登记备案可以加强对民间借贷的监测、引导和风险处置力度。民间借贷具有隐匿性，信息不透明是其基本特征，导致地方政府和有关部门很难对民间借贷的风险进行早期预警，往往是在民间借贷风险暴露后才得知。特别是近年来，一些民间借贷资金直接或者间接参与具有高度投机性的经济活动，遇到宏观经济下行或者产业政策的不利调整时，极易产生严重损失。而民间借贷登记备案可以对“社会融资总量”中的民间借贷资金在某一时期的总量、增量和投向进行定量分析，有助于监管者对民间借贷资金流向和运用进行监测、引导、管理，及时发出预警，防范风险集聚和蔓延引发的区域性金融风险与社会稳定风险。

各地中心的业务流程并不完全相同，中国人民银行研究局总结的基本业务流程如下：（1）资金借出方、资金借入方到中心进行信息登记，包括资金状况、利率要求、借贷用途、借贷期限等信息；（2）中心或中心配套服务机构评审项目；（3）项目评审过后，中心配对撮合资金；（4）项目资金配对成功后，签订借款合同，并在中心办理成功交易信息登记备案，中心收取服务费用。

配套制度有待完善

但就目前的运营情况看，民间借贷服务中心登记备案的民间借贷交易笔数、金额仍未达到预定目标，其影响力和覆盖面还比较有限。中国人民银行研究局经过调研，认为有以下五点主要制约因素：

第一，民间借贷服务中心能否为借贷双方保守秘密受到质疑。一方面出借人不愿意露富，担心信息外露引来税收和安全等问题；另一方面借款人又“爱面子”，不希望别人知道自己借款和其他财务信息。而民间借贷服务中心性质上是营利性企业，且很多是民营的，借贷双方会对登记中心信任度和可靠性产生质疑，担心其会造成信息泄露。

第二，通过民间借贷服务中心出借资金的投资所得是否要纳税的问题没有得到解决。投资所得是否要交纳税款是出借方顾虑登记备案的一个重要因素。根据我国税法的有关规定，利息作为个人所得以每次收入额为应纳税所得额，适用比例税率。实践中，个人民间借贷所得由于其私密性，事实上并不缴纳所得税。一些出借人担心在民间借贷中心登记备案，有可能造成信息泄露，暴露自己的收入情况，引发税收问题。

第三，民间借贷服务中心的企业性质和公共服务职能存在矛盾。各地民间借贷服务中心绝大多数为企业性质，以公司化方式运营，以为股东营利为目的。但是，政府批准民间借贷服务中心发起成立的初衷是要解决民间借贷不规范引发的风险问题，帮助中小企业融资。一些地方民间借贷服务中心还被赋予“建立健全民间融资登记管理制度和监测体系”等公共服务职能。民间借贷服务中心的企业定位与其实际承担的公共服务或准公共服务职能之间存在一定矛盾，中心缺乏实现其公共服务职能的相应经费来源、职能和公信力。

第四，民间借贷服务中心可持续发展模式尚不完善。目前，各地民间借贷服务中心尚处于初期发展阶段，登记信息少，备案的交易规模小。多数地方的民间借贷登记备案服务是免费的，或者初期是免费的，导致民间借贷服务中心的收入来源较少，需要政府提供补助、减免税费等维持日常运营，部分地区的民间借贷服务中心目前处于亏损状态，其商业可持续性面临考验。

第五，民间借贷登记备案涉及的相关法律问题亟待解决。目前，除浙江省出台的《温州市民间融资管理条例》对民间借贷登记备案有一定规范外，绝大多数地区的民间借贷服务中心都是试点性质的，缺乏必要的法律规范，信息保护、投资收益所得税、强制性备案范围与效力等问题无从解决，难以为借贷登记备案提供合理的制度安排。

第二节 惠及全省的山东金改

山东是经济和人口大省，但传统上并非金融强省。原中国证监会主席郭树清调任山东担任省委副书记、省长不到半年，山东省政府就出台了被坊间称为“金改22条”的金融改革总纲领。山东在静悄悄地进行一场全省范围内的金融改革。

温州金改获批前后，民间资本管理公司、民间借贷服务中心、地方金融管理局等新事物开始涌现，这也吸引了山东的考察团纷至沓来。后来，这些新型机构都在山东得到了复制和推广，比起温州，其力度和广度甚至有过之而无不及。

比如，县级以上政府均单独设置金融办，并挂地方金融监督管理局的牌子，这从发文到落地仅用了不到1个月的时间。2015年民间融资机构（包括民间资本管理公司和民间融资登记服务中心）的目标是1000家。这样的力度和广度，有时也令置身于温州金改的人士羡慕不已。

郭树清在山东的实践，也是对金融改革“唯政策论”的最好回击。金融改革的成效如何，并不仅限于向中央要政策，金改不是“放卫星”。用好现有政策，打好组合拳，做集成创新，才是目前设立试验区的用意所在，也才能收到规范民间融资、服务实体经济之效。民间资本管理公司、民间融资登记服务中心和地方金融监督管理局的设立，都无须上级审批，但对丰富地方金融业态和规范民间金融秩序都大有裨益。

山东金改22条火速出台

山东是儒家文化的发源地，儒家的创始人孔子、孟子，以及墨家的创始人墨子等均出自鲁国。一直以来，山东都是经济大省、人口大省，有一定的产业基础。2013年山东的GDP总量排在全国第三，人口排名全国第二。

就金融来看，山东是金融大省，但传统上并不是金融强省。存在的突出问题是：金融业总体发展水平不高，服务实体经济能力不强，与先进省市相比尚有不小的差距；面向社区和城乡居民的小微金融机构偏少；创新意识不强，金融要素不够活跃，金融运行中还潜伏着一些风险隐患。

2013年3月，时任中国证监会主席郭树清出任山东省副省长、山东省代理省长。6月5日，山东省第十二届人民代表大会第二次会议选举郭树清为山东省省长。他活跃于20世纪80年代中后期的经济学术研究领域，在金融领域，还担任过中国人民银行副行长、国家外汇管理局局长、汇金公司董事长、建设银行董事长、信达资产管理公司党委书记。2011年10月29日，任中国证监会主席、党委书记。

来到山东后，郭树清提出：要抓住重要的战略机遇期，把山东省的金融业搞上去，把实体经济的优势尽快转化为资本竞争的优势，这样才能抢占发展高地。如果思想保守，工作滞后，就会丧失发展良机。

郭树清到任后很快连续3次主持召开专题会议，研究部署山东省的金融改革工作。根据省政府确定的战略思路和具体要求，山东省金融办代为起草了《关于加快全省金融改革发展的若干意见》（以下简称《意见》），向省发展改革委等11个部门、单位征求意见。

2013年7月初，国务院办公厅发布《关于金融支持实体经济结构调整和转型升级的指导意见》，提出要把金融改革的目标聚焦到支持经济结构调整和转型升级上来。山东省方面又对金改方案作出了进一步的充实和修改。8月7日，《意见》由山东省政府发布实施，被坊间称为“山东金改22条”。

《意见》指出：加快金融改革，更好地发挥金融对经济结构调整和转型升级的支持作用，意义十分重大。《意见》所提出的目标是：争取用5年左右的时间，初步建成与山东省实体经济相适应、市场化水平较高的现代金融体系。到2017年年底，全省金融业增加值占生产总值比重达到5.5%以上，占服务业增加值比重达到12%以上，社会融资结构明显改善，金融开放水平明显提升，金融风险防控能力明显增强。

工作重点聚焦在五个方面，分别是支持和推动金融市场创新发展、发展和规范各类地方金融组织、做好经济结构调整和转型升级的金融服务、加快金融业对外开放、营造金融业发展的良好环境，共计22条具体任务和工作措施。

山东省政府对“山东金改22条”的解读中明确指出，《意见》体现了“拿来主义”，为我所用。在《意见》的研究起草过程中，广泛借鉴吸收了上海、天津、江苏、浙江、广东等金融业发展先进地区和国内已有金融改革试验区的经验。

目标：1000家民间融资机构

民间资本管理公司和民间借贷服务中心均为温州首创，是民间融资规范化、阳光化的有益尝试。两类新机构诞生后，全国各地的考察团接踵而至，而数量最多的是来自山东的考察团。

瓯海信通民间资本管理公司是温州第一家民间资本管理公司，成立后不久，山东的一些考察团就来参观学习。据公司一位办公室工作人员向媒体透露："东营市的一家企业就对我们这种经营模式很感兴趣，从公司要走了很多资料。"①

2012年3月，几乎在温州金改获批的同时，山东省在东营、临沂2市和13个县开展了民间融资规范引导试点工作，探索建立民间融资备案管理制度，尝试建立民间融资服务平台，开展民间融资登记备案工作。到2013年6月底，已设立民间资本管理公司69家，民间借贷登记服务中心10家。

国务院常务会议决定设立温州金改区后，山东几乎所有地市的考察团都到过温州考察。在"山东金改22条"中，有专门谈及两类机构的内容：发展民间借贷登记服务中心，引进中介机构提供民间借贷登记、合约公证、资产评估等服务，吸引各类投融资机构入驻，规范开展业务。发展民间资本管理公司，通过扩大注册资本金、提高主发起人出资比例、私募融资等方式，增强发展的可持续性和竞争力。

紧接着，2013年10月底，山东省政府办公厅又印发了《关于进一步规范发展民间融资机构的意见》，决定在原先试点工作的基础上，将这两类机构在山东全省推开。

关于机构名称，山东省在试点初期没有做统一规定，东营将从事民间融资业务的企业定名为"民间资本管理公司"，临沂定名为"民间融资服务公司"。在这份文件中，统一将从事民间融资业务的机构定名为民间融资机构，民间融资机构由民间资本管理机构、民间融资登记服务机构组成。民间资本管理机构又可细分为民间融资公司、民间融资合伙企业，民间融资登记服务机构又可细分为民间融资登记服务公司、民间融资登记服

① 时超：《温州模式示范效应显现，东营筹建民间借贷平台》，越《经济导报》，2012-05-09。

务中心（民办非企业单位）。

民间资本管理机构的业务范围包括：对当地实体经济项目开展股权投资、债权投资、资本投资咨询、短期财务性投资及受托资产管理等业务。其中，股权投资比例原则上不低于注册资本的20%，短期财务性投资（6个月以下）不超过公司注册资本和融资总量的30%。

可采取股东借款、引进优先股东和定向私募等方式的外源性融资，当年设立公司的融资额不超过注册资本的3倍，达到分类评级标准一级的公司的融资额不得超过注册资本的4倍。连续2年以上（含2年）达到分类评级标准一级的公司，融资额不得超过注册资本的5倍。

民间融资登记服务机构的业务范围是：为当地民间借贷双方依法提供资金供需信息发布、中介、登记等综合性服务。

山东省定下的具体目标是：2014年年底实现民间融资机构县域全覆盖，到2015年发展到1000家左右。到2014年年底，山东全省共成立民间融资机构680家。其中民间资本管理机构601家，民间融资登记服务机构79家，机构县域覆盖率为90.71%。运行风险得到较好控制，到2014年年底投资不良总额为1.22亿元，投资不良率为0.36%，远低于商业银行贷款不良率。随着两类机构的成立，山东省的非法集资活动呈明显下降趋势，已退出全国前十名的“黑榜单”。[①]

应该说，民间融资机构在山东发展的步子是很快的。在2014年8月7日于济南召开的山东全省金融工作会议指出，下

① 杨鹏、贾洪斐：《山东地方金融业改革增速提质》，载《大众日报》，2014-07-30。

一步应该在鼓励民间融资机构扩大资本规模、提高规范管理水平的同时，加强资金流向监管，坚决防止“脱实向虚”。[①]

金融监管局县域全覆盖

温州市于2011年6月设立地方金融监管服务中心，并于次年5月更名为温州市地方金融管理局，承担地方新型金融组织和各类资本运作市场主体的管理、监测和检查工作。

2013年7月，按照郭树清的批示要求，山东省编办会同省金融办、省法制办组成调研组，赴青岛、淄博、东营、潍坊等市及部分县（市），就地方金融监管体系建设问题进行了调研，分析了全省市县两级金融工作机构设置情况，了解了外省市有关地方金融监管的情况和做法，向省政府呈报了专题调研报告。

“山东金改22条”中暂定各级金融办同时承担区域性金融机构的监督管理职责。省编办、省金融办在调研的基础上，经过多次沟通协商，并邀请人民银行济南分行、山东银监局、山东证监局、山东保监局等驻鲁金融管理部门进行专题座谈，充分听取了各方面意见建议，逐步理清了构建山东省地方金融监管体系的总体思路。

2013年11月22日，郭树清主持召开山东省政府常务会议，研究建立健全地方金融监管体制，提出要推动“地方金融工作职能由当前服务协调为主，加快向服务和监督管理并重转变”。12月4日，山东省政府专门就地方金融监管下发《关于建立健全地方金融监管体制的意见》（以下简称《监管意见》）。

关于地方金融监管的重要性，《监管意见》指出，“金融产业规模不断壮大，新兴金融机构和金融业态的快速发展，实体经济对金融服务的

① 王爽、杨鹏、贾洪斐：《山东金融改革细化“路线图”》，载《大众日报》，2014-08-16。

多样化需求，都对地方金融机构提出了新的更高要求”。因此，地方政府发展金融业和实施金融监管的任务“越来越繁重”。与形势发展和任务要求相比，全省地方金融监管工作还存在机构不足、力量薄弱、职能缺位、业务分散等突出矛盾。

《监管意见》要求，按照“属地管理，权责统一”的原则，加强地方政府金融监管能力建设，建立责任追究制度，推动地方金融工作职能由当前以“服务协调”为主，加快向“服务和监管并重”转变。

关于地方金融监管的职责，《监管意见》规定如下：现阶段地方金融监管的范围为中央驻鲁金融监管部门法定监管范围之外的新型金融组织和金融活动，包括辖区小额贷款公司、融资性担保公司、民间资本管理机构、民间融资登记服务机构等新型金融组织和权益类、大宗商品类等具有金融属性的交易场所。同时，围绕实现地方金融业务统一管理目标，提出“积极推进融资租赁、典当、拍卖、股权投资、创业投资、农业保险等业务统一归口管理”。

关于机构设置，《监管意见》作出了明确规定。截至2013年11月，山东省17个市、137个县（市、区）绝大部分已设立金融工作机构，主要承担金融服务协调职能，但其机构性质不同，机构设置形式各异。《监管意见》明确：“县级以上人民政府均单独设置金融工作办公室，挂地方金融监督管理局牌子。”

同时，《监管意见》提出，“市、县（市、区）金融工作办公室在规定的机构限额内可列入同级政府工作部门；不能列入的，可作为同级政府直属事业单位由省政府授权负责地方金融监管工作。具体机构设置由各市、县（市、区）结合本地实际研究确定”。

关于机构编制问题，《监管意见》作出了要求。由于市、县金融工作机构增加监督管理职责后，工作任务明显增加，因此《监管意见》要求：“县级以上人民政府要根据本地金融监管工作情况，科学合理核定编制，充实加强人员力量，确保满足履行金融监管职责的需要。所需编制由各市、县（市、区）在现有编制总量内调剂解决。”

2013年12月10日，《监管意见》下发不到一周，潍坊市地方金融监督管理局挂牌成立了，成为了山东首家地方金融监管局。金融办与地方金融监管局是“一套人马、两张牌子”。①到2013年年底，山东全省17个设区市、137个县（市、区）已经全部明确独立设置金融工作机构，并加挂地方金融监督管理局牌子，承担地方金融监管职责。

山东金改的亮点——青岛财富管理中心建设

2014年2月10日，《青岛市财富管理金融综合改革试验区总体方案》正式通过国务院审批，同时，中国人民银行等十一个部门联合向山东省人民政府下发《关于印发青岛市财富管理金融综合改革试验区总体方案的通知》（银发［2014］38号），这标志着山东省青岛市财富管理金融综合改革试验区正式获国家批复，青岛成为中国唯一以财富管理为主题的金融综合改革试验区。根据总体方案，青岛财富管理金融综合改革试验区建设的目标是，通过加快金融改革创新，不断加强财富管理组织体系、市场体系、业务体系、环境体系、监管体系建设，推动财富管理与相关产业协同发展，探索形成财富管理发展的新模式和新途径，构建中国特色财富管理体系，力争将青岛建设成为面向国际的财富管理中心城市。

① 孟佳、王佳声、张鹏：《全省首家地方金融监管局潍坊挂牌》，载《大众日报》，2013-12-11。

一年前笔者在采访青岛市李群书记时他说，青岛将着力建设“五个中心”。一是财富管理机构聚集中心。培育引进商业金融机构，私人银行服务机构、第三方理财机构以及各类专业中介服务机构。二是财富管理市场功能中心。完善财富管理市场功能，探索理财产品交易机制，加快建设区域性股权交易市场和贵金属交易市场等专业财富管理市场。培育高端消费品和艺术品、收藏品交易市场，大力推动另类投资发展。三是财富管理产品与服务创新中心。推动财富管理监管改革，探索对财富管理进行综合性金融监管。探索开展跨境财富管理业务，扩大人民币在跨境财富管理中的使用，开展外汇管理改革创新试点。四是财富管理教育科研中心。推动各类高端财富管理人才培训机构聚集发展，建立国际通行的财富管理人才考核评价认证体系。建设金融人才市场，加大对财富管理高端人才的引进和培育力度。探索建立财富管理业务统计体系。鼓励研究机构发布财富管理发展报告及相关指数，强化数据分析和信息监测。五是财富管理高端商务活动中心。促进财富管理与相关产业协同发展，大力发展养老、养生、旅游、会展等高端服务业，成立国家和地区性财富管理民间组织，开展丰富多样的行业论坛研讨活动，扩大青岛市与国内外金融中心、金融机构的交流合作。

一年过去，笔者最近又到青岛采访，青岛金融办主任白光昭对这一年取得的成效如数家珍。他说青岛财富管理这一年立足于开局之年打基础、建机制、拓局面的工作要求，稳步探索试验区建设的新模式和新路径，围绕争取创新政策、营造发展氛围、吸引机构落户、全面拓展合作、搭建发展平台等关键环节，加大推进力度，取得积极成效，凸显了十大亮点：

一是多项创新试点政策率先实施。2014年5月，青岛市政府向11个国家部委报送了《青岛市财富管理金融综合改革试验区建设实施方案》和首批需国家重点支持的政策事项，试验区发展委员会有关成员单位全力争取各部委的大力支持。二是财富管理特色机构相继落地，私人银行数量达到10家，管理资产超过500亿元。支持有关机构发起筹备中国独立财富管理行业协会，推动全国新兴财富管理行业发展。使得家族办公室等新型业态开展工商登记注册创新试点，全国首批财富管理家族办公室顺利落户。三是重点金融合作项目深入推进。青岛先后与中信银行、建设银行、深圳证券交易所、中国人寿等金融机构总部签署支持试验区建设的战略合作协议，就引进财富管理机构、培育财富管理市场和开展财富管理创新等方面达成合作意向，也为引入境外财富管理资源搭建了平台。四是财富管理要素市场启动建设。积极发展多功能财富管理市场，向不同社会群体提供多层次财富管理服务。目前，海尔联合信用资产交易中心、青岛国际海洋产权交易中心已顺利落地，大宗商品交易场所登记结算服务中心等财富管理特色市场进入报批阶段。五是高端教育科研项目成效显现。六是一批基础研究成果陆续出台。七是“财富青岛”品牌效应不断彰显。八是财富管理配套产业稳步推进。九是试验区组织管理体系全面建立。十是各类优质金融资源加速聚集。

第八章

完善金融基础设施

司法环境、征信系统和新闻媒体等，都是金融业得以正常运作的重要基础设施和制度安排。

司法是化解金融纠纷和保障金融改革的重要制度安排，能为维护区域金融稳定和改革创新保驾护航；征信能缓解借贷双方的信息不对称，对于亟待重建社会信用体系的温州来说显得尤为重要；新闻媒体则能为改革营造良好的舆论环境，并在投资者教育和金融基础知识普及方面发挥重要作用。

伴随着温州金改不断深入，司法制度和征信系统与改革本身同步发展，各自都得到了完善。新闻媒体对改革的高度关注难免伴随争议甚至是误解，但总的来说媒体的广泛报道对人们认识、讨论并亲身参与温州金改是功不可没的。

第一节　司法保障

改革，就会出现一些新事物，需要司法的保障。经历风波洗礼的温州也有各类法律关系复杂、利益多元的金融纠纷案件，保护金融债权、化解区域金融风险也倚仗于金融审判。为金融改革保驾护航，化解金融纠纷，都离不开司法。

法院金融案件的收案动态，成为了区域金融风波后温州地区金融稳定的晴雨表。自2011年开始，民间借贷纠纷案件数量开始飙升，到2012年达到顶峰，接近全国民间借贷收案规模的10%。但到了2013年，风险开始从民间借贷向银行体系传导，银行金融借款合同收案标的总额超过了民间借贷，两者的差距后来越拉越大。这显示了民间借贷风险反噬着金融安全。

温州市中级人民法院金融审判庭庭长高兴兵认为："经济下行期，民间借贷纠纷和银行不良贷款集中暴露，我们力图通过审判，保护金融债权，防止资金链、担保链进一步扩散，在不超出区域经济的承受极限下该出清的就采用破产重整，另外，在民间金融立法不足的大背景下，通过司法保障先亮明态度，对改革中出现的新情况采取发展的眼光去看待，就能为下一步推进全国层面的立法积累地方经验。"

制度建设先行

2012年5月下旬，距温州金改获批不到两个月，温州市中级人民法院就制定了《关于为温州市金融综合改革试验区建设提供司法保障的若干意见》（坊间称为“金改司法保障30条”）。这是金融改革司法保障的总纲，就规范发展民间金融、保障金融改革创新、健全金融风险防控、完善金融审判制度、加强组织领导等方面，详细部署了30项司法保障措施。围绕这个总纲，又制定了“1+X”金改司法保障规划，温州全市两级法院先后出台了20多个金改司法保障配套制度。

鉴于民间借贷案件从2008年开始一直处于上升态势，特别是2011年后收案数量急剧增长态势，温州市设立了金融审判庭。2012年5月25日，鹿城法院设立了浙江省第一家金融审判庭。后经编委核准，温州全市共设立了12家金融审判庭，一些具备条件的人民法院也设立了金融审判合议庭，鹿城、瑞安、龙湾等法院还设立了金融案件执行工作室，覆盖温州市、县、乡三级的金融审判大格局基本形成了。

在案件管辖范围、管辖原则以及功能定位上，后续出台的《关于金融审判庭收案范围的规定》和《关于明确金融审判庭工作职责的意见》都给出了答案。

为了与监管部门形成合力，温州市中级人民法院还协调了经信委、金融办、人民银行、银监、证监和保监等部门，召开了金融监管与金融审判首次联席会议，并出台了《金融监管和金融审判联席会议制度》。

这是全国第一个支持金融创新、防控金融风险的联席会议长效机制，能使司法部门与金融监管部门、金融机构有长期稳定的业务交流和良性互动。借助联席会议这个平台，共召开过各类专题会议数十次，促使温州市金融改革实施领导小组共出台两个司法保障文件。

“高息抵本”和“往息抵本”

民间金融风波的一大表象是民间借贷债务案件高发。2012年，温州市的民间借贷案件数量达到了高峰，当年全年收案19604件，收案标的是217.24亿元，接近全国民间借贷收案规模的10%。以2010年的数据为参照，民间借贷纠纷数量增长2.36倍，收案标的增长超过5倍。2013年民间借贷纠纷案件规模有所回落，全年收案数在16664件，收案标的为178.53亿元。

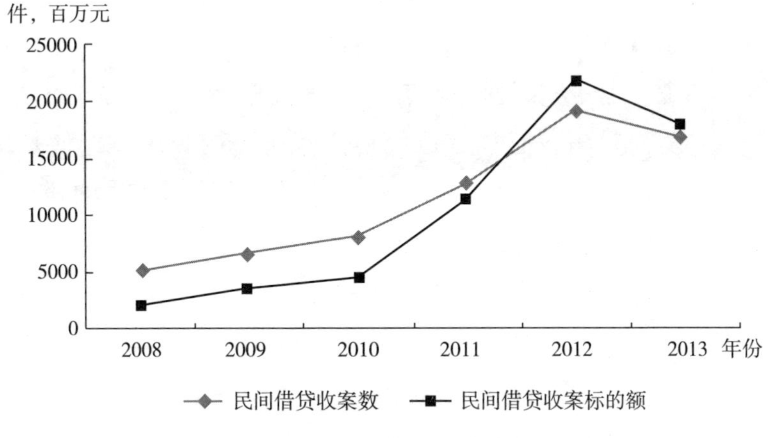

资料来源：《2013年温州法院金融审判白皮书》。

图8-1　民间借贷纠纷案件走势图

怎么统一这类案件的裁判尺度，以保护借贷双方的合法权益？总结了每年数万起案件的经验，并充分吸收相关法律和司法解释规定精神后，温州市中级人民法院出台了《关于审理民间借贷纠纷案件若干问题的会议纪要》（以下简称《会议纪要》）。

《会议纪要》指出，对非金融企业特定情形下的集资行为及企业间借贷行为的效力，不轻易认定无效。为引导融资主体特别是法人实体进行民间融资备案登记，《会议纪要》明确将依法确认在民间借贷服务中心备案登记的行为效力和证据效力。

值得一提的是，《会议纪要》对民间借贷利息的审查和认定所作出的规定，逐步建立了“高息抵本”和“往息抵本”的司法审查尺度，即民事裁判的尺度是“高息抵本”，刑事退赔执行的裁判尺度是“往息抵本”。所谓“高息抵本”的司法政策，即法院可以审查借款人已经支付的利息是否超过司法保护限度的利率标准，如果超过，超出的部分可以冲抵借款的本金。

而在非法集资类刑事案件的债务清理中，执行的是“往息抵本”，即对已经支付的利息不予保护，一律先扣抵本金，退赔实际损失。这主要考虑到集资案件时间跨度长，涉及人员多，且往往已经造成了重大的损失，即使是本金的损失都难以弥补。集资者往往以本金支付前人的利息，本属于追赃的对象，如果保护利息，会造成债务清退的不公平和不合理。非法集资属于非法金融活动，不应该按照合法民事债务标准来保护。参与者责任自负，集资人依法追究刑事责任，参与集资人自负损失。

涉及受害人超过5000人、集资标的达到60余亿元的温州泰顺立人集团案件就是按照“往息抵本”的原则清退的，得到了众多债权人的认可，有效避免了群体性事件的发生（立人集团案件详情见第三章）。

推进“备案常态化”

《温州市民间融资管理条例》是我国首部专门规范民间融资行为的地方性法规，具有里程碑式的意义。但因关于民间金融的顶层架构尚未搭建完毕，上位法也未调整，《条例》难以对民事行为效力和刑事效力作进一步的规制。但这并不妨碍温州中级人民法院进一步明确对民间融资合法性的保护，这体现在2014年3月发布的《关于贯彻实施〈温州市民间融资管理条例〉的纪要》（以下简称《纪要》）。

《纪要》对《条例》规定的民间融资机构和民间融资行为的合法性统一了司法态度。第二条明确了新型金融组织的合法主体资格，规定对依《条例》设立的民间资金管理企业、民间融资信息服务企业和民间融资公共服务机构等民间融资组织的主体资格，要依法予以确认。

第七条明确了对合法民间融资行为的保护，规定依照《条例》，通过民间借贷、定向债券融资或者定向集合资金方式进行的合法融资行为，要依法予以保护；对非金融企业之间为生产经营所需，以自有资金进行临时调剂发生的借贷行为，可作有效合同处理。

关于民间借贷备案，温州中级人民法院的看法是“备案常态化应该成为民间金融的新秩序”。一种新秩序的形成，需要一个过程，既需要市场积极引导，更需要法规的强制力保障推进。

从民事效力角度看，《纪要》中对依照《条例》设立的新型民间金融组织和民间融资行为的效力予以确认；对依法备案材料给予较高的民事证据效力；民事立案时要求提供备案材料，引导补办备案登记；未依法登记的移送监管部门查处；等等。这些都是促进依法备案常态化的司法举措。

就刑事政策把握来看，如果说依法备案的都属于合法融资行为，一般不作为非法集资，如果未经依法备案均有可能成为非法集资犯罪的追诉范畴，那么民间融资常态化就有了强有力的推进力。当然，罪与非罪较为复杂，还有其他许多犯罪构件和情节，所以《纪要》里规定有无依法备案，将成为区分罪与非罪的重要依据。这一司法政策，将有力促进民间融资备案常态化的形成。

区域金融稳定晴雨表

法院金融案件的收案动态，是区域金融稳定的晴雨表，也反映了温州金融风险的演化轨迹。温州曾经发生的局部金融风波，先以民间借贷纠纷案件高发为表象，到了2012年达到了高峰（收案19406件，标的217.24亿元，接近全国民间借贷收案规模的10%）。到2013年，民间借贷纠纷案件的规模开始回落（收案16664件，标的178.53亿元），但风险开始快速向企业银行贷款风险转化，银行金融借款合同纠纷高发（收案6270件，标的278.10亿元）。到了2014年，民间借贷案件继续下降的趋势明显，银行金融案件的增幅开始趋缓，但仍在高位运行，与银行业不良贷款率的走势是一致的。

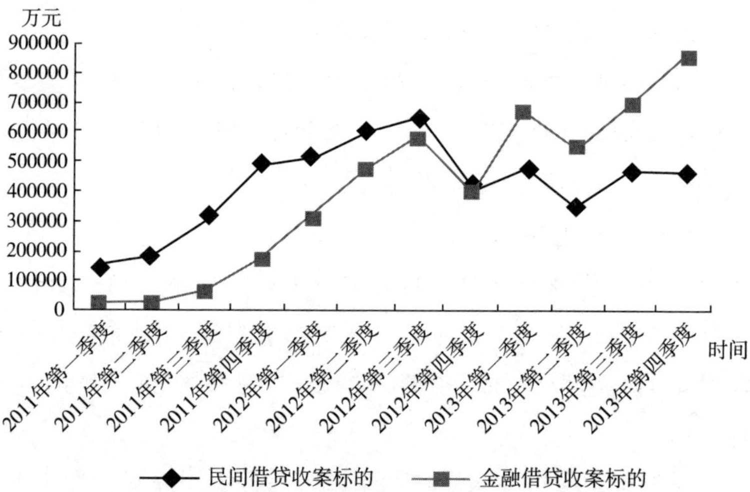

资料来源：《2013年温州法院金融审判白皮书》。

图8-2 金融风险转化态势分析图

金融借款合同纠纷的收案数量虽然不如民间借贷多，但由于个案体量较大，到2013年时收案标的总额已经超过了民间借贷纠纷，成为了债务体量最大的案件类型，占金融纠纷案件收案标的总额的50.37%。2013年是2008年以来收案标的额首度超过民间借贷纠纷案件的年份。后来，两者的差距越来越大，民间金融反噬金融安全的趋向明显。

数据还反映出，金融借款合同纠纷案件个案规模有大额化趋势，银行债务个案体量越来越大，反映出金融风险有从中小企业向规模企业扩张的态势。

表8-1　金融借款合同纠纷个案平均标的额变化表

年份	2008	2009	2010	2011	2012	2013
个案平均标的额（万元）	81.73	161.19	94.87	255.65	372.87	443.54

资料来源：《2013年温州法院金融审判白皮书》。

民间借贷和金融借款合同纠纷案件可谓汹涌而至，全国10%的民间借贷案件都涌向了温州的法院系统，但人少、手段少、经验少的情况确实是客观存在的。加班加点成为了常态，鹿城、龙湾、瓯海法院的干警都实行了“周六固定加班”制。大多数一线干警生活的真实写照是：五加二，白加黑，白天开庭送达保全，晚上周末加班写判决。高兴兵对笔者表示：“到了晚上你去鹿城法院看，金融庭的办公室总是亮着灯的。市中院14楼也总有几盏灯是亮着的。”

尽管工作人员拼命加班加点，“塞车”的现象还是难以避免。以鹿城法院金融庭为例，2013年一线审判人员人均办案481.63件，但人均未结案仍然超过了150件。一般来说，日结案2件是效率极限，但诉讼仍然是拥堵的，排队候审以及大量公告耗时造成个案处置耗时冗长，当事人仍然怨声载道。

高兴兵无奈地说：“鹿城金融庭一个干警，由于长期满负荷工作，免疫力下降，皮肤病发作。每个干警都变成了熟练工。诉讼通道好比高速公路，车流量大了，‘塞车’是难免的，我们也必然要采取‘限行’措施。通过其他通道，比如仲裁也可以分流一部分。有一位庭长，当年办案数量第一，就把他调离了。这并不是搁置，其实是出于保护他的考虑，先歇一歇。”

针对立案审执的“塞车”现象，温州市法院建立了金融债权保护诉讼绿色通道，确保金融债权案件快立、快审、快执。针对人手严重不足的局面，一方面紧急抽调精干力量充实金融庭，另一方面发动全法院富余审判力量，支援金融庭的一线工作。院长、庭长带头办案，带动综合部门中具有法官职称的审判人员参与办案。

保护债权，推动破产

2012年4月18日，温州全市法院会议在瑞安召开，部署了为期一年的保护金融债权专项活动。浙江全省在近半年后也作出了类似专项处置工作。

而针对银行不良贷款处置中的难题，温州市中级人民法院起草并推动温州市金改实施领导小组出台《关于加大保护金融债权扶持发展民间金融服务保障金融改革的若干意见》。其中的创设性规定包括：通过引导当事人对20万元以下的金融债权案件选择适用小额诉讼速裁机制；为提高不良贷款处置效率，减少司法处置压力，适度倡导银行不良金融债权等价转让给社会投资者；对于贷款短缺背景下利用票据和信用证违规融资的行为，如融资款项确实用于经营周转，且未损害社会公共利益和国家利益的，则依法认定相关融资行为形成的借贷合同及担保合同效力。

在银行不良贷款处置中存在的一个突出问题是，部分企业因担保物权被司法查封，造成企业到期贷款无法办理正常转贷手续，以致银行不良贷款因担保链牵连可能出现快速蔓延扩大的风险。如一家不锈钢公司因担保涉诉造成一价值500

万元的房产被查封，进而使其自身近5000万元的贷款无法办理到期转贷。后来，法院启动了应急处置，临时启封办理转贷。

实现这一操作的依据，是《企业转贷展期应急处置工作规程（暂行）》中要求慎用保全措施的规定。法院对有市场有发展前景的债务企业，要慎用保全措施，避免滥用保全和过度保全。强调财产保全以防止企业恶意转移财产、有利审理和执行为必要，尽量不影响企业正常生产经营。对尚在正常经营中的企业特别是担保企业的基本结算账户，一般不采取财产保全措施。同时保护借款展期，明确抵押物已被法院查封，而企业与银行之间就抵押担保借款展期问题达成协议的，将依法保护原设定的抵押权效力，从而使企业可通过借款展期的方式维持贷款正常周转。到2014年9月底，共保护了银行借款展期64次，涉及标的5.78亿元。

实现市场出清，使得一些失去“造血”能力的企业退出市场，是市场经济优胜劣汰机制的应有之义。高兴兵认为，如果采用传统的清产还债程序处置，需要变卖大量实体经济资产才能填补资金链断裂。因此，要充分发挥破产保护作用，提高群发债务的清理效率，节约司法资源，同时也有利于保护债权人公平受偿。

按照温州市政府出台的《关于开展企业分类帮扶工作的意见》，被市场淘汰的产能，通过破产程序，快速清理资产、核销债务，倒逼企业转型升级，实现区域产业结构优化。

温州市法院设立审理破产案件的专门合议庭，建立健全破产案件集中审理、院长和庭长带头办案和破产审判听证机制。针对温州企业股东个人财产与企业财产混同现象严重的实际情况，创新采用了企业和股东债权、债务合并清理的模式，促使海鹤药业等企业起死回生。出台《关于试行简化破产案件审理程序的会议纪要》，探索推进简易化审理模式，尽力压缩破产案件审理周期。有一段时间，温州市法院系统审结的破产案件占浙江省全省的90%。

破解执行难题

案件快速增长的压力，已经从前端的审判环节，传递到了执行环节。受金融风波的影响，温州的社会信用体系受到重创，被执行人避债外逃的多。房价连续下跌，导致执行资产拍卖变卖难，又进一步加剧了执行压力。温州执行方面的创新主要有两点：

一是强力推进网络执行查控工作。从2013年5月至2014年9月底，温州市法院共通过网络执行查控系统查询被执行人财产755856次，查控银行存款78.29亿元、车辆24532辆、房产22534处、土地6008处，涉及执行案件33991件、42887人，网上控制426次，涉及执行案件267件、309人。另外，还进一步联合中国银行、农业银行、工商银行、建设银行、交通银行和浦发银行六大银行温州分行建立协助机制，实现市区网点集中控制被执行人银行存款工作。

二是淘宝拍卖。借助淘宝网，在全国率先建立了司法拍卖房屋产权和抵押权预登记制度，按照“能网拍的一律网拍”的原则处置银行抵押房产，最大限度地提高拍卖成交率。2014年上半年，温州市法院共促成38笔金额达8184.2万元的司法网拍按揭贷款；共司法拍卖被执行人厂房、土地、住房和汽车等物品1118件，累计成交金额达17.83亿元（约占全省法院的24.6%），为当事人节省拍卖佣金4083万元。全市12家法院已全部推行了网络司法拍卖。

一家股份制银行温州分行风险处置人士表示：“过去拍卖的流程比较慢，先评估，再由法院摇号决定要到哪个拍卖行。到了拍卖行还得排队。有了淘宝拍卖，评估完成后，法院拍卖小组的人拍视频放到淘宝网上，就可以约定看房和拍卖了。这样做，速度比原先快，还省了佣金。”

第二节　信用体系建设

信用是金融的核心，对经济全局也至关重要。温州局部金融风波之所以爆发，也是源于信用危机。由于信用体系遭到破坏，借贷双方存在严重的信息不对称，导致部分企业资金链断裂，银行坏账浮出表面，银行、小额贷款公司、民间资本等的出借意愿明显弱化，有钱也不敢借出去，“惜贷”现象出现，信用开始收缩。

信用体系建设是重要的基础性工程，征信是金融业重要的基础设施。信用体系可能一夜之间坍塌，但重建却并非一日之功。

各方开始合力重建信用体系。中国人民银行在温州设立全国首家地级征信分中心，并开展企业、小贷公司和担保公司的信用评级。同时，引进第三方征信公司，让民间资本参与金融领域信用信息共享平台的建设。

信用体系建设的效果不是那么立竿见影，但它却为温州经济和金融的复苏打下了坚实地基。

首家地级征信分中心

2013年10月28日，经中国人民银行总行正式批复，中国人民银行征信中心温州分中心（以下简称温州征信分中心）落户温州。这是中国人民银行征信分中心首次落户地级市。此前，温州市民间借贷服务中心已接入征信系统，这也是非银机构首次与征信系统实现对接。一些小贷公司也已接入。

温州的中小企业量大面广，民间借贷活动活跃，从事融资性活动的各类准金融机构众多。在此背景下，中国人民银行温州市中心支行原有的征信管理科已不太适应征信管理工作的新形势和新需求。为此，中国人民银行温州市中心支行提出了设立征信分中心的设想。

征信对于温州金改的意义何在？中国人民银行杭州中心支行网站对此作出了精辟解读：

温州金融改革的重要任务之一就是推进温州信用体系建设，解决政企、银企、企业之间、人际之间的信息不对称，降低经济金融的交易成本。有了完善的信用体系，才能有效改善信用环境，打通借贷双方信息对接的通道，提升金融服务实体经济能力，从而更好地深化金融改革。总之，经济金融要发展，征信是基础，是保障，要深入推进温州金融改革，征信体系建设至关重要。①

温州征信分中心成立的目标，首先是要建立综合征信数据库，里边包含了企业信用信息、企业信用评级信息以及民间金融信息。其次是就各类新型小微金融组织接入征信系统先行先试，拓宽系统的覆盖面。最后是与地方政府现有信用

① 《全国首家地级征信分中心落户温州》，见http://hangzhou.pbc.gov.cn/publish/hangzhou/1250/2014/20140220093745622943306/20140220093745622943306.html。

信息平台的对接，建立信息共享机制，实现“一次完成查询、信用信息全覆盖”的“一站式”征信服务查询新模式。

成立不到3个月，温州征信分中心共已收录超过6.64万户在温企业及组织信用档案，以及超过216万户温籍自然人信用档案。系统已面向温州市金融机构开通5434个查询用户，月均查询量超过60万次。①

小贷公司信用评级

信用评级以其独立、科学、客观、公正的特点，成为揭示信用主体信用风险的有效途径。2012年，浙江省首先在杭州市开展小贷公司信用评级试点。2013年，中国人民银行总行下发《关于开展小额贷款公司和融资性担保公司信用评级试点工作的通知》（银办发［2013］43号）。

中国人民银行杭州中心支行联合浙江省金融办，明确了小贷公司信用评级的工作方案，决定进一步扩大试点范围，对杭州、宁波、温州、台州和丽水五个地区的成立时间满两年以上的小贷公司先行开展信用评级。浙江省副省长朱从玖主持召开专题会议进行了研究部署。

温州市有20家小贷公司参与了此次信用评级。小贷公司获得信用评级后如何运用，以形成“正向激励”的机制？ 2014年10月，温州市金融办与中国人民银行温州市中心支行联合下发《温州市小额贷款公司信用评级结果运用暂行办法》（以下简称《暂行办法》）。

《暂行办法》将信用评级结果按标准依次划分为AAA、AA、A、BBB、BB、B、CCC、CC、C三等九级，每个信用等级可用“+”或“-”符号进行微调，表示略高或略低于本级（但不包括AAA+）。

---

① 胡丹、郭兴华：《全国首个地市级的征信分中心成立3个月，6万温企收录征信平台》，载《浙江日报》，2013-02-19。

关于评级结果在监管上的应用，温州市金融办将信用评级结果作为小额贷款公司年度监管评级、分类监管以及业务政策支持等方面的重要参考。比如：对信用评级结果在A级（含）以上的小额贷款公司，除省、市统一布置的专项检查或审计外，一般不再组织开展现场检查；对信用评级结果在BBB级（含）以下的小额贷款公司，可适度提高现场检查频率。

鼓励信用评级结果在A级（含）以上的小额贷款公司开展同业拆借、定向借款、资产转让等业务，并在创新业务、模式试点等方面给予优先支持。

关于信用评级结果在征信和信贷支持上的运用，中国人民银行温州中支加强对信用评级结果在BBB 级（含）以上小额贷款公司的征信业务辅导，取消前置查询审核环节。同时，简化信用评级结果在BBB 级（含）以上的小额贷款公司接入人民银行征信系统的准入门槛，建议相关部门对其接入征信系统的程序开发、用户测试等费用给予一定的优惠。

温州市金融办与中国人民银行温州中支将共同探索和推动信用评级结果在小额贷款公司债券市场发债、资产证券化等创新试点中的应用。

《暂行办法》还鼓励各银行业金融机构将信用评级结果作为确定授信额度、利率定价的重要参考依据。对于信用评级结果在A级（含）以上的小额贷款公司，在原合作基础上和相关政策允许范围内给予授信额度扩大20%、利率下浮10%的优惠。

2014年，温州市小贷公司信用评级工作继续展开，计划对上一年度已参与评级的20家小贷公司开展跟踪评级，同时计划新增对10家小贷公司的常规评级。信用评级的结果对政府监管、银行信贷提供了参考，有一定的公信力。但在开展的过程中，小贷公司也存在一些顾虑，评级结果的应用也存在一定的障碍。

个别小贷公司认为评级产生的费用会增加成本，同时还会将其经营风险暴露，但评级所产生的正向效果短时期内却显现不出来，所以不愿意参加信用评级。受监管政策影响，银行对小贷公司的授信在一段时期内也有所收紧。针对这些顾虑和障碍，朱从玖指出："信用评级是件好事，一些小贷机构有一些顾虑，可以在推进中完善。"

除了小贷公司，中国人民银行温州市中心支行在2013年还完成了741家借款企业的信用评级，是2012年评级数量的7倍以上。此外，还有30家担保机构也完成了信用评级。

第三方征信机构

2013年3月15日，《征信业管理条例》正式施行，其中规定经营企业征信业务的机构需备案，经营个人征信业务的机构注册资本不少于5000万元，且实行牌照制，需要经过中国人民银行审批。

根据中国人民银行发布的《中国征信业发展报告(2003~2013)》，截至2012年年底，我国有各类征信机构150多家，征信行业收入20多亿元，其中信用评级机构占了大部分。《征信业管理条例》的施行，意味着社会资本进入企业和个人征信业开始有法可依。

国务院为温州金改确定的十二项任务中，就有"加强社会信用体系建设"的内容。温州市一直想引进一家第三方征信公司，经过多方接触和咨询，与中新力合股份有限公司（以下简称中新力合）董事长陈杭生接上了头。

中新力合成立于2004年，是一家集金融、信息与网络为一体的综合化金融服务机构。公司自创立以来就开始进入传统融资渠道难以覆盖的行业领域，开发满足中小微企业个性需求的融资产品和配套服务。

由于为中小企业提供融资方案需要采集必要的信息和数据，公司自

2007年就开始了对征信产品的研发和应用，到2013年已基本完成征信体系框架搭建和团队组建工作。2013年11月，温州中新力合征信服务股份有限公司在瓯海落地，注册资本为5000万元。中新力合董事长陈杭生对笔者表示："作为民营的征信机构，我们会从客户的需求出发去采集数据。客户对哪类数据有需求，公司就会主动去采集。由于提供的是融资服务，中新力合以往也要搜集数据。成立征信公司后，这些数据不仅能为我所用，也能为大家所用。"

2014年12月8日，温州中新力合征信服务股份有限公司获得中国人民银行杭州中心支行颁发的企业征信业务经营备案证，是浙江省内第一批3家成功备案的征信服务机构之一。公司的业务模式主要是在获得客户委托授权后，通过代理查询企业各类公共信用信息，结合自身调查采集内容，经过专业分析形成企业基本信用报告，提供给银行、小额贷款公司、民间资本管理公司和农村资金互助会等放贷主体使用。

陈杭生表示："征信公司不仅负责采集数据，也会提供信用报告。这就弥补了原先单纯依赖中国人民银行征信报告判断企业信用信息的局限性，降低债权人放贷风险。至于评价结果，客户可以采纳，也可以仅作为参考，但至少多了一项判断的依据。"

公司总经理贺平认为，目前民间金融机构的信贷决策更多地是靠人工来完成，业务员的经验和对借款人的熟悉程度是主导因素，整个过程还是以定性分析为主，效率较低，没有一个统一的标准。这就造成了审贷标准因人而异，没有客观性和科学性。

温州中新力合征信服务股份有限公司正与当地的地方金融机构合作，逐渐引入部分量化风险分析方法，同时辅以地方金融机构自身的决策，逐步提高这些地方新型金融主体的经营管理水平，提高信贷决策的科学性。

公司计划从民间金融信息和交易入手，通过对温州乃至浙江地区活跃的民间金融市场交易信息的事后收集、整理和提供，建立起地方的民间金融市场信用信息系统，形成政府信用信息、人民银行征信体系和民间金融市场信用信息相互补充的社会信用体系。

首单业务诞生于2014年12月29日。公司接受瓯海鸿泰小贷公司的委托，为其贷款客户瓯海联亿公司出具征信报告。最终鸿泰小贷公司借助征信报告顺利完成一笔金额为65万元的放款，期限1个月，利率为14.4%。

第三节 媒体眼中的温州金改

温州历来是一座极具“个性”的城市。温州人敢为人先，敢冒风险。对于新闻工作者来说，温州在地理上虽然离上海或杭州等中心城市较远，但却是一座“新闻富矿”。

或许是太希望温州为中国的区域金融改革打开一个口子，或许民间借贷是发生在每个人身边的社会现象，又或许仅仅是“温州”二字使然，金改区获批后引起了国内外媒体的高度关注，正面报道鼓励前行者有之，因记者专业程度有限未能反映事实全貌者有之，戴着有色眼镜立论在前、论证不充分者也有之。

真相总是越辩越明的，一系列客观真实的报道和以解决问题为目的的建言，为人们认识、评价甚至亲身参与进温州金改起到了至关重要的作用。

评价褒贬不一

温州金改获批一个月后，时任浙江省委副书记、省长夏宝龙曾发出这样的感慨："自温州金改获批后，海内外传媒高度关注。有捧场的，也有拆庙的。因为我是金改领导小组组长，每篇报道我都会看。"夏宝龙在国务院第197次会议上主动请缨，担任浙江省温州市金融综合改革试验区工作领导小组组长。

其他地区的金改试验区往往在获批之际轰轰烈烈，邀请全国各地媒体，办一场声势浩大的新闻发布会，但后续却鲜见有自发性创新，也鲜有重大政策突破，渐渐地在传媒上销声匿迹。但温州金改在获批前就备受关注，媒体的热情随着时间的推移有增无减。

备受关注的潜台词就是饱受争议。不仅是媒体，金融从业人士、企业、专家学者和社会大众都关注着温州金改，评价褒贬不一。温州市市长陈金彪曾作了如下概括：

业内评价高于业外评价。业内人士关注的是体制机制的创新，也理解在现有体制下，金改的每一项突破很不容易。相比之下，业外人士更关注实际效果，认为温州起步最早，但后来其他地区改革的单项突破效果比较明显。

银行评价高于企业评价。金融监管体系、金融组织体系、金融服务体系的建立和完善，会从根本上助推地方经济的发展。而这些增长艰难的改革都是在金融界的支持和推动下获得的，所以金融业内人士觉得现有成果来之不易。但企业界，尤其是小微企业和出险企业关心的是眼前能拿到多少贷款，能不能从资金链和担保链中解困等。

省外影响高于省内影响。在温州推进金融改革的同时，浙江省其他地方推进金融改革力度也很大，杭州、台州、丽水等地都开展了不同领域的金融改革，"各有各的精彩"。所以看上去，温州金改在省内也仅仅是一个方面军。相比之下，省外不少地方认为温州金改在推动民间融资的阳光化、规范化方面有值得借鉴的地方。比如山东，在省长郭树清的大力推动下，将民间资本管理公司和民间借贷服务中心在全省全面铺开。陈金彪自嘲"墙内开花墙外红"。

自主创新突破程度高于审批型的创新。总体来说，国家对金融改革和金融体系开放是审慎的，一些开拓性的项目很难获批。不仅温州如此，其他地方的金融改革试验区也是如此。一个典型的例子是，在国务院定下来的十二条金改任务中，有11个方面已经有了突破，但个人境外直投尚未获批，因为这牵涉到我国资本账户的开放。

总结起来，关于温州金改的争论集中在以下四个方面：

放卫星论

这种观点认为，温州金改获批以来并没有很多有重大政策突破的项目落地。个人境外直投至今没有开闸，小贷公司转村镇银行和信托公司的设立杳无音信，温州版同业存单尚未破冰，市政债也还停留在规划图纸上。温州民商银行获批筹建后，这样的声音有所减弱，但仍有一定的市场。

其实，民营银行的获批、首单保障房私募债获准发行、温州征信分中心的设立、《温州市民间融资管理条例》的审议通过，都说明了温州金改的政策红利在继续累加。而个人境外直投和市政债在全国范围内都未开始试点，温州未单独获批，体现了国家对于金融体系开放和金融改革的审慎态度。

陈金彪表示，温州金改并非简单地放几颗“卫星”，向国家要几项政策，而是要切切实实地解决“两多两难”问题。“政策突破”仅仅是实现改革目标的举措，不能简单地将政策突破与否视为改革成功与否的标志。

人民银行杭州中心支行行长张健华认为，现有政策下的集成创新也有很大的空间。他认为向上申请试点，需动员各方力量，且就算申请下来也不一定有多大的实质意义。地方自主做一些无须审批的事，用好现有政策，打好组合拳，同样能实现改革目标。

一个可供参考的例子是，早在2004年初，福建省永安市就试水了首单林权抵押贷款100万元，丽水的林权抵押贷款则是起步于2006年，但后来却形成了林权抵押贷款的“丽水模式”。

立竿见影论

温州金改的初衷，除了民间融资的阳光化规范化，还要解决“两多两难”问题，发展提升民营经济、支持中小企业转型升级、全面振兴实体经济。但一段时间过后，人们发现实体经济虽未继续恶化，但也没有明显转好的迹象。有人开始议论，实体经济在短期内并未得到提振，温州金改成效不彰。

一个大的背景是，与其他地区金融改革试点轻装上阵不同，温州金改“生于忧患”，又恰逢经济运行处于下行周期，企业资金链和担保圈风险凸显。温州金改不仅要维护地区经济金融稳定，还要实现体制机制的突破创新。可以说，温州金改是负重前行。

短期来看，出于保就业稳大局的目的，政府有动力也有责任协助本地企业获取更多的金融资源要素，对实体经济起到“输血”的作用；但从长期来看，过多的金融资源集中于产能过剩的企业，既降低了资源配置效率，又增大了实体经济的杆杠率，蕴含着极大的系统性风险。

无论对于温州金改的决策者还是社会各界，都应该以发展的眼光看待问题，不能仅关注于短期效应，而是要在守住不发生区域性系统性风险的基础上，尽快尽早促进金融资源的有效配置，尽可能地降低地方企业负债率，尽一切金融手段促进产业结构调整，实现科技创新、转型升级，改善区域经济绩效，对实体经济起到“调理”功能。相对于“短期输血”，金融改革更应注重“调理”作用。“调理”见效慢，但更可持续，金融改革理应更注重长期效果。

中国人民银行行长周小川也曾指出，温州金融改革试点的一个特殊性在于，改革正好是温州对欧洲出口遇到困难的时候起步的，因此改革不仅是为了改变现有体制机制，而且还被寄希望于帮助地方解决一些困难。温州对欧洲的出口数量很大，在欧洲主权债务危机爆发后，出口受到重创，导致经济不景气，加上其他一些因素，温州经济出了一些问题。金融改革试点能不能帮助温州克服这些困难呢？恐怕不会这么立竿见影。一方面，金融改革作用于经济增长有个过程；另一方面，经济调整和复苏也有个过程，要触底后再逐步反弹。[①]

包治百病论

温州在推进改革的同时，恰逢遭遇银行不良贷款不断攀升，到了4%的高位后开始震荡，也没有往下走的趋势。当一批由于前期盲目扩张、过度融资的企业倒下后，一些主业经营良好企业的资金链也开始出问题，原因是盘根错节的担保链。实体经济的融资成本虽略有下降，但对于广大中小企业来说依然“贵不可承”。

金融改革不是一剂包治百病的良药，实体经济的很多问题不是单靠金融改革所能够解决的。金融改革与金融风险处置虽有交集，但也不尽相同，不能将短期风险处置与长期体制建设相提并论。

形象地说，信用体系建设、地方资本市场、设立民营银行等改革举措好比铺管道，风险处置、地方金融监管体系的建立、司法保障等好比清除管道里的淤泥。管道的搭建和淤泥的清理需要一定的时间，而上述工作都完成后，还需要各方提供水源。管道搭建好了，水库的闸门如果还关着，小微企业融资的饥渴感就不奇怪了。

---

① 周小川：《我国金融改革中自下而上的组成部分——在2012年国际金融论坛上的讲话》，见http://www.pbc.gov.cn/publish/goutongjiaoliu/524/2012/20121203092006577585996/20121203092006577585996-.html。

出身无用论

有观点认为，金融的事权在中央，很长时间以来金融政策的制定和金融监管都是“全国一盘棋”的局面，地方的话语权很小。金融市场是一个流动性很强、非常活跃的市场，如果在某一个局部进行改革，改革的外溢性会很强，挖渠反倒先浇了他人的地，所以说，地方金融改革的先行先试注定没有什么作为。

中国人民银行行长周小川曾指出，改革往往从小范围开始，而且要强调改革是一种允许“试错”的过程，可以先试点，如果发现有问题，吸取经验教训，有些措施可以取消，有些措施可予修正，体现为一个不断探索的过程。这可以保护和支持基层改革的积极性。不管是地方还是企业，它们有改革创新的动力，应该允许它们去考虑如何进行改革，让它们尝试，这也是有一个“试错”的过程，如果错了，就予以纠正或者取消。此外，改革也是个学习的过程。一开始即便是自认为设计周密的改革，在具体实施时也可能会发现，设计方案总会有一些缺陷。在试点过程中，就得到了学习和认知的积累。这样，以后就能知道如何更好地去设计、推动下一步以及其他领域的改革。具体来看，希望温州在适度放宽金融业存在的管制，鼓励进一步健全金融组织形式，创新金融产品和发展金融市场，支持民营经济，支持中小微企业，特别要注重服务实体经济等方面的试点，为全国创造经验。①

从金融改革试点推广过程来看也正是如此。中国幅员辽阔，地区之间差异很大，自下而上的改革方式，即通过试点取得经验，完善方案并加以推广的方式，也是中国的改革策略之一，远的例子如安徽小岗村“包产到户”的试验，深圳、珠海、汕头、厦门四个经济特区，近的例子如上海自贸区。金融改革也不例外。

---

① 周小川：《我国金融改革中自下而上的组成部分——在2012年国际金融论坛上的讲话》，见http://www.pbc.gov.cn/publish/goutongjiaoliu/524/2012/20121203092006577585996/20121203092006577585996-.html。

第九章

温州金改的期中考卷

温州金改实际上是最初国务院给温州拟出了一张含有十二道试题的考卷，考试时间为5年左右。

事实上温州金改所需解答的远不止十二道考题，有一些问题是随着经济金融形势发展，需要温州金改有所作为的，比如企业资金链、担保链如何解套，不良率何时见顶并下行，金融改革如何与产业政策和投资政策相协调。

5年的时间已走过大半，温州也交出了一份期中考卷。一些问题已经有了明确而独到的解法，甚至被认为是此类问题的标准答案，还有一些问题则需要继续钻研。做着，做着，温州还把视野拓展到了相关的选择题上，因为任何一道必备题都连着大量的选择题。改革的先行先试实质上是考验改革先行者们是否敢担当、敢作为。

做着，做着，发现可以得出好几个正确答案，而温州改革的先行者试图精益求精，奉献出最饱满、最高效的那个答案。不必急着打分，不必急着评定什么等级，届时温州自然会交出一份完整的期末考卷。

第一节　温州金改已解答的问题

区域金融改革有哪些突破和亮点？量大面广的民间金融该如何规范？地方政府是否应该有金融监管职责？地方债能否地方发？温州金改交出的答卷中，已就上述问题给出了令人信服的答案。

区域金融改革的突破

长期以来，金融决策和监管都是“全国一盘棋”，而资金的流动性又很强，具有外溢性，所谓区域金融改革，是不是伪命题？会不会造成不公平竞争？会成为地方政府比政策、比优惠、争相戴帽子的又一种表现形式吗？

据中国人民银行行长周小川分析，与东欧国家的“改革疲劳症”不同，我国地方政府之所以改革热情较高，主要是中国大且不平衡。一方面，国际上很难提供成熟的经验；另一方面，国家内部很不平衡，城市和农村，东部和西部，工业、农业和服务业发展非常不平衡。此外，有些改革可能造成的影响很大，决策层不容易下决心。因此，改革往往从小范围开始，而且要强调改革是一种允许“试错”的过程，可以先试点，如果发现有问题，吸取经验教训，有些措施可以取消，有些措施可予修正。[①]

结合各地特色，目前全国共有14个区域金融改革试验区，内容涉及金融对外开放、人民币资本项目可兑换、跨境人民币业务、粤港澳金融合作、农村金融改革、规范发展民间金融和跨境金融合作等。

就温州金改而言，到底有没有突破？从服务实体经济角度看，是否对现有金融体系做了有益补充？笔者认为可以从两个视角观察。

第一，温州金改的自主创新要多于审批式的政策突破。民间资本管理公司、民间借贷服务中心、“温州指数”、设立地方金融管理局等创新举措，都无须上级审批，但事实证明对民间融资的规范化、阳光化，以及完善地方金融监管体系都是起到了作用的。在国家未禁止民间金融地方立法的背景下，温州对通过地方立法的方式规范民间融资进行了探索。企业股份制改造、司法保障、重建社会信用体系等基础性工程，也无须审批。相反，中央对利率市场化产品、资本账户开放（个人境外直投）、市政债等事项相对审慎，温州与别的地区一样并未“抢跑”。民营银行虽列入首批五家试点，但实际效果尚待时间检验。这至少说明，温州金融改革并不是简单地要政策、要优惠，“戴上帽子”就了事。但区域金融改革针对地方特点，在现有政策框架内做一些集成创新，是能对金融体系形成正向补充的。

① 周小川：《我国金融改革中自下而上的组成部分》，见http://www.pbc.gov.cn/publish/goutongjiaoliu/524/2012/20121203092006577585996/20121203092006577585996-.html。

金融改革固然要对上积极争取顶层设计上的“政策突破”，但对地方而言寻求政策突破一般难度较大，耗时也较长。在“政策突破”没有明显进展的情况下，温州并没有消极地“等”、“靠”、“要”，而是在集成创新方面做了大量积极有益的探索。

第二，温州金改已经形成了“以点带面”的效果，部分试点经验已经得到了复制和推广。所谓试点，其实也是一个“试错”的过程，允许一地先做创新积累经验，发现有问题及时调整，有了成功经验后其他地区也能借鉴并推广。截至2014年6月底，民间借贷服务中心已遍布全国15个省（自治区、直辖市）。山东全省已铺开推广民间资本管理公司和民间借贷服务中心，并在每个县都设立了地方金融监督管理局。“温州指数”已经遍及全国40多个城市，未来会有更多城市加入。这种“以点带面”的效应，正是当初试点的初衷，证明温州金改的一些做法是行得通的。

大额民间借贷备案制适合推广

民间金融灵活快捷，交易成本相对较低，能弥补正规金融的不足。但民间金融的无序和不透明，又使其蕴含较大风险，甚至会引发群体性事件，影响社会稳定。尤其是当前民间金融已不仅限于互助式的相互借贷，有了营利化、中介化、网络化等新特点。融资性担保公司、典当行等新型金融组织虽然名义上有主管部门，但此前它们的民间融资行为事实上处于无人监管的状态。适当引导民间金融，促其规范化、阳光化发展，已成各界共识。

但民间金融到底怎么管？民间金融量大面广，信息不透明，极难监测。风险的脆弱性使得一个偶发事件就有可能引爆区域金融风险。民间借贷是公民私权的体现，难以照搬正规金融以外部监管为主的管理模式。

温州金改的主要任务就是“规范发展民间融资”，因此在这个问题上做了一些探索。总的目标是：将民间借贷由熟人交易向陌生人间的契约式交易转变。总的理念是：服务为主，监管为辅，重在提供正向激励。具体做法是，通过立法来明确民间融资主管部门，引入大额民间借贷强制备案制，并开始为民间融资征信系统积累数据。编制“温州指数”对民间金融的价格和数量进行监测。通过完善司法保障化解民间金融纠纷，并为备案常态化作出相应制度安排。

当然，关于民间金融的制度设计还有尚待突破之处，比如受制于上位法和地方立法权限，地方与中央的监管职能边界尚未厘清，高利贷管制也暂时无法落地。再比如，“温州指数”采集样本数还需进一步扩充，指数的相关运用也有待开发。民间融资征信系统的数据规模也还太小。但笔者认为，温州的探索是符合大方向的，未来中央和地方在民间融资管理事权上的划分、对融资规模超过一定金额和融资对象超过一定人数的民间借贷实施强制备案制，以及对民间融资价格变化进行监测，是规范民间金融绕不开的问题。

民间金融也是中国金融体系的重要组成部分。从提升直接融资规模、发展互联网金融和小微金融、壮大财富管理市场等角度看，规范民间金融是下一步中国金融改革的重要契机。温州金融改革的探索已为全国积累了经验。

地方政府应当有金融监管职责

金融监管工作以往一直由中央机构负责。但随着一些不持有金融牌照却从事金融活动的机构不断增多，需要对它们进行监管。民间借贷活动也需要规范，非法集资、放高利贷等行为也需要打击。

关于该不该赋予地方政府相应的金融监管职责，已经有了共识。2012年召开的第四次全国金融工作会议提出，强化地方人民政府金融监管意识和责任。党的十八届三中全会决议提出，界定中央和地方金融监管职责和风险处置责任。

2014年下半年，《国务院关于界定中央和地方金融监管职责和风险处置责任的意见》（国发［2014］30号）正式下发，明确界定了中央和地方金融监管职责和风险处置责任。地方政府要承担对不吸收公众资金、限定业务范围、风险外溢性较小的金融活动的监管职责，要加强对民间借贷、新型农村合作金融组织的引导和规范，防范和打击金融欺诈，非法集资等违法违规行为。

既然有了共识，下一个问题是：怎么管？温州在全国最先成立地方金融管理局（前身名为温州市地方金融监管服务中心），承担对地方新型金融组织和各类资本运作市场主体的管理、监测和检查工作。在全市金融办系统抽调48名骨干，作为新型地方金融机构的监管员，实现A、B岗监管模式。

在监管手段上，地方金融管理局采取了现场检查和非现场监管系统相结合的模式。小贷公司、民间资本管理公司的有效检查面能达到100%，其他市场主体每年的检查面在20%。同时，上线非现场监管系统，迈出了从“手工监管”向“信息化监管”的步伐。初步估算，这能节约监管人员大约30%的时间精力。

成立了金融仲裁院、金融犯罪侦查支队和金融法庭，为解决金融纠纷作出了制度安排。联合法院、经信委、人民银行、银监和保监等部门，建立了温州市金融监管和金融审判联席会议制度。建立了温州市地方金融监管协调机制，将法院、检察院、政法委、宣传部、经信委、商务局、财政局（地税局）、公安局、产权产籍管理部门（国土资源、住建、农林）、市场监管局、驻温国家金融监督管理派出机构和地方金融管理局职责作出了明确分工。

目前，全国大部分地区都已成立了金融办（金融局），但它们的机构性质、职能边界、管理手段等都还没有统一标准。有的地区金融办（金融局）以服务协调为主，有的已实现“服务协调和监督管理”并重。温州的做法对后来者无疑是有参考和借鉴意义的。

地方债可以地方发

《国家新型城镇化规划(2014~2020年)》提出："在完善法律法规和健全地方政府债务管理制度基础上，建立健全地方债券发行管理制度和评级制度，允许地方政府发行市政债券。"

受制于政企不分、缺乏透明度等缺陷，地方政府靠融资平台和城投债举债融资的模式已不可持续。利用市政债券实现显性负债，已成地方政府举债的改革方向。

国外经验表明市政债是有效的基础设施融资方式。市政债在公开市场发行，对地方政府信息披露有一定要求，发债前先要晒晒"家底"。市政债是地方政府显性负债，发债和偿还主体一致，地方政府是偿债主体而不再是隐性的担保方。市政债的融资期限较长，与基建设施一次建成长期使用的特征相吻合。市政债多为当地居民持有，投机性不强，愿意长期持有，且能将风险锁定在本地，即使出了风险也不容易交叉传染。

温州市通过三期"幸福股份"和一期"蓝海股份"，累计从民间为市域铁路、滨江金融街增资扩股项目和瓯飞一期围垦工程募集了43亿元，实现了民间小资本和市政大项目的有效对接。温州市市长陈金彪认为，"幸福股份"和"蓝海股份"就是市政债的预演，但在运作上还存在不规范之处。市政债方案一出，温州就可以名正言顺地通过市政债的形式来募资，监管、运作和风险监管机制会更加完备。[①]

---

① 蔡颖、赵婧、潘晔：《多地预热市政债，温州曲线试水》，载《经济参考报》，2014-03-20。

从温州的预演情况看，发行时体现了属地化原则，投资人需持温州市身份证或居住证才可购买。利率被设定在合理范围内，且鼓励长期投资。而从投资者的反馈看，也没有盲目追求高收益。为防控风险，还设立了专项偿付基金，并兼顾商业可持续性，用市域铁路沿线土地出让、开发的净收益来兑付利息。

当然，其中一些细节如是否应设置合格投资人门槛、发行份额是否过多等还有待商榷，但无疑这为市政债的开闸提供了经验。

第二节 温州金改还需回答的问题

区域金融改革下一步如何更好地融入中国全局性的金融改革，如何积累更多经验，还有一些尚无标准答案的考题，留待温州金融改革进一步探索。

区域金改如何参与利率市场化

温州曾将“先行试点利率市场化”写入上报的金融改革方案。但由于利率改革牵一发而动全身，资金是高度流动的，如果管制的利率低于实际均衡利率，在一个地区先行放开后资金便会大量涌入。因此利率市场化改革不宜在一地先行试点。外币小额存款利率上限曾在上海自贸区先行放开，但这也是在自由贸易账户（FTA）的框架下进行试验的。

虽然存款利率上限仍受管制，但温州很多金融资产的价格已经由市场决定。如民间借贷的利率，尽管绝对利率水平看起来较高，但在我国无风险收益率高企的大背景下，其成交利率就是均衡价格。银行贷款的利率虽然仍围绕基准利率定价，但如果算上各种费用，企业的综合成本离均衡价格也相去不远。

由于“利率双轨制”的现象在温州表现得尤为突出，因此温州的市场主体打破这一局面的愿望也尤为强烈。既然一个地区不宜先行试点利率市场化，那么区域金融改革如何参与甚至推动利率市场化改革的进程呢？

“温州指数”对我国利率市场化改革是有推动作用的。民间融资的利率也是资金价格的体现，其形成机制是市场化的，能客观反映民间资金的市场供求关系。以往，由于民间融资的无序和不透明，价格很难监测，市场参与者和正规金融体系都没有有效的参照物。

“温州指数”每日对外发布后，民间融资市场每天的价格波动就有了“温度计”和“风向标”，某个时间段内民间资金是松了还是紧了便一目了然。

有当地行长表示，已养成每天看“温州指数”的习惯，指数的涨跌对银行贷款的定价也是有重要参考意义的。随着采集样本扩大和数据真实性得到进一步保证，“温州指数”有望与上海银行间同业拆放利率（SHIBOR）、7天回购利率、国债利率等一道，共同构成一套银行定价的参照体系。

正规持牌金融机构如何利用温州的市场，在利率市场化方面作出探索？工商银行和浦发银行温州分行一直试图探索开发符合利率市场化要求的新业务、新产品、新工具，正制订和上报在温州发行同业存单的方案，以完善风险定价机制。

利率市场化产品如何既能符合温州本地特点，又有利于完善银行的利率定价机制，是温州金改下一步的一大看点。大额存单是以同业存单的形式发行，还是可以面向企业和个人？是否仅限于吸收温州辖内的资金？如何定价？如何划定合格投资人的标准？资金用途是否限于小微企业和“三农”？是否需要缴纳存款准备金？是否计入存贷比？

相关细节以及产品的效果如何，待上级批准温州辖内银行发行利率市场化产品后，自然会一一揭晓。

信贷投放如何避免放大顺周期效应

温州曾被中国社科院评为金融生态环境等级最高Ⅰ级的五个城市之一，也曾被中国市长年会评为“中国最具魅力的金融城市”。在可观利润的吸引下，股份制商业银行和一些城商行都争相到温州设立分行，有的还是总行直管的一级分行。

2008年国际金融危机后中央出台了刺激政策，银行信贷也进入了扩张期。在温州，很多民营企业家事后回忆，农历春节期间银行行长也会登门拜访，主动给予授信。一些中小企业由于缺乏抵押物，银行便鼓励采用“互保联保”的方式。很多企业家不明所以就在担保合同上签了字。

多数大中型银行都一头扎进了“互保联保”贷款中。一些股份制银行晚到了一步，仅仅是听大型银行说这家企业不错，也紧随其后投放了贷款。一个极端例子是，某家企业得到了温州28家银行的贷款。28家，是当时温州银行业金融机构数量的总和。

仅就单家银行看，对某家企业的信贷投放都是理性的，但所有银行一拥而上，就是过度融资。银行信贷投放行为放大了顺周期效应。无论从银行贷款与GDP之比，还是规模以上工业企业负债率的指标看，温州都要高于全国和浙江省的平均水平。有企业家事后自嘲：“我就是被银行‘喂’死的。”

统计显示，温州保证贷款从2009年不足700亿元，上升到2014年年初的1400亿元。近80%的民营企业涉及贷款互保，13家市级国资公司也普遍采用互保贷款形式融资。规模小的当地金融机构严重依赖于保证贷款，有的占比甚至超过

60%。与之相对应地，是信用贷款占比较低，截至2013年年底温州贷款余额为7700亿元，信用贷款仅为170亿元，占比为2.1%。约有54.5%涉保企业将资金投入到房地产、矿产等资源性行业、新型产业（例如光伏、造船）等非主业上。实体经营空心化现象严重。①

民间金融风波爆发后，部分企业资金链断裂，民间借贷的风险也逐步向正规金融体系传导，银行处置不良资产的压力大增。风向转变后，放大顺周期的效应以另一种方式表现出来——抽贷。发现企业资金链紧张后，银行为求自保，便要求主债务人提前偿还贷款或不予续贷。主债务人如果已无法偿还，便要求担保人承担代偿责任。从单家机构看，抽贷或许是理性的，但如果所有银行一致抽贷，信用紧缩的效应就会放大，实体经济将雪上加霜。

与大中型银行陷入互保链之殇形成鲜明对比的，是温州7家农村商业银行的不良率却保持在较低水平，到2013年年末不良贷款率仅为1.49%。它们的口诀是：只做小、不做大，只做土、不做洋。非财务分析在这类草根金融机构的决策中占据重要位置，信贷员都是当地土生土长的，或许看不懂华尔街的K线图，但知道农民家养了几头猪，盖了几间瓦房。一位农商行工作人员对笔者表示："2009年后，我们就发觉温州市面上的信贷投放多了，企业拿了钱后干了主业之外的事，那时我们便主动收缩了。我们做的是小额信用贷款，以前这块市场无人问津，但事实证明这类贷款是经得住经济下行周期冲击的。"

如何使银行的经营行为不至于过度放大顺周期效应？发展多层次的金融体系，如进一步充实城商行和农商行的资本金，发展民营银行，是否有利于提供多样化的金融服务？蚂蚁微贷（前身为阿里小贷）和国外Zest Finance的实践，是否证明大数据能极大地缓解信息不对称，有助于破解

① 叶谦：《互保链之殇——求解温州企业担保贷款困局》，载《北大商业评论》，2014（3）。

金融产品同质化的局面？温州目前为防止过度融资和多头授信而实行的“主办行”制度仅是权宜之计，抑或能作为机制而长期固化下来？这些都有待温州进一步探索。

如何平衡去杠杆与风险处置导致的信用收缩

我国的总体杠杆率较高已成共识，而浙江省的杠杆率水平要高于全国平均水平，温州又要高于浙江省的平均水平。企业过度融资，银行多头授信，导致温州企业的负债率水平偏高，这当中还不包括民间借贷资金。

去杠杆势在必行。中国人民银行的研究显示，历次重大金融危机都与债务杠杆大幅攀升相伴而生。一方面，债务杠杆攀升会推升国民经济各部门的风险水平，增大各个部门成为风险源并向其他部门传染的风险；另一方面，高杠杆促使风险将更多地通过债务渠道传递，这就会对资产持有结构中负债占比较高的金融部门产生很大影响。

但在去杠杆的同时，如何防止银行信贷过度收缩？如果去杠杆的同时银行坏账大量暴露，是否会显著提升银行的风险偏好，限制银行信贷投放的空间和意愿？

2010年，民间金融风波还未爆发，温州当年贷款余额同比增长22.5%。2011年开始，贷款增长速度逐渐递减，2011年、2012年、2013年分别是15.1%、10.4%、3.7%。2014年的形势也不容乐观，截至11月底贷款余额仅同比增长2.4%。

经济下行期银行对中小企业的放贷更趋谨慎，“互保联保”的老路走不通后很多银行便收缩了贷款；较高的存贷比水平也制约了银行信贷投放，温州全市银行存贷比的平均水平很长一段时间内高于90%，有的银行甚至高于200%；处置不良贷款也牵扯了精力，同时限制了上级行给予温州的信贷额度。当然，企业有效需求不足也是信贷增长乏力的重要原因。

银行惜贷情绪浓厚，在直接融资渠道有所改善但又没有完全打通的情况下，很多需要资金的企业会被“误伤”，区域经济和通货膨胀水平或许会陷入螺旋式下降通道。

如何平衡去杠杆和因去杠杆而导致的信用收缩，也是温州经济下一步需要通过金融改革找出答案的一大难题。

比如，是否需要中央银行再贷款注入流动性，以帮助不良率高企的银行暂时有空间支农支小？是否需要上级政府给予金融风险稳定帮扶基金，以便短期内平稳过渡，防止不良率再度攀升？国有担保公司是否需要财政进一步注资？如何畅通核销渠道，解决银行不良贷款和拨备“双高”的尴尬局面？轻装上阵的民营银行是否能闯出一片天？

基层创新与顶层设计的关系

政策突破和集成创新是区域金融改革的“两条腿”。[①]金融是高度管制的行业，地方金融改革在某些事项上要取得突破，必须获得上级批准，因此，金融改革寻求“政策突破”是合情合理的。

但金融改革又不能一味地“等”、“靠”、“要”。对地方而言，寻求金融领域的政策突破难度是比较大的，申报的时间也比较长。温州在金改中暂时未获得的政策红利，其他地区也没有实现突破。除利率市场化、资本账户开放（个人境外直投）、市政债等项目需顶层设计向下推外，温州可以在其他领域先行先试，在现有政策框架内，重新组合，深入挖掘，打好组合拳。用好用足现有政策，同样能提升金融配置资源的效率，服务好实体经济。

---

① 张健华：《对浙江省区域金融改革的探索和思考》，载《浙江金融》，2014（1）。

如何使得基层创新与顶层设计形成更好的良性互动局面，是温州金改下一步需继续与各方深入沟通的事项。

基层创新要得到顶层设计的呼应，这在金改过程中已经有所体现。《温州市民间融资管理条例》确立了大额民间借贷强制备案制，“温州指数”实现了对民间融资价格的有效监测，事实证明能推动民间融资的阳光化、规范化。中国人民银行副行长潘功胜已公开表态，从维护金融安全和社会稳定的角度看，有必要对融资规模超过一定金额和融资对象超过一定人数的民间借贷实施强制备案制，温州的试点经验要总结推广。同时，要建设民间金融信息发布平台，公布民间融资价格，提高民间金融市场的透明度。关于民间金融的顶层设计与温州的探索已形成了良好的互动。

但受制于上位法和地方立法权限，民间融资的合法性认定、高利贷管制、民间借贷备案税收等在全国都颇具代表性的条款，温州尚未能单兵突进。上述问题如能在下一步国家层面对民间金融的立法中获得突破，则将是底层探索和顶层设计的又一次良性互动。

反过来，顶层设计也应考虑到地方实际和基层创新的积极性，其实这一点在金改过程中也已经有所体现。温州民间资本充裕，民资进入金融业的渴望十分迫切。以往，民资只能通过设立小贷公司、参股农村商业银行和城商行曲线进入金融业，小贷公司转村镇银行的夙愿也一直未能实现。银行的产品过于同质化，竞争不充分的问题十分突出。

温州民商银行纳入民营银行第一批试点，获批筹建并顺利开业，与监管层考虑到温州民资充沛并渴望进入金融业、希望利用民营银行的“鲇鱼效应”激活市场竞争等因素不无关系。

为丰富投资渠道，温州民间资本“出海”的“愿望”非常强烈，游资也“渴望”变成长期资本，支持市政工程建设，购买相对透明规范的市政债。在温州的银行业金融机构也希望能发行同业存单，提升风险定价水平。因此，在温州试点个人境外直投、市政债和利率市场化产品在笔者看来都是必要的。国家如不考虑单独试点，也可加快开闸的步伐。

附　录

媒体眼中的温州金融改革

持续推进温州金融综合改革
——访浙江省副省长朱从玖①

孙芙蓉

记者：感谢您接受《中国金融》杂志的采访。国务院决定设立温州市金融综合改革试验区以来，温州金融改革就一直是大家关注的焦点。首先请您谈谈温州金融综合改革推行一年来的进展。

朱从玖：2012年3月28日，国务院常务会议决定设立温州市金融综合改革试验区，确定了12条主要试验内容；7月份，中国人民银行等九部委联合批复了温州市金融综合改革实验区总体方案，对国务院常务会议确定的十二条内容进行了细化。11月20日，浙江省政府出台了温州金融综合改革实施细则，温州市78个金融改革项目全面启动。一年多来，在各方

① 原载于《中国金融》，2013（22）。

的努力下，温州金融改革在独特的经济地理版图上，在特定的改革要求当中，取得了积极的进展，主要体现在以下七个方面：

一是创建民间借贷服务中心，建立民间融资备案登记制度和信息系统，发布“温州指数”。到目前为止，温州民间借贷服务中心帮助各类企业成交14亿多元，成本和风险有所降低。“温州指数”即温州民间融资综合利率指数，包含民间借贷服务中心利率、小额贷款公司放款利率、民间资本管理公司融资价格、社会直接借贷利率和其他市场主体利率五大类指标。“温州指数”能够及时准确反映民间融资市场资金价格，在引导民间融资定价、预警民间金融风险方面起到了积极作用。

二是推进民间融资管理地方立法工作，规范民间融资行为。浙江省2012年启动民间融资管理地方立法工作，起草了《温州市民间融资管理条例（草案）》，目前省政府常务会议已经通过并提请省人大常委会审议。该条例如获得通过，将成为全国首部金融地方性法规和首部专门规范民间金融的法规。该条例对防范化解民间金融风险，维护民间融资市场秩序，促进温州民间金融不断规范有重要意义。

三是引进民资壮大金融机构，健全金融组织体系。促进民间资本参与金融机构改制，温州银行增资扩股、农村合作金融机构股份制改造所需资本全部来自民资，4家农信社股改引入民资16亿元。积极引导民资设立各类金融机构，研究制订民间资本发起设立民营银行试点方案，已上报国务院；探索民间资本设立证券公司、专业性保险公司、信托公司、租赁公司等。加快村镇银行发展，目前温州村镇银行机构和网点由4家增至23家，实现了所有县市均有村镇银行网点。探索农村互助合作金融机制改革，11家农村资金互助会开业，推动农村资金互助社增资扩股。拟定了小额贷款公司改制为村镇银行的初步方案。加快小微企业信贷专营机构建设，设立了10家小微专营支行。此外，成立了商业保理公司、中小企业票据服务公司、小微企业再担保中心和中小企业应急转贷中心。

四是创新和扩展运用资本市场工具，规范企业治理机制。一年间，利用银行间市场债务融资工具有了显著增加，累计融资44.2亿元，积极推进保障房项目进行定向债务融资。设立民间资本管理公司，引导民间资金以债券、债权、股权等方式投入中小微企业。创新开展小额贷款公司定向债试点，温州瑞安华峰小贷公司成功备案发行定向债5000万元，首次探索小贷公司利用资本市场工具募集资金。在浙江股权交易中心备案发行中小企业私募债，并探索挂牌企业私募发行优先股、可转换债等。推动“个转企”和企业改制规范工作，目前启动股改企业172家，完成40家，1.9万家个体工商户转为企业。改制企业积极筹备上市和到区域性资本市场挂牌。10月18日，浙江省股权交易中心成立一周年，我们推出了创新板，创新板比原来的成长板准入门槛更低一点，原来都要求是股份有限公司。

五是积极创新信贷和保险产品，探索金融服务新模式。推动金融机构创新抵质押担保方式，推出了多元化动产抵押、货物抵押、未来收益权抵押等49个创新产品。发展信用贷款，降低过度担保、互保联保的潜在风险；开展增信式、分段式、年审制循环贷款等还款方式创新，以解决贷款期限错配问题，降低企业转贷续贷成本。发展出口信用保险、国内贸易信用险、小额贷款保证保险等业务，利用保险工具深化对小微企业的金融服务。

六是加强信用体系建设。温州市出台了《关于进一步深化社会信用体系建设的意见》，一方面，加快征信体系平台建设，在各部门开展信用信息应用试点，促进信用信息共享；争取设立征信分中心，推进人民银行征信体系完善，民间借贷服务中心和12家小额贷款公司已接入人民银行征信系统，同时将征信查询服务引入民间借贷服务中心；另一方面，规范发展信用评级市场，成立1家资信评估机构，推动借款企业评级、小微企业评分和农村信用镇、信用村、信用户评定工作，营造“民间互信、企业诚信、银行守信”的良好社会信用环境。总之，第三方征信平台建设也有了积极进展。

七是建立健全地方金融管理机制，保障金融秩序，防范和化解金融风险。出台地方金融监管文件和各类金融组织的监管办法，初步形成了地方金融监管机制的雏形。温州市组建地方金融管理局，成立金融仲裁院、金融犯罪侦查支队和金融法庭；建设金融业综合统计信息平台及温州金融监测报数平台，加强对当地金融业的运行分析和金融风险监测；建立非法金融大案要案挂牌督办工作制度，完善金融突发公共事件应急预案；建立金融监管与金融审判联席会议制度，多方协作化解金融风险，逐步完善防范化解区域金融风险的有效机制；等等。

记者：回过头来看，伴随着改革开放的脚步，温州进行了数次的金融改革试验，您认为，应当怎样认识和把握温州的这次金融综合改革呢?

朱从玖：正如刚才所谈，温州搞金融改革是在一个很独特的环境中展开的。温州古为瓯地，唐代得名温州，是浙江省经济总量第三、人口第一的重要省辖地级市。温州素来有重商传统，永嘉学派强调“义利并举”，在中国传统文化中独树一帜，深厚的重商文化为温州的工商业发展奠定了基础。改革开放以来，温州人民坚持一切从实际出发，依靠民间力量推动，依靠民间借贷支持，依靠政府发扬“无为”和“有为”的辩证唯实精神，大胆进行市场取向改革，创造了举世瞩目的“温州模式”，从而使温州在发展中国特色社会主义市场经济的历史进程中起到了探索、典型示范和风向标的作用。温州经济的主要构成为工业和服务业，工业是其主要部分，不过2012年，服务业增加值首次超过工业，呈现良好的发展态势。温州的主导产业为电气、皮鞋、服装、化工、机械等传统产业，转型升级发展的压力大。温州的民营经济和小微企业特征尤为突出，民营经济比重占

83.2%，为全省之首。

的确，温州因其民间金融的特点备受各方关注。改革开放以来，温州数次进行改革试验，成为金融改革的前沿阵地，中央银行6次将温州作为改革试验地。1980年10月，温州苍南县金乡农村信用社率全国之先，试行浮动利率改革，温州的金融改革由此发端。1986年9月，温州被当时的国家体改委和中国人民银行确定为金融体制改革试点城市之一。1987年9月，温州被正式确定为全国唯一的利率改革试点城市。2002年12月，中国人民银行再次在温州开展深化金融体制改革试点。2005年，人民银行将温州列为金融综合改革“试验城市”。2012年3月28日，首次由国务院确定温州为金融综合改革试验区。

从全国来看，金融改革是一个体系复杂、内容丰富的巨大工程，涉及宏观、微观、产品和机制创新、新型金融组织、小微金融服务、民间金融规范等诸多方面。现在这些方面陆续在全国各个地方展开，也是下一步经济整体改革中极其重要的组成部分。在金融改革的庞大体系下，温州金融改革的重点到底在何处，这是首先要搞明白的一个问题。结合温州的现实条件和需要，联系金融整体改革的框架体系，找准温州金融改革的准确定位和突破重点，是首先需要谋划好的问题。

记者：那么，温州金融综合改革有哪些重点内容，为什么将这些方面作为金融改革的重点呢？

朱从玖：国务院出台关于温州金融改革的十二条内容，后来九部委的批复与此一致，对温州金融改革作了准确的界定，既考虑了温州的条件和需要，又立足于全国金融改革的大局要求。温州金融改革的重点内容有如下几个方面：

一是规范民间金融。温州的民间金融有悠久历史和深厚的乡土底蕴，是温州家庭经济、小微企业的基础，甚至是主要的资金来源。可以说，温州模式得以形成和壮大，重要原因之一就是有发达的民间金融活动。据中国人民银行温州市中心支行的监测，温州民间金融1980年的规模约4.5亿元，约为银行贷款总量的65%；到2011年的规模约1200亿元，约为银行贷款的20%。虽然比重有明显下降，但民间金融一直是一支庞大的金融力量。随着经济的日益开放、企业规模不断扩大，以民间金融作为产业发展的重要支撑必然不能适应发展的需要，因为其有效服务的范围是有限的。并且在那么大的经济需求下，如果主要依靠民间金融，会隐藏较大风险。所以历史上温州多次出现过较大的民间金融风波，如20世纪80年代的“抬会大灾难”、90年代的“两社一会”挤兑风波以及2011年下半年出现大规模的民间金融链条断裂，都警示了两者的不适应和不协调。因此，对民间金融加以规范，是客观需要。

二是利用好民间资本。温州人勤劳坚韧，重视经商，而且起步较早，积累了较多的财富，温州也是浙江最富裕的地区之一。相对于众多的获利机会，温州先富起来的人群不满足于持牌金融机构所给付的利息，也不满足于制造业的投资回报，而是投向了可以快速获利的企业、资产、房产、矿产等。因此出现了温州炒房团、炒矿团等。总之，温州民间资本在前期实实在在的赚钱效应带动下，滚成雪球，过度高杠杆使经济出现了波动，导致这个模式难以为继，辛辛苦苦积累起来的民间资本遭到重创。因此，在市场经济已十分发达的今天，要用现代金融理念引导这些民间资本远离高投机性的领域，转向风险和收益匹配、收益合理的领域。

三是搞好金融服务实体经济，解决小微企业融资难。温州的实体经济主要是中小微企业，小微企业占比达到95%以上，产业“低小散”结构特征明显。温州实体经济发展需要解决的一大关键问题，正是中小企业的融资难问题，这也是金融改革需要解决的最核心问题。缓解融资难需要从两方面着手，一是金融业本身，二是小微企业。从金融方面来看，要对民间金融的作用有个合理判断。相对于日益壮大的企业规模，民间借贷的单笔金额小、期限偏短、利息偏高的特点，使得其只在一定情形下和一定比重上有经济合理性，比重过高则企业难以负担其成本。因此就需要持牌的金融机构通过产品创新、机构设置等方式扩展服务，提高金融服务的覆盖面和满足度。从小微企业来看，也要不断提升自身的条件，提升其现代性。在现代金融市场中，任何外源融资提供者，无论是股权、债权、保险，都需要获得服务和资金的实体具备相应的条件，有的甚至要求严苛。这些条件主要有两方面，一是企业的产品是有市场和有前景的，二是企业要有基本的规范性，要不断加强现代性，即账务真实、管治有效、财务结构合理等。从温州乃至全国来看，相当部分小微企业都在自身条件的提升方面作出努力。这就反映了金融和实体经济之间相互促进的关系，彼此都要提升。

四是探索地方金融监管。我国的金融监管工作，一直由中央机构负责，国家监管部门以其派出机构负责一个区域的监管职责。随着经济和金融活动的发展，一些不持有金融牌照但从事金融活动的机构不断增多，业务也日益扩大，需要适度监管。比如小贷公司，虽不持有经营牌照，但是它实际上也在放款，融资性租赁、担保机构、区域性股权交易中心、私募资本市场活动等是需要社会监管的。还有需要加以规范的是非法集资的经常发生及民间借贷活动。浙江很多的违法集资案例，对当事人来讲，他们很难区分合法和不合法的界限。2012年的全国金融工作会议已经对地方金融监管提出了初步的要求，地方要担负一定的金融监管职责已是必然之势。

温州金融改革围绕上面四个重点，还明确了其他一些改革内容，包括要设立民营银行等。概括起来，温州金融改革的重点是解决“两多两难”问题，即民间资金多、投资难，中小企业多、融资难。改革重点的安排，与上海、深圳等地的金融改革安排侧重点有很大不同，但对我国经济和金融发展中难题破解同样意义深远。其核心是民间金融、小微金融、草根金融通过改革而达到规范和良性发展，从而更好地满足小微企业的金融需求，是着眼于“小”，收效于“大”，“小”中见“大”。

记者：围绕上述温州金融改革的重要内容，推动温州金融改革的基本思路是什么？

朱从玖：第一，就是要引导民间借贷阳光化和规范化。传统的民间借贷在经济现代化、规模化不断提升的过程中暴露出的问题有：不透明，借贷双方信息不对称，难以找到合适的匹配对象；利息高，借入资金方处于劣势，接受较高的利息率；缺乏法律保护，履约风险大，黑恶势力参与其中，扰乱社会秩序；借贷双方都有较大的盲目性，对未来偿还能力缺乏合理的判断；等等。因此对持牌金融服务难以覆盖的、仍然需要通过民间借贷来满足需求的借贷活动，需要引导其阳光化和规范化，以降低过高的利息率，降低风险，减少其动荡性，保持正常的秩序。

第二，加强持牌金融机构的服务能力。在实施金融改革的过程中，大家都赞同一个判断，即目前温州存在的大量民间借贷活动，持牌金融机构应该能够通过改进服务、创新业务来替代一部分。这样就可以提高效率、降低成本，增加区域金融市场的稳定性，防范区域性金融风险。就浙江和温州市多年来非法集资案件高发来看，这是十分迫切和重要的任务。这方面的工作是很综合的，一是要促进已有的持牌机构拓展业务、创新产品、加强和改进服务。二是要运用多种金融工具，包括信贷、保险、资本市场工具，拓展金融服务的深度和广度。我们对信贷这个工具运用是很好的，很充分，而对保险和资本市场工具的运用则不够，这是温州需要着重加强的。比如，温州经济总量第三，但只有12家上市公司；而绍兴经济总量比温州低，却有四五十家上市公司。另外，保险业怎么来支持小微企业扩大服务也需要系统地考虑。还应适当新设金融机构和增设网点来壮大金融机构体系，增强服务能力，这一点希望得到有关部门的支持。

第三，规范中小微企业的组织管理和行为，提升其现代性。现在浙江省在做的工作，可以总结为四句话："个转企""小升规""规改股""股上市"，实际上就是提升市场主体的治理结构。现代经济需要现代特征的市场主体，市场主体具有现代特征的组织形态和治理机制，可以更多地获得金融资源的支持，也能够更有效地保护利益相关者的权益。因此，要推动具备条件的企业改制成为股份有限公司、有限责任公司，推动个体工商户改制为企业，促进企业账务真实、财务结构合理、透明度提升。在信贷市场、私募股权和债权市场，以及担保、租赁、信托等领域也一样，金融资源的流向也同样需要市场主体具备现代意义上的规范性，组织、管理和行为都要有一定的规范水平，否则难以获得较多的金融资源支持。

第四，推进地方需要的金融制度建设和部分金融活动的适度监管。金融活动具有多样性，全国性的制度有时并不能适应所有需要。在国家层面的制度安排覆盖不到的地方，要通过地方立法和建章立制加以管理。相应地，对一些从事融资性业务但属于非持牌的机构也需要地方加以适当的监管，同时建立合理、必要的金融纠纷解决机制。

第五，健全信用体系。从全社会来看，金融活动对市场主体的信用信息需求尤为迫切。为众多的中小微企业建立信用信息档案可由多方面共同参与，一是金融部门自身，要整合多方面信息，为服务客户建立信用档案；二是政府部门，可以组织和整合资源，为中小微企业建立信用档案；三是建立第三方征信，即由独立第三方采集、整理、管理中小微企业的信用档案，提供征信服务。人民银行现在有比较健全而庞大的征信体系，但也仍有大量小微企业进不到这个信用档案中去，所以我们要在这个监控体系之外，把民间借贷的信息也都纳入进去，来增强信用的基础。

第六，其他改革试点。利用金融改革形成的集聚效应、制度基础、政策环境和全域对金融工作的重视，可以在国家金融改革的总体安排下，选择和承担局部可以试点的工作进行试验。如规范地方政府债务方面，可以试验市政债或市政建设债。应当说，温州在这方面具备的条件很多。温州地区基础设施缺乏，经济实力较强，负债很低，未来负债能力偿债能力都比较强。在利率市场化方面，可以向人民银行积极争取大额存单试点资格。温州若干次都承担了国家利率浮动等金融改革内容。所以我认为，在利率市场化改革方面，温州是可以做示范点的。在个人直接对外投资上，也可以加快进行试验。在拓展资本市场方面，可以允许区域性的法人金融机构，城商行和农商行、村镇银行等利用私募工具募集股本。前段时间，我们试点的温州华峰小贷公司成功发行了5000万元定向债。用民间资本来壮大我们金融机构。城商行、农商行肯定比小贷公司发债的条件要好，所以我们也希望在这方面有所探索。另外，在运用保险资金、税收递延型养老保险业务方面也可以进行试验。这些试验，有利于用好民间资本，有利于小型金融机构健全其业务体系、壮大实力，也有利于盘活存量社会资金。

记者：下一步，温州金融改革会在哪些方面重点突破？

朱从玖：一是从经济决定金融的基本关系出发，深化温州金融改革需要推动温州实体经济转型升级、创新发展，为金融机构创新金融服务打好基础。搞好金融服务一定要把实体经济这个基础夯实，否则就成了无源之水。

二是在已经展开的各项金融改革工作基础上，鼓励国有商业银行加强理财产品和投资业务创新，创新和拓宽民间“小资本”投资渠道；推进针对小微企业的第三方信用评价体系加快建立，探索形成新的征信模式；希望民资设立各类金融机构能够得到金融监管机构的支持；个人境外直接投资能够开展试点；金融机构在利率市场化改革推动下，加快金融产品创新步伐；调整完善国有商业银行考核体系，对银行业金融机构年度小微企业的贷款规模、比例要有刚性要求；已经启动研究的市政债方案，经深入论证研究后，一旦时机成熟，考虑进行试点。还有地方发展各类私募基金、创投基金等也需要得到更多支持。

三是经过一段时间的改革，期望达到：企业融资成本的下降，这是我们非常看重的，企业融资成本不能再那么高了；支持产业发展的民间借贷合理分化，我们现有的民间借贷有一部分要转到持牌金融机构当中去，或以持牌金融机构为中介满足资金供需双方的需要，或者民间借贷本身进一步规范化；金融服务小微企业的覆盖面和满足率明显提升；不良贷款下降；防范和化解区域性金融风险的能力明显提升。努力形成：民间资本能够和大项目对接，金融资本与小微企业有效对接，以及各类资本与经济转型升级有效对接。

四是温州的各项改革对全国产生积极示范效应和积极影响。

温州金改成果渐显

——陈金彪、张震宇谈温州金改

孙芙蓉

在温州金融综合改革（下称“温州金改”）三周年前夕，记者来到金融改革创新的第一线温州。就读者所关心的诸如温州金改的成效、金改的亮点和难点、形成了哪些可复制的经验以及下一段金改的重点等问题采访了温州市市长陈金彪，市政府副秘书长、金融办主任张震宇。相信他们的回答，会为读者勾勒出一个金融综合改革试验城市的崭新形象。

记者：首先请您谈谈三年前金融综合改革为何落地温州，温州肩负试点探索有哪些意义？

陈金彪：温州金改诞生于三年前的春天，很荣幸我赶上了温州金改。2012年3月28日，我们列席国务院常务会议，那次会议是专门为设立温州金融综合改革试验区而召开的。当时，国家在温州播下了金融综合改革这颗种子。

温州是一个很有个性的城市，单从改革和经济角度讲，温州有两大特性。一是改革的先行先试；二是经济的早发先发。温州是我们国家改革开放先行区之一，温州人的血液里流淌着敢为人先的基因。这种源于民间底层的创新热情，创造了许许多多全国第一。温州同时也是我国市场经济的发源地之一，民营经济发达，市场开放相对较高，这使得温州经济的先发早发特性非常明显。

也正因此，温州金融改革发展之路也颇具特色。一方面，温州人对金融创新的冲动和热情从未停止过，并做了许多富有成效的探索。比如，温州早在1986年就创办了全国首家股份制城市信用社；温州是全国第一个利率改革的试点城市；第一家民营股份制商业银行也诞生于温州。另一方面，在金融发展尤其是民间金融上，温州也遇到了许多先发性的问题。比如，这次出现的“三险”——企业风险、金融风险、房地产风险，还有自身的体制性、素质性、结构性问题，也显示出我们企业的某些硬伤。但根本的还是民间资本出路问题，许多企业多头授信、过度融资、短贷长用，这些问题在全国小微企业中也都有一定的代表性。所以客观分析温州发展的特性，创新解决温州经济先发性问题，对于我国整体金融的问题解决，有着积极的参考意义。

温州金融改革发展的历程大概有四个阶段。第一个阶段是起步探索阶段，时间大致是党的十一届三中全会到20世纪90年代初。这一阶段的特征是市场经济萌动倒逼金融改革，民间自发的金融探索开始活跃。其间曾爆发了台会等民间金融风波。第二阶段从20世纪90年代初到21世纪初是整顿规范阶段，其间体制深刻转型也带来温州市场经济的蓬勃发展。这一阶段的标志性事件是整顿城市信用社，清理农村基金会，正规金融都力求在增加中小企业融资量上下工夫，但同时凸显了城乡金融二元分化等问题。第三阶段是重点突破阶段，从新世纪初到2012年。温州市开始全面实施“1+8”地方金融改革创新战略，温州也被人民银行列入“金融综合改革试验城市”。在推进农村金融体制改革试点、加强对中小企业信贷支持等方面有所突破。但由于地方金融监管的缺位等问题，最终导致了这一轮区域性民间借贷风波的爆发。第四阶段是综合试点阶段，国务院把温州再一次作为金融综合改革试验区。可以看出，温州的金融改革探索走出了一条创新、深化、提升的道路。

经历了这四个阶段，我们深深感受到，国家级金融综合改革试验区对温州而言，不是一种特权，而是一种责任与使命。我们唯有勇于担当、开拓创新，做好试验田才能不负众望。

记者：人们的共识对改革的成功来说至关重要，请您谈谈目前各方面对温州金改的认识和评价是否趋向一致？

陈金彪：的确，现在社会各界对温州金改成果评价褒贬不一，大概有四个特点：

一是业内评价高于业外评价。因为业内人士关注的是体制机制创新。个别媒体记者问我，温州金改是不是失败了，因为温州的小微企业融资难问题没有根本解决，“两难”问题依然存在。说实话，我们已经处置了近715亿元的债务，但金改不是一剂包治百病的良药。金改虽然把管道建立起来了，但水库闸门还关着，水源也没有足够大，还是无法解小微企业之渴，这不是单独一个城市金改所能解决的，金改的目的是要建立管道，水要靠各方来。

二是银行评价高于企业评价。包括金融监管体系、金融组织体系、金融服务体系的建立和完善，都是在金融业内人士的支持推动下进行的，大家都感觉来之不易。但是对企业界，他们关心的是资金信贷规模给它多少，资金链、担保链能不能帮他们摆脱。因为一时看不到效果，所以评价没有银行业高。

三是省外影响高于省内影响。这几年浙江省推进金融改革的力度很大，杭州、台州、丽水等地都开展了不同领域的金融改革，各有各的精彩。省外不少地方感觉到温州金改在推动民间借贷的规范方面有值得借鉴的地方，所以纷纷来学习。比如，我们推出了“温州指数”，并把数据采集的范围扩展到全国40多个城市，各地一些研究机构开始采用“温州指数”来研究民间借贷的价格变化。

四是自主创新突破程度高于审批型创新。总体来讲，国家对于金融改革和金融开放是审慎的。国务院定下来的12条金改任务，我们在11个方面基本上已经有了突破。唯一一条个人境外投资制度，目前由于政策的原因，尚未取得突破。

当然，这四项评价、争议是鞭策我们前进的动力。关键是我们自己不能在争议中迷失自我，不能轻易被外界的评价或各种眼花缭乱的所谓改革迷失了方向。我们要始终坚持当初的目标和定位不动摇，有条不紊地推进温州金改。

记者：温州金改以构建四大体系作为基本框架，请您谈谈温州改革在这方面做了哪些探索？

陈金彪：第一，完善组织体系，做大做强地方金融板块。我们结合温州金融业态实际，探索走出了一条以正规金融为主、民间金融为补充、资本市场为转型舞台的地方金融发展新格局，着力构建多层次地方金融组织体系。首先，我们发挥银行业金融机构的引领作用，尤其是推动温州银行增资扩股、股权转让，推动民营银行率先破冰起航。其次，促进民间金融创新发展，重点在壮大小额贷款公司和开展农村金融改革方面做了尝试，率先推出了小贷公司主发起人招标制，成功试点发行私募债、定向债和优先股，累计发放贷款

15.9万多笔，规模达到1863亿元，有效解决了大批资金链紧张和银行授信不足的中小企业融资难题，探索建立了地域封闭、对象封顶、规模封顶的农村资金互助会模式，累计发放互助金7.4亿元，使3000多户农户受益。最后，我们还推动多层次资本市场建设，重点是推动企业股份制改造，从根本上解决温州民营企业普遍存在的制度硬伤。2013年完成企业股份制改造134家，2014年完成230家，两年股改家数是改革开放至2012年34年间企业股改家数的3倍，远远走在了全省各地市的前列。

第二，完善市场体系，用好用活民间资本。我们依据民间资本的存量结构，创新设计了亿元级、千万元级、百万元级和万元级四个资本投资层次，全面激发各类民间资本的投资活力。一是通过温州银行增资扩股，农村合作金融机构股改等途径，推进亿元级的资本来对接金融领域。目前，温州银行民间资本持股比例达到了71.3%，所以温州的银行实际上也是民资银行；我们还完成了7家农村商业银行改制，引入民资40多亿元，民间资本百分之百持股。二是通过设立民间资本管理公司、商业管理公司，推进千万元级的民间资本创设民间金融发展平台。三是通过组建政府平台，主要是通过引导基金和民间资本管理公司，来引导百万元级的民间资本浇灌实体企业。目前政府牵头设立了三只引导资金，撬动资本56亿元，其中民间资本52亿元，引导民间闲置的资本进行股权投资。金改以来累计引导37.8亿元民资投向1000多个项目。四是推出了三期“幸福股份”和一期“蓝海股份”，以股权的形式让市民参与市域铁路、海涂围垦等，带动了亿元级民间资本参与政府的基础设施建设，目前已经累计发行43亿元。

第三，完善服务体系，助推实体经济发展。主要是围绕中小企业融资难这一问题，多措并举，凝聚各方合力，有效整合金融资源对接实体经济。比如，我们适应中小企业发展特点，设立了27家小微企业信贷专营机构，引导金融机构创新企业抵质押担保方式，推出了动产抵押、货物抵押、未来收益权质押、知识产权质押贷款等76个创新产品。又如，为缓解企业还贷压力，我们鼓励银行开展征信式、分段式等还贷方式创新，以解决贷款期限错配问题，降低企业转贷续贷成本。再如，在加快推进企业股份制改造的基础上，我们帮助众多具备上市实力的中小企业，拓宽直接融资渠道。金改以来，累计新增直接融资超过450亿元。同时，充分发挥正规金融扶持实体经济的主力军作用，携手金融机构出台支持温州实体经济发展的“双十条”措施，信贷结构持续优化，中长期贷款比重提升到了30.1%，为近十年来的新高。企业短贷长用的问题有所缓解，小微企业贷款比重超过了53%。

第四，完善监管体系，优化提升金融生态。针对民间金融的无序发展、缺乏监管等问题，以全面落实金改任务为契机，使得地方金融监管转型升级，加强地方金融发展阳光化、规范化进程。概括起来主要有五个率先：一是率先设立地方金融监管局，同时成立了金融仲裁院、金融犯罪侦查支队和金融法庭，初步形成了地方金融监管的工作格局。二是率先探索民间融资立法，出台了首部地方性金融法规。三是率先建立金融监管和金融审判联席会议制度，促进司法与金改形成联动机制。四是率先发布温州指数，有效缓解民间信息不对称问题，引导民间利率水平下降，并趋于合理化。五是率先获批设立地级市征信分中心，为健全社会征信体系、重组信用温州形象奠定基础。

记者：请谈谈对国务院批复的12项改革任务的进展情况如何，有哪些难点？

陈金彪：温州金改源于2011年9月份风波以后。当时国务院最后决定用机制来换温州未来稳定发展之路，并且希望这种路不光是为温州人、为浙江人铺，也能给全国趟出一条路。到现在已经近三年了。当前，在全国经济面临新常态，面临产能淘汰转换、产业升级改造的压力，国内国外需求都在减弱的新常态下，温州在这种经济下行过程中，温州还要解决好自己的问题，难度确实是相当大的。总的来说，经过三年时间，温州金改取得了阶段性成功。基础已经打好，相信温州经济会率先往上走。温州金改的四大体系建设也都趟出了一条路。比如在企业不良处置的方法和流程上，相关法律和税收制度的创新上，在地方金融监管上，以及在民间资金市场监测上都获得了很好的经验。经过这几年的实践，我们对温州金改前景充满信心。

张震宇：温州金改在全国率先开展了十大项目试点：设立民间借贷服务中心，成立民间资本管理公司，编制并发布温州指数，开展私募融资业务，创设“幸福股份”和“蓝海股份”，开展农村“三位一体”资金互助会试点，设立地方金融管理局，出台首部地方性金融法规，启用地方金融非现场监管系统，成立首个地级市人民银行征信分中心。温州民间金融监管是我们整个金融改革的重要部分，我们按照新的思维方式推进了民间金融的规范化和阳光化。在省政府的支持下，省人大出台制定了全国首部地方性金融法规——《温州市民间融资管理条例》（以下简称《条例》），现已实施了近11个月，到2015年3月份就满一周年。登记的民间借贷超过了116亿元，预计2016年将超过200亿元。同时，我们开展了私募债和定向债的发行，有14个企业受益，共募集资金7.82亿元。

记者：温州金改的一条重要内容是民间金融阳光化、规范化，请谈谈民间金融监管的探索与尝试。

张震宇：截至目前，温州市共有17类地方金融市场主体，2200余家地方民间融资法人组织，其中正常营业并且已经纳入温州市地方金融管理局监管的有690家，注册资本金180余亿元。民间借贷服务中心7家，民间融资信息服务企业（P2P）机构79家，农村资金互助会39家，非融资性担保公司18家，寄售行7家，小额贷款公司44家，融资性担保公司29家，典当行59家，小微企业再担保中心1家，中小企业应急转贷中心7家，商业保理公司2家，各类金改广场平台6家，民间资本管理公司12家，各类投资咨询公司360家，中小企业票据服务公司1家。

温州金改的12项任务中，有6项直接涉及地方金融监管，即规范发展民间融资、加快发展新型金融组织、深化地方金融机构改革、加强社会信用体系建设、完善地方金融管理体制以及建立金融改革风险防范机制。而温州民间金融监管的核心是以法律框架推进民间金融的规范化、阳光化。

地方金融管理局已经实施了两年多。将地方17类市场主体690家地方各类组织纳入我们的监管系统。《条例》出台后，备案工作顺利。截至2015年1月5日，全市共备案民间借贷8776笔，总金额116.93亿元，其中单笔备案最高金额8784万元，平均每笔金额151.89万元；单笔300万元以上符合强制备案标准的共862笔70.70亿元，分别占总备案笔数的14.03%、总备案金额的75.74%。

我认为，P2P是下一步关注的主要风险点。目前温州P2P存在鱼龙混杂状况，一些机构打着P2P旗号，搞非法集资、卷款逃跑、欺诈，影响P2P行业的整体发展。大部分正规经营的P2P机构希望我们加强监管。我们希望这些机构能尽快成立协会，加强自律。

记者：温州金改以来，各地纷纷来温州“取经”，请概括一下，温州形成了哪些可以在全国推广的经验？

张震宇：一是制定《温州市民间融资管理条例》。该条例经浙江省人大常委会审议通过，成为全国首部地方性金融法规。

二是率先开展民间资本管理公司私募融资、小额贷款公司定向债和“幸福股份”“蓝海股份”发行试点，为拓宽民间融资渠道探路。民间资本管理公司累计投放37.8亿元资金，并率先试水定向集合资金，登记备案发行6.05亿元，为“大项目”提供小资本对接平台。小额贷款公司发行定向债4亿元，为资本金补充提供新渠道，有助于提升小贷公司服务“三农”的能力与质量。创新发行“幸福股份”“蓝海股份”，探索民间资本对接重大项目的新模式。

三是率先开展农村资金互助会和农村保险互助社试点。温州从2012年开始试点生产合作、供销合作、信用合作“三位一体”的农村互助会，实行“组织封闭、对象封锁、上限封顶”的原则，缓解“三农”融资难，克服农村金融网点覆盖率低、供给不足等问题。目前全市探索性地共设立39家，共有会员25718人，资金总规模3.22亿元，累计投放互助金3846笔，金额7.4亿元。

四是积极开展社区银行体系和农村普惠金融试点。制订温州农信社推进“普惠金融工程三年行动计划”，加快构建“基础金融不出村（社区）、综合金融不出乡镇（街道）”的金融服务体系，打通金融服务“最后一公里”。社区银行服务体系和农村普惠金融工程的实施，对城镇化水平提升和“三农”金融服务改善具有积极意义。

五是探索金融风险化解和不良资产处置机制。近几年，为化解持续上升的不良贷款，温州创新了一系列防范化解金融风险的方式和机制，如推动和落实金融服务温州实体经济“双十条”措施，创新试点企业授信总额联合管理机制和主办行制度，开展企业分类处置和帮扶，创新金融债权保护工作机制等。

记者：经过近三年的实践，温州金改已经棋入中局，温州金改未来几年会重点在哪些领域突破?

陈金彪：接下来，我们将认真对照国务院对温州金改的要求，继续开拓创新、锐意进取，简单说就是力求做到五个突破:一是力求在促进金融要素与实体经济振兴有效对接上做到新突破；二是力求有效破除民间资本投资限制障碍上有突破，逐步打破民间投资的玻璃门和弹簧门；三是力求在解决企业融资难、融资贵问题上有突破；四是力求在强化地方金融风险管控上有突破，把监管体系建得更完善，提升民间融资管理条例温州指数、人民银行征信分中心建设等措施的效果，积极打造诚信社会；五是力求在金融发展自主创新上有突破，特别是互联网金融方面。

总之，温州金融综合改革这颗种子已经开始在温州生根发芽，目前已经建立了必要的体制机制和管道，还要经历漫长的培育苗长阶段，我相信，在多方共同努力和帮助下，必将长成参天大树。

张震宇：2015年我们主要推进金改工作向纵深发展，力争在金融风险处置、金融综合改革、金融服务保障和地方金融监管四方面取得突破，进一步促进经济金融和谐互动发展。

其一是防止“两链”扩散蔓延，遏止不良贷款高企，切实防范地方金融风险。一是综合施策破难题。探索设立风险化解基金，加强处置的财税保障，做大做强国有担保公司和再担保中心。二是多方联动修环境。发挥“一府两院”联席制度作用，推动建立政银企法的制度化联动机制。创新金融债权差异化处置工作机制与途径。

其二是紧盯既定目标不放松，全面深化温州金改。一是完善金融产品和服务。深化金融服务，加大金融机构创新力度。继续施行“普惠金融工程三年行动计划”，探索农村“三权”抵押贷款。积极推动信保基金试点工作，构建服务小微企业的金融体系。二是加快设立新型金融机构。加快设立地方性的银行、证券、保险机构。为金融机构在温州进行改革探索，争取其上级支持。三是大力发展资本市场。争取开展市政债试点，继续加大地方债的创新力度，争取尽早启动PPP试点。四是推动新型金融业态发展。做好“两库一网”及网络、手机支付业务应用，加强推动互联网金融、私募金融与温州产业的合作共赢。推进区域股权交易中心、金融资产交易中心等平台建设。

其三是完善政策机制发展金融产业，强化金融服务保障。一是鼓励金融机构服务实体经济。加强地方政府与中央金融管理机构的联动，发挥正规金融机构在改革中机制体制创新。鼓励银行机构创新推出符合市场需求的利率市场化产品，贯彻落实定向降准各项措施。加大保险资金的引入和运用。二是引导民间资本服务实体经济。做强做优一批地方金融组织，强化与国内资产管理公司的战略合作等。三是推进金融基础设施建设。探索企业公共信用信息平台与人民银行征信分中心的共享，发展第三方征信，推动信用评级市场发展，努力构建全社会参与的信用体系建设。

其四是以法治建设新思维，完善温州地方金融监管。一是强化制度政策支撑，二是创新监管模式，三是建立健全协调机制，四是加强队伍建设。比如，在《条例》等一系列监管制度的基础上，以权利清单为总纲领，将监管先行、政策保障贯穿于监管工作之中，使民间金融管理真正做到有法可依、有章可循，建立健全地方金融监管体系。

全国人大代表、温州市市长陈金彪："温州模式"没有过时①

高翔

温州，中国民营经济的发源地。20世纪80年代，学者费孝通三次前往温州调研，并提出"温州模式"这一全新概念，与"苏南模式"并列，成为改革开放的典范。

2011年，温州出现局部民间金融风波，温州老板跳楼、"跑路"的消息不时见诸报端。这场风波的负面影响至今仍未消除，企业资金链、担保链尚未解开。与此同时，温州的房价已持续20多个月下跌，是2013年全国70个大中型城市中房价唯一同比下跌的城市。

温州遇到了改革开放以来最大的困难。于是有人质疑："温州模式"过时了，衰落了，没有生命力了。"温州楼市崩盘"的声音开始出现。

① 原载于《上海证券报》，2014-03-05。

3月3日下午，全国人大代表、温州市市长陈金彪在浙江代表团驻地接受了上证报记者的专访，就金融改革、不良贷款、房价、“温州模式”等热点问题一一作出回应。

温州金改不是“放卫星”

上证报记者：国务院批准在温州设立金融综合改革试验区，已经快两周年了。您如何评价到目前为止的进展情况？在您看来，温州金融改革的目标是什么？

陈金彪：从全国范围看，目前已有温州、前海、泉州、青岛等金融改革试验区，主题各异，各有特色。温州金改的特色，就是“民资”，要解决“两多两难”问题（民间资本多投资难、中小企业多融资难），着力实现“三个对接”（民间小资本与大项目大产业有效对接，银行大资本与小微企业有效对接，最终实现各类资本与实体经济转型升级的有效对接），建立“四大体系”（地方金融组织体系、民间资本市场体系、地方金融服务体系、地方金融监管体系）。

温州金融改革的最终目标，可以归纳为“三升三降”，即企业融资成本、地下金融比重、银行不良贷款余额和不良率明显下降，民间资金转化为产业资本的比重、小微企业融资覆盖面和满意度、民间借贷风险管控能力明显上升。

从目前来看，民间融资利率水平、银行信贷利率都有所下降，长期贷款的占比有所提高，应该说效果已经显现出来了。

上证报记者：外界有评论认为，温州金改在民营银行、个人境外直投和银行利率市场化产品这些重大改革事项上尚无突破，金融改革裹足不前。对此，您如何看待？

陈金彪：我的观点是，温州金改并非简单地放几颗“卫星”，向国家要几项政策，而是要切切实实地解决“两多两难”问题。

说到成果，我归纳起来有“五个首创，五个率先”：一是出台首部地方性金融法规——《温州市民间融资管理条例》，率先启用地方金融非现场监管系统；二是首创民间借贷服务中心，率先发布区域性民间融资综合利率指数——“温州指数”； 三是首创特色民间资本管理公司，率先开展私募债业务；四是首创“幸福股份”，率先发行小额贷款公司定向债；五是成立首个地级市人民银行征信分中心，率先发行首单地级市保障房非公开定向债。

以上我说的，都是温州独有或温州率先做的，一些成果已经推广到异地，产生了溢出效应。

我想强调的是，温州金改诞生之时，恰逢实体经济遭遇巨大困难，是在非常时期落地的改革。改革的一大目标，是民间借贷的规范化、阳光化。民间借贷量多面广，长期以来一直处于无序发展状态。如何规范？如何使其见得天日？这都没有现成经验可供借鉴，温州先走一步，正在探索。因此，基础需要慢慢打，各方面条件需要慢慢培育，改革不可能一蹴而就。

民营银行更接地气

上证报记者：外界对首批民营银行落户温州非常期待。您觉得民营银行对温州有何意义？对缓解中小企业融资难有何实质性帮助？

陈金彪：小微企业融资难是一个世界性的课题，不是设立一家民营银行就能解决的。因此，说实话，设立民营银行的象征意义大于实质性意义。

但对温州来说，民营银行试点有两大标志性意义：一是标志着民间资本可以进入金融业。现在民间资本投资领域还不够宽，“玻璃门”、“弹簧门”、“旋转门”等现象客观地说还是存在的。温州金改的一大目标，就是使得民间资本能够参与到金融业、基础设施建设和公共服务领域。

二是逐步构建起地方金融体系。目前，温州本地的金融体系还比较弱，全国性金融机构在温州分支机构的实力比较强，结构上不平衡。如果民营银行能扎根温州，地方金融体系就能壮大，与国有银行在一个层面上去竞争。

温州正在积极申报民营银行试点，中央有关部门也很重视。如果政策落地，我们争取温州能成为试点城市。

上证报记者：目前银行“躺着挣钱”的日子已经快到头了。民营银行在此时诞生，是否有些生不逢时?

陈金彪：民营银行作为中小银行，短期内受冲击是存在的。但长远来看，如果能实现公平竞争，我个人认为民营银行是会越做越大的。民营企业在汽车、航空等领域都取得了成功，为什么金融不行?

一个不可忽略的因素是，民营银行比较接地气。目前，温州的国有商业银行分支机构不良贷款率较高，但地方法人金融机构的不良率反而较低。正是因为民营银行“服水土”，才能“如鱼得水”。

上证报记者：温州也在积极申报市政债的试点。请问，对温州来说其试点意义何在?

陈金彪：温州金改力图实现民间小资本与大项目大产业有效对接。前期，我们试点了“幸福股份”，向社会公开募资，支持市域铁路和滨江金融街项目的建设。但总体来看，运作还不是特别规范。如果能够发行市政债，其发行、赎回、监管的全过程将会更加规范，投资人也将以机构投资者为主。温州争取今年能够试点市政债。

解开担保链的“四把钥匙”

上证报记者： 去年，温州地区金融机构的不良率还在上升，企业的资金链、担保链也尚未解套，成为制约温州金融改革的重要因素。目前不良贷款的总体情况是否可控？

陈金彪： 确实，从表面上看不良率和不良贷款额还在“双升”，但上升的幅度已经收窄，我认为已基本见顶，局面是总体可控的，不必“谈不良色变”。

去年7月，各家银行省分行的“一把手”到温州开会，温州市银监局牵头制定了十项举措，应对不良贷款。我认为，风险浮出水面，尽早暴露，从某种意义上说并不是坏事，原因如下：

第一，原先风险潜伏在量大面广的民间借贷，风险无法监测，也不可控，但现在风险已经反映到银行账面上了，至少看得见摸得着，也相对容易控制。

第二，风险原先分散在量大面广的中小企业，但现在逐步聚集到龙头企业、规模以上企业，风险更加集中，控制起来也更加容易。

第三，温州的银行行长基本已换了一茬，新行长上任把旧账都翻了一遍，家底已经摸清了。

上证报记者： 温州企业的资金链、担保链环环相扣，错综复杂。您认为应该如何解开资金链、担保链的困局？

陈金彪： 资金链、担保链成为困扰温州实体经济发展最大的问题。我认为，解开担保链，有四把钥匙。

第一把钥匙是企业破产。确实已经不行的企业，通过司法程序，该破产就要破产。温州的法院已经建立了简化程序，去年受理企业破产的案件排在全省第一。企业一破产，银行账面上的不良贷款该核销就核销，该上挂就上挂，也可以打包给资产管理公司。

第二把钥匙是兼并重组。龙头企业、优质企业可以进行收购，或者中小企业自行组合，优势互补，增加活力。去年市政府也出台了政策，给予了缓征交易税等优惠政策。

第三把钥匙是继续寻求银行的支持。我们希望，对于坚守主业、产品仍有市场的企业，银行能够续贷，并增加信贷规模。如果每家银行都抽贷、压贷，对企业是极大的伤害。

第四把钥匙是我非常期盼的，即国家差异化的房地产调控政策。温州的资金，有很多沉淀在房地产，存在“三高”现象（房地产贷款占比高、房地产抵押物占比高、实体经济涉足房地产的比例高）。目前，温州的房价已缩水三分之一，如果国家能出台差异化的调控政策，使楼市逐步稳定，就能促进交易，进而增加市面流通的资金。资金流转起来了，对资金链、担保链的解套是有好处的。

温州楼市不会崩盘

上证报记者：根据国家统计局的数据，温州是唯一2013年房价同比下跌的城市，“温州楼市崩盘论”也不绝于耳。您认为温州的楼市会崩盘吗？

陈金彪：我的观点很明确：温州的楼市不会崩盘。所谓腰斩，是指原来8万元一平方米的高端楼盘，降到4万元，这是个例。也有媒体说温州已有1.5万套房屋断供，但后经我们核实，“弃房”的仅有100多例。

目前温州的房价，已从最高点下跌了31%，缩水了近三分之一。我认为，这是房价的理性回归。原先温州的房价太高，甚至高于一线城市，现在把泡沫挤出，回归理性，这是好事。

从需求层面看，温州是浙江省人口最多的城市，温州的房子都是温州人买走的，外地人很少到温州买房。还有240多万的温商遍布全球，落叶归根、回乡置业是很普遍、很合理的需求。但是，温州房市的供给是供不应求的，大致只能满足三分之一的需求。

一个数据可以佐证我的观点：2013年温州市销售商品房3.7万多套，同比上升81.67%，房地产投资734亿元，增长6.8%。"价跌量升"，我认为温州房市不会崩盘。

上证报记者：您对温州后续房价如何判断？

陈金彪：我希望楼市能平稳、健康、有序发展，房价能在目前回归的基础上，逐渐稳定下来。

为什么这么说？房价急跌，对实体经济、对银行体系、对房地产市场，都会带来伤害。去年底温州地区银行的贷款余额是7092亿元，有1000多亿元是房地产贷款，有4400多亿元是用房产作为抵押的。房价一旦断崖式下跌，抵押物就缩水，银行就会产生坏账，信贷投放无法增加，实体企业就融不到钱。

所以，我也在此呼吁，国家能根据每个城市的实际情况，出台差异化的房地产调控政策，避免"一刀切"。差异化限购政策出台后，我预计房价也涨不到哪里去，但资金就能流转起来，对温州资金链、担保链的解套也有好处。

重新弘扬"温州模式"正是时候

上证报记者：局部金融风波后，温州的信用体系遭遇极大破坏。如何恢复社会信用体系？

陈金彪：局部金融风波带来的最大伤害，就是社会信用体系的破坏：银行与企业之间、企业与企业之间，人与人之间，互不信任。

其实，温州人历来重视信用。1987年，杭州武林门的一场大火烧掉了5000多双“温州造”假冒伪劣皮鞋。从那以后，温州就喊出了“信用温州”、“质量温州”的口号。

信用体系建设是温州市政府工作的当务之急、重中之重。目前，我们重点建设了三大体系：第一，中国人民银行征信中心温州分中心于去年底成立，这是全国首家地市级征信分中心，体现了中央银行对温州金改的支持；第二，由市信用办牵头各部门，将全市22万家企业的信息纳入了企业信用信息平台；第三，已引入一家民资征信公司，未来我们希望类似的第三方征信公司能越来越多。

温州已在做局部探索。我们还是希望底层创新和顶层设计能结合起来，全国联网，再以立法形式确认。举个例子，温商在全球范围经营，如果仅有温州地域内的信息，对其信用评估是不完整的。

上证报记者：自从温州发生金融风波后，就有人开始质疑“温州模式”，认为“温州模式”过时了，衰落了，没有生命力了。您心目中的“温州模式”是什么？在您看来，“温州模式”是否已经过时？

陈金彪：现在，温州最受诟病的问题无非是部分民营企业“脱实向虚”，最终引发局部民间金融风波。就内因来讲，主要是一些温州人和企业赚到第一桶金或第二桶金之后，没有很快找到传统实业转型升级的路子，又经不起高回报的投机诱惑，导致不少资金涌入了非实体领域，炒楼、炒矿，甚至直接炒钱。就外因来讲，主要是受国际金融危机和国内宏观调控的影响。

上述现象并不代表“温州模式”的本质属性，并不代表温州发展的主流事物，这不是“温州模式”的初衷，这是对“温州模式”的背离，并不代表“温州模式”的核心内涵和本质特征，恰恰是“温州模式”坚持不够的表现。

在我看来，民营经济是“温州模式”之本，实体经济是“温州模式”之基，小微企业是“温州模式”之源，其最大的特点就是民资、民营、民享。不墨守成规，勇于创新，这是“温州模式”的灵魂。所以说，现在正是重新弘扬“温州模式”的时候。

当然，在这过程中要分清楚政府和市场的边界，给民营经济留出充足的空间。

金改托举起温州经济[①]

傅勇　卓尚进　沈杭

自2012年3月28日国务院决定设立浙江省温州市金融综合改革试验区以来，温州金改实践已走过900多天不平凡的历程。

温州金改取得什么成效？

10月底，“温州金融改革与发展20人专家论坛”在温州召开。温州市委副书记、市长陈金彪在论坛致辞中并不避讳地谈到现在人们对温州金改的“四个高于”的评价，即一是业内评价高于业外评价，二是银行评价高于企业评价，三是省外影响高于省内影响，四是自主创新突破程度高于审批型创新。这客观地反映了人们对当前温州金改成效的评价褒贬不一。

温州市金融办主任、金融局局长张震宇在接受本报记者采访时，也客观地谈到当前温州金融业面临的四个问题，即一是银行信贷整体在收缩，

① 原载于《金融时报》，2014-11-19。

区域金融潜在风险依然存在；二是企业“两链”（资金链、担保链）风险整体比较严重，中小企业融资难、融资贵没有得到根本性解决；三是银企关系紧张，互信的机制没有得到恢复和建立；四是温州社会信用缺失，市场的前景还不容乐观。

在此背景下，温州金改到底取得什么样的进展？应当如何看待温州金改的成效？温州金改取得了哪些可复制的经验？下一步温州金改的重点和突破方向是什么？带着这样的疑问，10月下旬，本报记者深入到温州金改火热实践的现场，通过与参与和推动金改的地方政府、中央监管部门派出机构、当地各类金融机构和中小企业等各方的深入沟通、了解、采访，试图还原温州金改的真实面貌，客观反映温州金改取得的成效和不足，理性总结温州金改积累的有益经验，探讨下一步温州金改的路径方向。

实体经济企稳回升

“倒过来说，没有2012年国家批准实施温州金改方案，可以肯定地说，当前温州经济比民间借贷风波爆发以前更糟糕了，就不会推出全国第一部民间融资管理条例，不会设立‘温州指数’，不会出现为规范民间金融活动的一系列民营金融机构和服务平台。”张震宇不无欣慰地向记者这样表示。

中国人民银行杭州中心支行行长张健华在接受本报记者采访时作了这样的评价，温州金改实施两年半以来，“稳定了温州的经济，稳定了温州的形势”。

据了解，至今年9月底，温州经济已回升，各项指标往上走。在浙江省统计的28项指标中，温州的大部分指标已从最末尾往上走了，只有1~2项指标还在末尾，可以说温州经济已企稳回升。

10月29日下午，记者来到瑞安市高新技术（阁巷）园区围一路的浙江力诺流体控制科技股份有限公司采访。在制造车间，记者看到工人们正在紧张地劳动，各种制造机器快速运转，过道和成品仓库堆满了各式各样的工业阀门半成品和成品。该公司董事长陈晓宇告诉记者，自2008年以来，公司通过主动进行转型升级，没有受到国际金融危机和温州民间金融风波的影响，2011年销售收入达到2.3亿元，2012年至2013年保持12%的增长。

当记者问到2009年以来为什么公司没有进入房地产领域时，他回答说，力诺流体控制始终专注于工业流体控制设备的研发和制造，为能源、石化、冶金、化工、造纸、环保等行业客户提供整体解决方案，一直处于快速发展阶段，公司团队是把装备制造当成一份事业来做，这么多年几乎没有分过红。2009年开始，公司决定“坚决不允许动用公司资金进入房地产”，现在回顾过去这是明智的抉择。他认为，把企业和实业做好了，可得到社会的认可，有一种成就感。

据记者了解，正是在这种正确的经营理念引导下，该公司取得了持续较快发展的成绩，也获得了金融机构和资本市场的大力支持。目前工商银行温州分行给其提供了2000万元的授信，宁波银行给予1000万元的授信。2012年，引进PE，获得风险投资5000万元。今年8月8日，该公司成功在新三板挂牌，募集了2000多万元，成为温州市第一家在新三板上市的企业。

“现在红蜻蜓公司发展稳健，主业有很好的基础，既没有涉及自己的金融风险，也没有陷入到担保链条中去。”10月30日上午，记者又来到了浙江省永嘉县瓯北镇五星工业园区的红蜻蜓鞋业股份有限公司进行采访，红蜻蜓公司副总裁方宣平十分高兴地向记者这样表示。

今年以来，温州有一批民营企业陷入了相互担保或循环担保资金链断裂的风波之中，但是专注于制鞋产业19年之久的红蜻蜓公司，所有的担保活动均未参加，而且拒绝了某些温州商人前些年就开始发起的参与房地产投资（投机）的计划，因此把公司做成了中国制鞋业前5名。去年，公司生产了1700万双鞋，销售收入达32亿元，净利润2.6亿元，上交税收3.4亿元，安置员工7300人。

力诺流体控制和红蜻蜓鞋业只是温州民营企业专注实体经济而持续稳定发展的代表，记者还对当地其他相关民营企业采访中感受到，只要专注于主业和实体产业，不动用公司资金进入房地产业，不参与民间资本投机炒作或连环担保，民营企业就会保持安全可持续增长。

现在，从政府部门到金融机构，从民营企业到普通百姓，各方都真切地感受到，如果没有温州金改，温州经济和金融都将更糟糕了，而正是因为及时地实施了温州金改，在经济下行过程中起到了推动或制止下滑的作用，因此毫不夸张地说，温州金改托举起了温州经济发展和金融稳定。

金融稳定风险可控

“2012年3月之后，温州没有再出现大的金融风波、群众上街游行等群体性事件，全国很多地方政府组团来温州考查后都很高兴地看到这些成绩。”张震宇说。

张健华向记者表示，温州金改作为“问题导向型改革”，迄今已基本上解决了温州“两多两难”问题，温州民间资本管理已有所突破，颁布了全国首个民间融资管理条例，建立了民间融资登记等机制。

温州民间借贷服务中心是温州金改开始实施后不到一个月就成立的全国第一家民间借贷服务机构，办公楼就设在鹿城区东明路东明锦园一幢临街的住宅楼二楼。记者走进该服务中心服务大厅，只见登记备案、征信查询、合同公证等服务柜台一字排开，全国第一个民间借贷利率指数——“温州指数”就在服务大厅的一个大型电子屏墙上不停地闪烁。

该中心总经理徐智潜向记者介绍说，该民间借贷服务平台有两个基本功能，一是作为中小企业融资平台，借贷双方来此发布信息，中介机构按照客户意愿撮合成交，并在此备案；二是做民间借贷的登记，所有的信息发布、中介登记备案等服务都是免费的。该平台的服务，使借贷双方的“信息对称”，既对出借人予以保护，又对借款人有一种保护，使其不至于“过度融资”。

据市金融办有关数据统计，全市从2012年4月26日成立至2014年2月底，总共有23.5亿元的民间借贷在此登记备案；而在今年3月1日出台了《温州市民间融资管理条例》之后至今，在此登记备案的民间融资金额超72亿元，是近两年登记金额的三倍多，呈现快速增长的趋势。在他看来，由于温州金改实施的进展，现在很少听说或看到有民营企业老板“跑路”了，民间借贷服务机构功能的发挥，使温州的民间借贷利率趋于下降，如年利率从当初的23%下降至现在的20%左右。

据了解，在该中心成立之前，温州市由典当行开展的车辆抵押贷款利率高达3分至3.5分，而在该中心成立之后，已将此利率压低至1.2分至1.4分。可见，当地民间借贷秩序已明显好转，民间借贷利率呈现慢慢下降的趋势。

当地司法部门提供的数据表明，温州民间融资新发生的案件、涉案金额、涉案人数，已分别由2013年前8个月的52起、12.5亿元、2100多人，下降至2014年前8个月的47起、10.5亿元、1900多人，同比分别下降了10.8%、11.8%、8.7%。这表明，当前温州民间融资市场总体秩序稳定，风险继续下降并在可控范围之内。

地方金融体系正在完善

10月28日，记者飞抵温州的当天下午，就采访了受到媒体广泛关注的正在筹建中的温州民商银行。

今年7月25日，银监会批准了正泰集团、华峰集团等民营企业发起设立温州第一家民营银行，正泰集团副总裁兼温州民商银行筹建小组负责人徐志武向记者介绍了该行筹建工作取得的最新进展。他说，正泰集团将作为该行的第一大股东，占该行股权的29%，首期已募集资本金20亿元左右。筹建工作分成7个小组，正按照监管部门和地方政府的要求紧锣密鼓地进行中，银行办公地址选在市府路的恒玫大厦，银行高管和部门经理等人员将在11月底之前招聘到位。

徐志武表示，民商银行将“立足温州、服务温商”，走差异化、特色化道路，与已有银行错位竞争，以产业链金融和互联网直销银行为特色，做“两小”群体（中小微企业和小区居民）的综合金融服务商。他说，“按照银监会规定，我们将抓紧筹备工作，尽快完成筹备；同时坚持时间服从质量的原则，确保银行早日开门，确保银行经营成功。”

温州民商银行的筹建并开业，将可弥补温州地方金融体系的不足，有望成为完善地方金融组织体系的一大突破。

10月29日下午，记者来到了瑞安这一温州的县级市。记者看到，瑞安华峰小额贷款公司、华峰民间资本管理公司的两块招牌，就在瑞安市安阳新区华峰专家楼这一临街的大楼上并列排开。

华峰小贷公司总经理陈林兴向记者介绍说，该公司是全国第一批小贷公司，由华峰集团作为主发起人，经过6年发展，公司实力不断壮大，现注册资本8亿元，连续4年获温州A+企业，连续5年进入全国小贷公司100强。公司加大金融创新，2014年9月成功发行了全国第一只小贷公司优先股，2013年7月在浙江股权交易中心成功发行了第一单定向债。

他说，2011年温州发生民间借贷风波，对当地经济造成了较大冲击，但是该公司没有受到太大的影响。为了支持

"三农"、小微企业发展，探索普惠金融发展路径，经过当地金融办批准和工商局登记，该公司从2011年7月以来设立了8家支农、支小服务站，实现了瑞安地区网点的全覆盖。

华峰民间资本管理公司总经理金美华向记者介绍说，该公司也是温州金改的产物，为温州第三家民间资本管理公司，于2012年8月成立，华峰集团占有20%的股份，现注册资本1.5亿元。公司成立以来，公司将自有资金及在地方募集的资金投向了项目投资（如基础设施、中小企业技术改造）、股权投资、短期民间借贷、不良资产收购、定向集合资金等领域。主要起到了两个方面的作用，一方面是引导民间资本阳光化和规范化，公司每次向社会募集资金时都将募集规模、项目专户管理、向特定投资人募集及财务报表等，向当地金融办报批；另一方面是引导小微企业融资方式从间接融资向直接融资转变，如进行债权融资、股权融资等。

在今年3月1日《温州市民间融资管理条例》出台后，民间资本管理公司定性为"资金管理企业"。温州金融办提供给记者的一份资料表明，温州目前有12家民间资本管理公司，注册资本金总额达到12.5亿元，实现各县（市、区）服务全覆盖。

临近傍晚，记者来到了位于瑞安市经济开发区，瑞安金融创新产业园的大楼就坐落在这里。产业园总经理叶小伟告诉记者，该园占地25亩，总办公面积3.2万平方米，第一期1.4万平方米已招商，共有34家各类金融机构进驻。记者随着他走进产业园，发现瑞安民间借贷服务中心、民间资本管理公司、瑞安农商行、互联网中心、瑞安股权交易中心、瑞安市金融办等各类机构在此进驻办公。令记者叹为观止的是，想不到在瑞安这个县级市，竟然有这样一个金融产业园，将来这里将是该市的银行便捷服务中心、民间借贷聚集区、投融资服务平台、综合金融服务中心。

记者在深入的现场采访中了解到，像华峰民间资本管理公司、瑞安民间借贷服务中心、温州民商银行等新型机构，只是温州金改以来纷纷成立的近1000家各类地方金融机构的一个缩影。

温州市金融综合改革试验区是国务院批准的全国首个国家级金改试验区，在地方政府、金融监管部门、各类金融机构和众多企业的积极参与和协作下，仅仅通过两年半的实践，就已初步建立了符合地方实际、具有温州市场特点的、分类分层次的地方金融体系。

温州市市长陈金彪接受本报记者采访时表示，两年半来，温州市按照国务院确定的12项改革任务，带领各方市场主体探索实践，已建立起比较健全的地方金融组织体系、多层次的资本市场体系、深化创新的金融服务体系和比较完善的地方金融管理体系，由这“四大体系”构建的温州地方金融体系已初步建立，并为全市经济金融的健康持续发展起到了积极的推动作用。

理性看待温州金改的成效

记者通过深入的采访，与各方深入的沟通和互动交流，感觉到各方为实施温州金改这项系统工程付出了巨大的艰辛和努力，应当说温州金改迄今两年半已取得了很大的成绩。但是，社会各方对温州金改的评价褒贬不一，这是十分正常的现象。

张震宇分析说，产生这种的原因是多方面的，主要是温州金改脱胎于经济下行，出现在部分中小企业亟须走出困境之时。金改效应对实体经济的作用不一定是立竿见影的，而且部分试点项目的成效具有一定的滞后性，存在远水不解近渴之忧。更何况温州金改是一个系统性的综合改革，解决的是企业融资难和投资难的“大数”问题，解决的是民间融资的“两化”问题，解决的是金融业本身存在的业态发展不足的问题。等等诸如此类问题，不是在短短的两年半时间内可以全部得到解决的。张震宇相信，“再经过二至三年的努力，温州金改取得阶段性成果是有望实现的，中小企业融资难虽然不可能得到完全解决，但初步得到缓解也是有望达到的。”

自然界和人类社会的万事万物，都有一个从量变到质变的过程。正如竹子在生长过程中，有三至四年是在地下生长，往下长，根系发达，充分吸取土中营养，然后突然在某一年就长出地面，迅速长高，并长成竹林。其实对比温州金改，也是如此。前两三年，温州金改注重打基础，推出了各项改革举措，如在建设地方金融组织体系、资本市场体系、金融服务体系、地方金融管理体系等方面做了大量的基础性工作，目前人们暂时看不到太大成绩，“恨不新竹高千尺”。但是，再过两三年，温州金改的成效将会显著呈现出来，温州金改的“竹林”一定会十分繁茂，并为温州经济的持续稳定较快发展带来春风。

温州金改有哪些可复制经验[①]

卓尚进 沈杭

在温州实施金融改革的两年半时间内，地方政府、金融管理部门、各类金融机构和当地企业等相关各方为参与和推动金改向纵深进展，做了大量艰辛的工作，迄今已积累了若干有益的经验。这些成熟的经验有的已开始在全国其他地区复制，有的正“破茧待出”，这些经验将为深化金融改革提供有益的借鉴。

为其他地区深化金融改革积累经验

温州金改作为一项国家战略，除了要解决当地经济金融发展过程中面临的一些问题外，在国家层面还被赋予了更高的使命。

① 原载于《金融时报》，2014-11-21。

打破金融垄断与管制、规范民间金融发展、探索多层次金融管理体制等，这些改革内容受到制度约束以及风险防范方面的要求，很难在全国范围推进，需要“下放”改革试验层级，这样有助于突破中央层面的创新阻滞，探索推动的政策路径。因此，在温州这样一个民营经济发达、民间资本活跃的地区，开展以规范民间金融、发展民营金融机构、构建地方金融监管体系等为主要内容的改革试点，为全国改革积累经验，是温州金融综合改革肩负的另一项重要使命，也是温州金改的一个战略目标。

记者在采访中了解到，温州金改以来，已经形成了5个可以在全国复制的“项目”，还有5个已在试点待总结经验后可以在全国复制的“项目”。

记者感到，温州金改尽管属于区域性金融改革，其成效主要惠及温州经济及区内各市场主体，但是其积累的经验却具有两重性：一是其经验属于“区域经验”，在温州区域内具有广泛的适用性；二是其经验属于“普遍经验”，也可适用于与温州经济具有相似特点（如民营经济快速发展、民间金融潜伏风险）的国内其他地区，甚至其中典型的“普遍经验”还可为缓解小微企业“两多两难”，推进民间融资规范化、阳光化带来十分有益的启示。

已经可以在其他地区复制的经验

温州市市长陈金彪在接受本报记者采访时表示，经过两年半的探索与实践，温州金改坚持先行先试，部分首创性项目得到应用和推广，可以说已经取得5条可在国内其他地区复制的经验。

一是首创具有地方特色的民间资本管理公司，有助于解决民间资本投资难的问题。民间资本管理公司是经批准的，在一定区域范围内开展资本投资咨询、资本管理、项目投资、定向集合资金等服务的股份有限公司。这是由民间资本自发组织，当地政府引导，在社会上通过私募的方式组织资金，按照一定的比例既开展股权、债券投资，又可以做短期融资业务。

目前温州全市有12家民间资本管理公司，累计组织资金35.4亿元，支持936个项目。目前该模式已在浙江全省和山东省推广。

二是首创民间借贷服务中心，有助于缓解小微企业融资难的问题。这类机构为民间融资双方提供借贷登记、备案管理等服务。目前全市开业7家民间借贷服务中心，成立12个备案登记服务网点，实现全市服务全覆盖，民间借贷服务中心既做线上也做线下，累计登记借入借出需求超129亿元；全市备案民间借贷超72亿元，平均年利率17.81%。中心只负责撮合，不直接介入民间借贷业务，不做资金池、不提供担保。民间借贷服务中心模式已在全国20多个地区推广。

三是率先发布民间融资综合利率指数（“温州指数”），有助于防范民间融资风险。实际上，在温州地区的利率已经非常“市场化”了，当地市场上存在4种融资利率：银行借贷利率、民间借贷利率、小额贷款公司等民间机构融资利率和“温州指数”综合利率。2012年12月，温州市开始发布“温州指数”，2013年实现按日发布，分为温州版和全国版两个指数。目前，“温州指数”已扩展到全国35个城市，该指数的发布，发挥了民间借贷价格的指示器作用，有效防范民间融资风险，也为当地部分金融机构发放贷款时利率上浮提供参考。

四是建立起地方金融监管体系，可与垂直的中央金融监管体系协调配合。温州成立了全国首个地方金融管理局，成立了金融仲裁院、金融犯罪侦查支队和金融法庭，加强监管制度和市县两级监管队伍建设，坚持现场检查和非现场监管相结合。线上的非现场监管按照机构业务情况及时更新数据，现场检查根据实际情况对小额贷款公司实施每年检查、分批进行第三方评估，对典当、融资性担保公司、投资公司等机构每年按照机构数的20%～30%开展现场检查，减少金融监管盲区，促进地方金融组织合规经营，防范地方金融风险。探索地方金融监管新模式，开发启用了非现场监管系统。

五是成立全国首个地级市征信分中心，并与地方信用征信进行对接，有助于加快和完善信用体系。中国人民银行温州中心支行行长许加银向记者介绍说，于2013年10月28日设立的中国人民银行征信中心温州分中心，是全国首家地市级征信分中心，其对于加强社会信用体系建设，推进政务诚信、商务诚信、社会诚信和司法公信建设等方面发挥积极而重要的作用。

正在形成中并可在其他地区推广的经验

温州市金融办主任张震宇在接受本报记者采访时表示，温州金改有5项试点项目正在实施过程中，其成效正在扩大，经验有待总结，这将形成5条可在全国其他地区复制的经验。

一是出台了首部地方性金融法规，为地方金融监管提供重要依据。2014年3月1日，《温州市民间融资管理条例》（以下简称《条例》）经浙江省人大常委会审议通过，成为全国首部地方性金融法规。《条例》开始实施以后，规定了民间借贷登记备案的要求，规定了民间融资组织积聚资金和投资的要求，规定了中小企业直接发债的要求。对于引导和规范民间融资活动健康发展、规范地方金融监管等起到重要的作用。《条例》实施一段时间后扩展至浙江省范围，条件成熟时可供国家层面制定民间融资管理法规提供参考，有助于推动全国范围内民间融资规范化、阳光化。

二是率先开展民间资本管理公司私募融资、小额贷款公司定向债和“幸福股份”“蓝海股份”发行试点，为拓宽民间融资渠道探路。民间资本管理公司率先试水定向集合资金，登记发行4.85亿元，为“大项目”提供小资本对接平台。小额贷款公司备案发行定向债4亿元，为资本金补充提供新渠道，有助于提升小贷公司服务“三农”的能力与质量。创新发行三期“幸福股份”、一期“蓝海股份”共43亿元，探索民间资本对接重大项目的新模式。温州金改两年半以来，当初为解决投资难所设计的引导民间资本投资的四种模式都已经得到实践。

三是率先开展农村资金互助会和农村保险互助社试点。温州从2012年开始试点“生产合作、供销合作、信用合作”三位一体的农村互助会，实行“组织封闭、对象封锁、上限封顶”的三原则，缓解“三农”融资难，克服农村金融网点覆盖率低、供给不足等问题。目前全市探索性地共设立32家，共有会员18441人，资金总规模2.67亿元，累计投放互助金3281笔，金额6.44亿元。温州的农村资金互助会实行“三封”原则：资金规模封顶、地域范围封锁、服务对象封闭。同时，温州正依托瑞安马屿农村资金互助会，建立以农民互助互济、共同抵御风险为目的的农村保险互助社，以构建农村多层次社会保障体系，提高当前农村保险的综合保障水平。以上试点运行成功后具有一定的推广意义。

四是积极开展社区银行体系和农村普惠金融试点。去年2月6日，温州市第一家社区银行在龙湾区开业，今年将争取完成25家以上社区支行建设，力争达到50家。温州的社区银行有其特点：机构直接进入居民居住区，营业面积150平方米以内，工作人员5人左右。机构既办理存取款，也办理小额贷款，还开展理财业务。制订温州农信推进“普惠金融工程三年行动计划”，加快构建“基础金融不出村（社区）、综合金融不出乡镇（街道）”的金融服务体系，打通金融服务“最后一公里”。社区银行服务体系和农村普惠金融工程的实施，对城镇化水平提升和“三农”金融服务改善具有积极意义。

五是探索金融风险化解和不良资产处置机制。近几年，为化解持续上升的不良贷款，温州创新了一系列防范化解金融风险的方式和机制，如推动和落实金融服务温州实体经济“双十条”措施，创新试点“企业授信总额联合管理机制”和“主办行制度”，开展企业分类处置和帮扶，引入市场机制化解不良贷款，创新金融债权保护工作机制等。力求用“四把剪刀”剪断企业互保链。通过八项举措，使银行不良率持续升高趋势得到有效控制，金融债权司法保护得到有效落实，打击企业逃废债净化金融环境得到有效加强，为更大范围内推广该市处置银行不良资产的做法打下了基础。

两年半的温州金改试点，不但金融业保持了适度的金融融资量，而且融资结构也在不断的调整和优化。2014年前9个月，全市新增金融业融资规模630亿元，较2013年同期多增长135亿元，其中银行中长期贷款比重比2012年提高了8个百分点，小微企业贷款比年初增加222亿元。直接融资的比重在逐年上升，截至9月末，近3年的直接融资量超过410亿元，是同期银行新增贷款的30%。同时，推动中小企业去“家族化”实施股份制改造，新增股份公司262家，在新三板、成长板、创新板和浙江股权交易中心等挂牌企业超过100家，企业多渠道融资的雏形基本形成。

应当说，温州市上述这些金改试点项目，再试点和实施一段时间，将取得更明显的成效，从中可形成一系列有益的经验，可在浙江全省和全国其他地区推广，这是值得人们期待的。

按照法治思维法治方式推进温州金改[1]

卓尚进 沈杭

10月下旬，在北京举行的党的十八届四中全会审议通过了《中共中央关于全面推进依法治国若干重大问题的决定》，提出了“全面推进依法治国，总目标是建设中国特色社会主义法治体系，建设社会主义法治国家”的纲领以及一系列思想和方针原则。

作为全国首个金融综合改革试验区，如何以法治思维和法治方式推进温州金改，已成为“顶层设计”和“底层创新”合力共谋的一项重要课题。记者在采访中了解到，在国家有关部委和浙江省委、省人大、省政府的指导和支持下，温州已经在探索构建地方金融法治体系等方面率先迈出了一

① 原载于《金融时报》，2014-11-22。

步。这合乎十八届四中全会提倡的依法治国基本精神，也是此前温州金改取得成效和将来会取得更大成果的重要保障。

制定和出台全国首部地方性金融法规

2013年3月28日，国务院决定设立温州市金融综合改革试验区，并确立了以“规范发展民间融资”为首的十二项主要任务。随着金融综合改革的逐步深入，如何为民间融资活动提供法制保障、解决民间融资监管的体制问题，已经成为社会各界关注的焦点，更是广大民间融资主体的一致呼声。

2013年11月22日，《温州市民间融资管理条例》经浙江省第十二届人大常委会第六次会议审议通过，自2014年3月1日起施行。这是迄今全国首部地方性金融法规和首部专门规范民间金融的法规。温州市市长陈金彪在接受本报记者采访时表示，条例的出台将为温州地方金融法治管理提供更为强有力的保障和支撑，对于防范化解民间金融风险、维护民间融资市场秩序、促进民间金融规范化和阳光化具有重要意义。

随着《温州市民间融资管理条例》的颁布实施，中央与地方的职能边界、政府与市场的关系将得到进一步厘清，进而有效弥补国家法律、法规和部门规章对地方各类金融机构进行规范和监管的空白。

记者在采访中了解到，金改试验以来，温州培育发展了一大批“类金融机构”，如民间借贷服务中心、民间资本管理公司、农村资金互助会等，并在民间借贷备案等方面做了一些积极探索实践。

据温州市金融办主任张震宇介绍，像这样的地方性金融组织共有1800多家，温州金融办现将其分成9类并进行分类监管。自《温州市民间融资管理条例》施行以来，温州民间融资活动正在加快进入规范化、阳光化的轨道。据统计，截至10月末，全市民间借贷备案总额已达75亿元左右；首单3000万元企业定向债券已完成发行；定向集合募集已登记4.85亿元，完成募集4.15亿元。

依法健全完善地方金融监管体系

十八届三中全会通过的《中共中央关于全面深化改革若干重大问题的决定》提出，要“界定中央和地方金融监管职责和风险处置责任”。

温州市副市长王毅在接受本报记者采访时表示，温州金改以来，温州市政府就及时成立并充实了温州市金融办、温州市金融管理局，同时成立了金融仲裁院、金融犯罪侦查支队和金融法庭，初步形成了具有温州金改特色的地方金融监管组织体系。其中，通过《温州市民间融资管理条例》明确赋予了温州市金融办（地方金融管理局）的监管主体地位及监管职权。

此外，在健全完善地方金融监管制度体系方面，王毅介绍说，早在2013年1月，温州市政府就已经制定出台了温州地方金融监管的“1+6”文件体系，包括《关于加强地方金融监管工作的实施意见》和《温州市民间资本管理公司监管暂行办法》、《温州市民间借贷服务中心监管暂行办法》等，以进一步强化对地方金融相关市场主体的监管，促进行业规范健康发展，防止出现监管真空，防范系统性和区域性金融风险，维护良好的金融经济环境。

《温州市民间融资管理条例》施行后，温州市政府配套出台了《温州市民间融资管理条例实施细则》，对条例的一些原则性条款进行细化、补充及作出必要的衔接。

人民银行杭州中支行长张健华在接受本报记者采访时表示，温州金改在探索地方金融管理方面做了有益的探索，因地制宜地解决了当地存在的问题，给全国其他地区带来了一些有益的启示，加强地方金融管理是大趋势。不过，他认为，对此还不能作过高评价，毕竟，建立什么样的规范的地方金融管理体系和如何建立这一体系，最后应当从国家层面上进行设计、规范和实施。

依法有序和创新突破解决企业“两链”难题

从当前融资情况来看，中小企业的融资机制还不健全，企业间自发性的抱团互保、联保融资以及“灰色融资”更是给经济金融的稳健运行埋下了诸多风险隐患。与此同时，长期以来形成的“短贷长用”不合理信贷结构，更加剧了企业的资金链风险，部分企业因缺少“过桥资金”而陷入了经营困境。为此，温州市各级政府部门按照法治思维，把依法有序和创新突破结合起来，稳妥地解决了一系列各类民间金融纠纷案件。

温州市金融办向记者提供了若干个处置不良资产和打击逃废债的案例，从中能很清楚地看到这一点。

如某塑胶集团经政府协调重组成功的案例，是在地方政府依法行政管理和协调下，比较成功地克服了企业资金链和担保链断裂而得以成功重组的典型。

近年来，某塑胶集团由于种种原因，企业发生巨额亏损导致资金链断裂，濒临破产。该集团在10多家银行机构贷款融资4亿多元，并有多家担保企业提供担保。同时，该集团为多家企业提供对外担保，涉及金额近3亿元。

该集团资金出险后即向当地市政府申请要求帮扶。当地市政府及时成立帮扶小组，明确了促成担保企业重组以切断层层担保链的帮扶思路。一是召开担保企业协调会议，建议先由担保企业为该集团代偿利息；二是协调银行机构暂缓起诉或采取司法保全措施，并争取基准利率优惠政策，承兑汇票转流动资金贷款；三是协调担保企业代偿债务或参与重组，并积极引进回归企业参与接盘该集团部分资产；四是争取各部门为重组工作开设绿色通道，仅用20多天就帮助该集团完成全部股权转让手续。

经过近5个月的合力帮扶，该集团重组方案落地并顺利实施，该集团重组工作初步完成。这一案例的成功做法，使得多家企业的资金链断裂问题得到解决，银行资产得到保护，民间金融秩序得以恢复。

张震宇向记者介绍说，2011年下半年以来，温州市政府部门坚持在依法有序的前提下，积极创新相关工作机制和处置方式方法，有效隔断了“两链”风险传导，保护了国家和企业法人债权。具体做法有如下几个方面：

一是政府转贷倒逼金融创新。为了化解银行信贷“短贷长用”的矛盾，温州市、县两级政府出资约15亿元，为运行情况良好、未出现资不抵债情况的企业提供应急转贷资金，截至目前累计发放5495笔，累计金额483.73亿元。

二是强化协调实现银企共赢。对生产经营正常、暂时陷入“两链”风险的企业，政府鼓励银行让一点，企业担一点，具体有平移代偿、担保置换、分期偿还等形式，既能保护银行债权又能让企业有盈利时间与空间，以维持正常生产经营。两年多来，全市共有1000多家企业通过银企协调的方式得到帮助。

三是因地制宜弥补法律空白。针对涉及刑事案件的出险企业的处置，温州市建立了府院联席制度，政银企法积极协商、充分联动，尝试出台相关操作规定，努力弥补相关法律空白。

四是金融风险处置推动行政效能提升。温州市专门成立了实体化处置办，市、县两级处置办抽调法院、公安、财政、金融、人民银行、银监等11个部门共171人，实行集中办公。出台了专门的工作机制，明确了工作职责、理顺了处置工作流程，大大提高了工作效率。

五是创新机制提高司法效率。温州建立了金融联席会议制度，畅通金融债权案件诉讼绿色通道，通过院庭长带头办案、开展办案能手竞赛、建立“一审一助一书”模式等方式，全力提高金融案件审判质效，实现快立快审快执。今年1月至9月，共审结银行金融借款合同结案7453件，结案标的226.15亿元，同比分别增长45.57%和59.03%。

按照法治方式深化温州金改

下一步，温州金改应当按照十八届四中全会确定的依法治国的精神，继续按照法治思维和法治方式深化温州金融改革。这是记者采访过的地方政府、中央监管部门有关负责人和其他方面有识之士达成的最新共识。

王毅表示，下一步，温州金改有一项重要任务，就是要按照法治要求重建社会信用体系。为此，地方政府可帮助筛选好的企业推荐给银行，而在企业资产缩水、资金链断裂时，温州市政府拿出两笔资金即担保资金和转贷资金支持企业。这样地方政府可以有效地处置金融风险，不让资金链断裂风险传递扩大。

人民银行温州中支行长许加银向记者表示，该行将依照征信管理条例和基层央行履职要求，完善人民银行征信中心温州分中心建设。积极推动“一个系统、两个平台”，即温州市中小企业信用信息辅助管理系统、温州市征信综合数据查询平台和人民银行应收账款融资服务平台的建设和使用。

张震宇向记者表示，下一步，温州市政府将与中央相关部委大力协作，按照法治思维方式、依法合规地深化温州金改，重点在推进中小企业民营银行（温州民商银行）试点、个人境外直接投资试点、利率市场化产品和机制试点、市政债试点和税收保障机制试点等方面，加快试点，深化改革，取得突破。

有理由相信，现在，地方政府与中央金融管理部门等统一协调、齐心努力，按照法治思维方式深化温州金改，再过一段时间，温州金改一定会取得更大成果，为温州经济持续稳定较快发展提供更强大的动力，并探索出更多可供全国其他地区复制或借鉴的经验。

温州金改行至半程，在争议中寻求突破[①]

高翔　凌云峰

温州金融改革在诸多争议中行至半程。

5年，是温州金改的大致时间表。距2012年3月28日国务院第197次常务会议启动温州金改至今正好约2年半时间。在总计14个区域性金融改革试验区中，温州金融改革一直以来为外界所关注。

眼下，温州银行业不良率超过4%，不少民企仍身陷担保链而难以自拔，去杠杆的过程仍在持续。有一种极端舆论认为，温州金改基本上是失败了。

记者近日在温州发现，去杠杆的过程固然痛苦，但两年多的金改工作夯实了过去经济高歌猛进时所忽略的金融基础工作，借贷危机已基本平稳落地，民间信用正在缓慢复苏。

① 原载于《上海证券报》，2014-11-03。

温州经济具有“早发先发”的特征，目前中西部多个地区爆发了民间借贷困局，总结温州金改经验或是正当其时。

10月30日，温州金融改革与发展20人论坛在温州召开。与会人士总结认为，设立了一些无须上级审批却有益于解决“两多两难”问题(中小企业多融资难，民间资本多投资难)的新型市场主体，再有探索地方金融监管体系，是迄今最值得其他地方总结推广的温州解法。对于重大政策突破较少、实体经济未走出低谷等争议，与会人士也认为要在自主创新和政策红利、短期目标和长期目标之间找到平衡。

论坛主持人和召集人是温州人谢平，现任中投公司副总经理，兼任温州金融研究院院长。谢平一向以其犀利的观点而被视为金融界市场化改革的代表人物之一。

自主创新多于审批型创新

回头看，温州金融改革行至半程，不乏一些“全国第一”，一些模式也在全国其他地方得到了复制和推广，产生了溢出效应。

与其他区域性金融改革相比，温州金改的首要任务和最大特色是一个“民”字，即民间融资的规范化和阳光化。去年11月，浙江省人大常委会审议通过了我国首部地方金融法规、也是第一部规范民间融资的法规《温州市民间融资管理条例》，首开大额民间借贷备案制，截至10月底已有76亿民间借贷备案。

民间借贷登记服务中心也为温州首创，据人民银行研究局的统计，截至今年6月全国共有15个省(自治区)设立了77家民间借贷服务中心。民间资本管理公司也是如此，在温州率先试点后，目前已在浙江省11个县(市、区)铺开，在山东更是全省推广，截至8月底已设立了531家。

此外，“温州指数”作为民间融资价格的风向标，做到每日更新，并通过汤森路透向全球发布。金融仲裁院、金融犯罪侦查支队、金融法庭也建立了起来。

"界定中央和地方金融监管职责和风险处置责任"，是十八届三中全会列出的336项改革举措之一。发生在2011年的温州局部金融风波证明，金融机构垂直管理与地方政府救助之间存在很大的矛盾，地方政府在金融监管上"话语权"很少，导致"看得见、管不着，管得着、看不见"的现象。

为此，温州开全国之先，成立了地方金融管理局，承担对地方新型金融组织的管理、监测和检查工作。地方金融管理局为事业单位，运营经费由财政全额拨款。目前，这一模式已经在泉州和山东等地得到了推广。尤其是山东，在省长郭树清的大力推动下，县以上的政府均单设金融管理局。

用温州市市长陈金彪的话说，温州是"一座极具个性的城市"。温州人历来敢为人先，而争议也一直伴随左右，温州金融改革也不例外。相比其他区域性金融改革，当地政府官员坦言温州金改的舆论压力是最大的。

针对外界褒贬不一的评价，温州市市长陈金彪做了精辟而有趣的概括：业内评价高于业外评价，银行评价高于企业评价，省外影响高于省内影响，自主创新突破程度高于审批型的创新。

上述这些温州金改到目前为止的些许成绩，都是无须上级审批的。一种观点认为，目前为止温州金改的重大政策突破不足，改革没有进展。诚然，温州关于利率市场化先行先试的申请最终没有写入方案，QDII2（个人境外直投）由于涉及资本项目开放目前也未获批。民营银行牌照算是唯一的政策突破，但风头也不及浙江网商银行和前海微众银行。

还有一种观点认为，温州金改当初的目标是缓解"两多两难"问题，但目前实体经济尚未走出低谷，银行不良贷款余额还有300多亿元，关注类贷款余额超过400亿元，不良率仍在4%以上的高位徘徊，不少企业仍深陷资金链、担保链困境，因此金融改革收效甚微，甚至有人断言已经失败。

金改铺了管道但还关着闸门

争议和各种眼花缭乱的改革，容易让人迷失方向。陈金彪强调，关键是不能在争议中迷失自我。

中国人民银行杭州中心支行行长张健华认为，评价金融改革的成效关键不在设立了多少机构，而是体制机制的完善。此外，客观地说风险处置也不是短期内能通过金融改革解决的。他不久前曾撰文指出，相对“短期输血”，金融改革更应注重“调理”作用。“调理”见效慢，但更可持续，金融改革理应更注重长期效果。

陈金彪则认为：“我们已经通过金改铺了管道，但水库的闸门还关着，小微企业仍然有饥渴之感。金融改革是建立体制、机制和管道，但水源需要社会各界来争取和提供，金改不是一剂包治百病的良药。”

如何权衡政策突破和自主创新的关系？诚然，温州市方面希望获得政策红利，例如目前仍在申请包含证券投资在内的个人境外直投、利率市场化产品和市政债的试点。但另一方面，参与其中的人士又强调金融改革不仅限于“要政策”、“戴帽子”和“放几颗卫星”，政策红利也仅仅是实现改革目标的措施，并非目标。

目前为止，在温州之外得到推广复制的模式基本都属自主创新的范畴，如民间借贷登记服务中心、民间资本管理公司、地方金融管理局、温州指数等，这些都对民间融资的阳光化、规范化大有裨益。甚至有观点认为，温州所积极争取的民营银行、个人境外直投等试点，其象征意义大于实质意义。

张健华所强调的，是现有政策下的集成创新。他认为：“向上申请试点，需动员各方力量，且就算申请下来也不一定有多大的实质意义。地方自主做一些无须审批的事，用好现有政策，打好组合拳，同样能实现改革目标。”

他举例称，早在2004年初，福建省永安市就试水了首单林权抵押贷款100万元，丽水的林权抵押贷款则是起步于2006年，但后来却形成了林权抵押贷款的“丽水模式”。此外，在目前的风险处置进程中，如能总结出一套能协调地方政府、银行、企业和个人的市场化机制，对其他地方也是有借鉴意义的。

总结起来，张健华认为温州在民间资本管理和地方金融监管上走在了前面。谢平也认为，从信息搜集、危机处理、监管难度和财政等角度看，一行三会的金融监管不可能做到全覆盖，地方金融监管体系的建立目前看来很有必要。这方面温州和山东已经制度化，作出了有益的探索。

下一步金改去哪儿

下一步，温州金改朝哪个方向去？陈金彪强调要进一步促进金融要素与实体经济的对接，进一步打破民间资本投资的“玻璃门”、“弹簧门”，继续缓解企业融资难、融资贵，完善地方金融监管体系。为打造诚信社会，要提升民间融资管理条例、温州指数和人民银行征信分中心的效果。此外，力求在互联网金融上取得突破。

市政债、民营银行顺利开业、QDII2、同业存单和税收配套政策等，都是温州下一步要争取的。区域风险处置，也是短期内的当务之急。

后记 POSTSCRIPT

记者专注于一篇文章或者一本书，犹如演员扮演一个角色，如果不能完全沉溺进去的话，角色是不会活起来的。这本书写到最后，却忽然有一种刚刚开始的感觉，原因是对温州的那种特有的情愫被撩起，一切又重新栩栩如生活跃在眼前。

从时间跨度来说，这本书的写作可以说开始于27年前。笔者刊发于当时的几篇文章就像老照片一样，一下子就使温州金融改革产生了一种历史的纵深感。历史留下了厚重的一笔，当年乐清1986年抬会风波、1988年平会风波首当其冲的会主王小兰已76岁，民间借贷风波给多少人留下了惨痛教训？为了把历史的韵脚准确地押在正能量的集聚上，押在有序提升管理和防范金融风险上，多少人为之付出了艰辛的努力？且不说各级政府及市场主体，仅以人民银行为例，人民银行曾六次将温州作为金融改革的试点地区。我们作为普通金融记者尚且跑了这么多趟，那些改革方案的设计者们呢？人民银行研究局等部门的笔杆子们呢？周小川行长、潘功胜副行长等都对温州倾注了太多的心血，朱从玖副省长、王毅副市长最早到温州调研也是在人民银行时开始的。了解越深，呵护越切。本轮温州金融改革之所以在那么高的起点上将顶层设计与基层创新完好地结合在一起，与这些早期深入调研是分不开的。

1987年，杭州武林门的一场大火将5000多双“温州造”假冒伪劣皮鞋付之一炬，温州人此后喊出了“质量立市”、“信用温州”的口号。在我们看来，金融综合改革是温州人的又一次自我救赎，期望以要素改革之良机促产业转型升级。正是温州人的这种自我蜕变的活力，正是因为温州与整个浙江省有着像朱从玖这样专业的金融副省长及强有力的各级政府，才使得温州金改取得了那么多开创性突破与制度性创新，才使温州一直行进在改革的前沿地带，也激励我们伏案无数寂寞夜晚写出这本书记录他们金融改革和探索前进之路的踪迹。而对于中国金融改革来说，温州是规范民间融资、探索地方金融监管体制的先头部队。温州金改探索出的解法，为后来者提供了参考答案。

改革没有先例可循，记录改革也同样没有范本可言。可以想见，没有领导和朋友们的帮助，这本书是无法完成的。感谢潘功胜副行长、朱从玖副省长为此书作序，他们对温州金改提出了更高的要求，也对区域金融改革提出了更高的要求，更是对我们的巨大鞭策。

我们对温州政府高效专业的服务感受很深。张震宇主任全方位默默支持，这位温州金改的主演之一百忙之中，多次与我们长时间详谈。感谢温州市金融办余谦副主任、汪锋副主任和顾威副主任的协调帮助。感谢温州市金融办柯园园处长、刘逍副处长、方大林副处长及胡仁智、胡亦心所提供的素材。同时也感谢中国金融出版社社长魏革军、总编辑蒋万进、副总编辑查子安、副总编辑张红地、质量总监程建国等领导的全力支持，感谢《中国金融》杂志赵雪芳主任及同事们的热心帮助。此书能够顺利上架，与责任编辑刘钊及其团队曹亚豪等的高效工作也是分不开的，在此一并予以感谢。

孙芙蓉　高翔

2015年3月于北京